闻话汽车系列丛书

起源与汽车（下）

闻不罔　编著

武汉理工大学出版社

图书在版编目(CIP)数据

起源与汽车.下/闻不罔编著.—武汉:武汉理工大学出版社,2020.12
ISBN 978-7-5629-6373-8

Ⅰ.①起⋯　Ⅱ.①闻⋯　Ⅲ.①汽车—文化—高等学校—教材　Ⅳ.①U46-05

中国版本图书馆 CIP 数据核字(2020)第 265357 号

项目负责人:王兆国　　　　　　　责任编辑:雷红娟
责 任 校 对:李正五　　　　　　　排　　　版:博壹臻远
出 版 发 行:武汉理工大学出版社
网　　　　址:http://www.wutp.com.cn
地　　　　址:武汉市洪山区珞狮路 122 号
邮　　　　编:430070
印　刷　者:武汉中远印务有限公司
发　行　者:各地新华书店
开　　　本:710mm×1000mm　1/16
印　　　张:20
字　　　数:336 千字
版　　　次:2020 年 12 月第 1 版
印　　　次:2020 年 12 月第 1 次印刷
定　　　价:66.00 元

(本书如有印装质量问题,请向承印厂调换)

自 序

2013 年是我进入汽车行业工作的第一个年头，彼时的我并不知道这一年发生了那么多重要的事，特别是对于自主品牌而言。

2013 年，重要的产业法规和政策接连发布或执行。《缺陷汽车产品召回管理条例》于 1 月 1 日起正式施行，汽车召回正式从部门规章上升为行政法规；《家用汽车产品修理、更换、退货责任规定》（常被称为"汽车三包法"）于 10 月 1 日正式施行；财政部、科技部、工业和信息化部、发展改革委联合发布了《关于继续开展新能源汽车推广应用工作的通知》，明确了未来几年新能源汽车补贴退坡的具体规划……

2013 年是中国汽车产销领跑世界的第五年，产销量都超过了 2000 万辆（产 2211.68 万辆，销 2198.41 万辆），自主品牌正努力尝试与时俱进，在这庞大的市场中夺回更多话语权。新中国的第一个乘用车品牌——红旗——发布了复兴战略的第一款量产车型 H7，一直"高高在上"的红旗再一次尝试进入主流市场（复兴红旗品牌也是一汽致力自主品牌向上发展的重要尝试）；北汽绅宝的第一款车型于 5 月正式上市，这是 2009 年北汽收购瑞典萨博核心技术后的首款产品，这意味着北汽开始进军自主品牌中高端车市场；哈弗品牌开始独立运营，这意味着哈弗品牌将在研发、生产、营销、管理等方面全面独立，哈弗品牌自此成为长城汽车旗下的"专业 SUV 品牌"，也是中国市场的第一个纯 SUV 品牌，曾被类比为"中国的 Jeep、路虎"……

2013 年，中外资本的合作模式已经发生了本质的变化。吉利-沃尔沃联合研发中心于这一年在瑞典哥德堡开始试运营，这并不是中国企业在海外创立的第一个汽车研发中心，却是吉利布局国际市场的重要一步。而且，由中方控股的这些海外研发中心的成立，意味着以合资模式为主的"以市场换技术"，正在逐步转变为"以资本投资技术"。中外合作不再是简单的"技术转让"，中国企业的海外收购不再是短期的技术收购。换句话讲，合资终于开始通过造血反哺自主。

2013年，新能源汽车使用"电"的优势开始被大众关注，新能源对汽车动力的影响第一次引发了中国车市的热烈讨论。比亚迪王朝系列的"秦"在这一年正式上市，比亚迪的"双模"开始走进消费者的视野。比亚迪以此发起了"秦战列国"擂台赛，电驱动和燃油驱动在汽车起步速度上立分高下……

当时最有潜力的细分市场是SUV市场，卖得最好的哈弗H6是自主品牌中唯一跨进销量前三的车型，另外两款分别是大众的途观和本田的C-RV。当时在二手车市场关注比亚迪F0和奇瑞QQ的新手非常多，我就是其中之一。那时候车展在各地的人气都非常高，我在那一年第一次去看了车展……

2013年，几乎所有人都认为自主品牌不如合资品牌，我在入行之后的很长一段时间里也这么认为。

现实的确如此，不论是产品的技术和设计，还是围绕产品的服务，自主品牌的确与合资品牌相差甚远。虽然2013年中国车市的整体产销和自主品牌产品的产销都在上涨，但合资品牌的增长速度明显快于自主品牌，这才导致了自主品牌的市场份额进一步下滑。

消费者购买自主品牌产品会被扣上"情怀"的帽子，产品出现问题会被认为"活该"。当时汽车企业的合资股比限制还没有放开，已经很大程度给了自主品牌自我发展的空间，特别是那些有合资板块的汽车集团旗下的自主品牌，但"以市场换技术"总是难有成效。不少自主品牌都是在夹缝中求生存，最终也难逃停产的厄运。

理性看，不论是在国际还是在国内，汽车企业或者品牌的起起伏伏是极为常见的现象，这也遵循"适者生存"的法则。我们的市场很大，大到可以养活上百个汽车品牌。我们的汽车产品却始终不强，甚至连我们自己都无法认可。试想，如果把自主品牌当作自己家生产的汽车，又总被别人说不如别家的，难免会心生哀怨，怒其不争。这兴许就是那顶叫"情怀"的帽子吧，无形之中它已经扣在了每一个中国人的心头。

起初，我不太能明白这种"情怀"。我自以为市场是残酷的，优胜劣汰，产品不如别人自然就卖得不好,"活该"!渐渐地,我打消了这一想法,甚至为自己的无知感到羞愧。

一叶障目,不见泰山。

当时,我的眼里只有马路上出现最多的和价格最贵的那些车,就算是自主品牌动作频频,却难以引起我的关注。就算是关注,也尽是销量不好、质量不好、抄袭得好,等等,都是茶余饭后用来调侃的谈资。

多年以后,当我回头再去看那些事件时,也会不禁惋惜,不过更多的,是鼓舞和欣喜。惋惜红旗依然没有复兴,绅宝的故事已经不再继续。欣喜吉利发布了独树一帜的领克,哈弗的 H6 常年领跑 SUV 市场,比亚迪的王朝也越来越庞大。这些都是自主品牌发展中的特写,也是缩影,也都和 2013 年有些许关系。

这让我不禁想要把时间的刻度线拉到更早之前,看看自主汽车品牌在这之前还有哪些故事。这也终于让我得见中国汽车工业这座"泰山"的一隅,也启发我写了《起源与汽车(下)》。《起源与汽车(下)》是"闻话汽车系列丛书"的第二本,主要讲述了中国汽车工业和自主汽车品牌的起源故事。

《起源与汽车(下)》是《起源与汽车(上)》的姊妹篇。《起源与汽车(上)》中收录的都是国外汽车品牌的起源故事,多数都是在改革开放以后才与中国有了关系。习近平总书记曾在首届中国国际进口博览会开幕式上指出:"开放已经成为当代中国的鲜明标识。中国不断扩大对外开放,不仅发展了自己,也造福了世界。"《起源与汽车(下)》收录了许多外国品牌在中国的合资故事,这些故事都是中国汽车工业在开放中"发展自己"的缩影,也是中国汽车"造福世界"的前奏。

《起源与汽车(下)》收录更多的,还是中国自主汽车品牌的起源和诞生故事。在不同的历史时期,自主品牌的诞生都有深刻的时代烙印,这些品牌的兴衰更迭凸显了时代发展特征。

自主汽车品牌的起源和诞生受很多因素的影响,面对的问题要比许多国际大品牌多且复杂。"大跃进"里的红旗,"三线建设"里的东风,改革开放之后的长安、奇瑞,入世之后的吉利、比亚迪……这些自主品牌中的绝大多数只是昙花一现,甚至不再被人记起,我们只能通过留下的这些故事去了解自主品牌的来之不易。每一个自主品牌的诞生都被刻下了鲜明的时代印记。

　　透过这些印记，自主品牌不再是现在的样子，而是更加鲜活，更加立体，更加让人肃然起敬。我想以《起源与汽车（下）》表达我的敬意，致敬自主汽车品牌，致敬中国汽车工业，致敬我们伟大的祖国。

闻不罔

2020 年 7 月 3 日于武昌

前　言

　　透过不同时期汽车品牌的起源故事可以梳理出汽车工业的发展脉络，即便是在某个特定市场也是如此。通过讲述中国汽车品牌的起源故事，自然也可以厘清中国汽车工业的发展线路和特征。

　　中国汽车工业的发展一般被分为五个阶段：新中国成立以前（1949 年以前）、中国汽车工业的起步阶段（1950—1965 年）、成长阶段（1966—1980 年）、开放合作阶段（1981—1999 年）和快速发展的阶段（2000 年至今）。在不同的文献中，也有一些其他的划分方式，不过大抵都是选取了相同的标志性事件。比如 1953 年 7 月 15 日，一汽正式开建，被认为是新中国汽车工业的发端；比如 1966 年，是"三五"计划的开局之年，加快"三线建设"的指导要求让中国汽车工业步入新阶段；再比如 1983 年 5 月 5 日，北京吉普合资项目正式签约，这一天被认为是中国汽车工业进入合资时代的重要节点……虽然各文献中选取的具体时间略有出入，但大多以这些重要事件做参考。

　　《起源与汽车（下）》是一本以时间线为主要脉络的汽车文化类读物。划分结构时，本书也以重要事件作为参考，但有别于其他读物。《起源与汽车（下）》并非单纯选择行业事件作为参考，而是以行业事件为辅，国家发展战略为主的标准选取重要节点，再结合易于广大读者学习和记忆的思路，形成了本书的划分结构。

　　《起源与汽车（下）》共分为四篇，以三个重要年份作为节点：1949 年、1979 年和 2009 年。

　　第一篇　1901—1949 年。1949 年 10 月 1 日以前，中国并没有真正意义的汽车工业，但却有汽车在中国发展启蒙。以中国出现第一辆汽车的 1901 年为发端，1901—1949 年被笔者划分为第一阶段。

　　第二篇　1949—1979 年。新中国成立之后，中国的汽车工业实现了从无到有的突破，"大跃进"时期和"三五"期间汽车厂遍地开花，让我们看到了中国汽车工业的无限可能。这一时期，汽车工业的发展主要服务于军事战备和国家建设，以商用车为主。受多种因素的影响，一直到改革开放以前，中国的汽车工业依然在解决"从无到有"的问题。

第三篇　1979—2009年。1979年，中国迈出了改革开放的第一步，中国汽车工业的发展模式由此发生了翻天覆地的变化。在这一阶段，轿车制造得以解禁，乘用车的发展逐渐步入快车道。伴随着诸多行业政策的发布和中国加入WTO，外国品牌和民营企业制造的汽车在中国市场找到了生存之道。中国汽车工业在这一阶段实现了由小到大的转变。

第四篇　2009年至今。2009年，中国汽车市场的产销量全球第一，中国成为名副其实的汽车大国，并以此为起点，迈入了"由大到强"的进击之路。2009年至今，中国汽车工业的发展一次次震惊着世界，中国汽车品牌的日新月异不光让中国市场风云巨变，也影响和改变着世界汽车工业的格局。

中间两部分的时间跨度都是30年，便于读者理解。三个重要节点都容易记忆，便于读者搭建理论框架。

中国汽车工业的发展史虽远不及欧美成熟市场久远，但内容也颇为丰富，这主要得益于国内史学研究领域对不同阶段的深入研究和成果展示。本书采用了去繁就简的思路，仅以"品牌"作为关键词，依时间顺序讲述中国汽车品牌的起源故事。在选择品牌时，主要收录能反映时代特征的品牌。其中，有一部分品牌幸存至今且仍在发展。还有一部分只是昙花一现，已经极少再被提起。

有一点需特殊说明，《起源与汽车（上）》中收录的基本都是乘用车品牌，作为姊妹篇《起源与汽车（下）》理应参照此标准。不过，中国汽车工业发展之初以载货汽车为主，虽然也零星地制造轿车，但规模有限。为了了解清楚对应时期中国汽车工业的特征，就无法绕开这些载货汽车品牌。所以，《起源与汽车（下）》在第二篇将收录的品牌范围扩大了。同样，在第三篇，笔者也将品牌的收录范围扩大到了合资品牌。

《起源与汽车（下）》和《起源与汽车（上）》都算是笔者的学习笔记，较为系统地梳理了全球各主要地区早期汽车工业的发展格局。与各位共享、互勉。

借此，感谢各汽车品牌对本书提供的图片和资料支持。

最后，恳切期望广大读者对书中错漏之处，予以批评指正。

闻不罔

2020年7月4日于武昌

目　录

第三篇　1979—2009　　　　　　　　　　120

第四篇　2009—

第一篇 1901—1949

汽车初入中国

从汽车诞生到现在，跟汽车有关的历史才不过一个多世纪的时间。就是在这一百多年里，世界格局多次改变，汽车工业的全球格局也不断发生变化。我国的汽车工业起步很晚，即便算上"民生牌汽车"，也才不到 90 年的时间，这就已然比欧美国家晚了近半个世纪了。

如今，中国是名副其实的工业大国，但还并非强国，汽车工业的发展还有非常大的空间。汽车在中国的历史虽然并不算长，但也足以让世界同行叹为观止。追本溯源，在历史中总结经验教训，在学习中自强不息，这就是中国汽车工业的初始动力。所以，我们要好好讲讲汽车与中国的故事。

中国近代史告诉我们，落后就要挨打。1840 年，鸦片战争打开了中国的大门，中国在半殖民地半封建的社会旋涡中痛苦挣扎。这种方式的开放让生活在这片土地的人们付出了惨重的代价，统治者的愚昧腐朽更加深了百姓的苦难。各国列强谁都不愿意放过这块巨大的肥肉，割地赔款让他们都赚得盆满钵满。大量的外国人来到中国，享受着胜者的优待，不放弃任何一个获得利益的可能。

1901 年，清政府借助国外势力镇压完义和团运动之后，同十一国（英、美、俄、日、法、德、意、奥、比、荷、西）签订了《辛丑条约》。清政府由此完全成为帝国主义统治中国的工具，中国完全沦为半殖民地半封建社会。

就在这一年，上海的马路上印上了中国领土上第一台汽车驶过之后留下的车辙。一个叫李恩思（Leinz）的匈牙利人将两辆美国生产的奥兹莫比尔汽车（Oldsmobile）从香港运到了上海。

1901 年，奥兹汽车厂才刚刚开始量产汽车，当时也只有一款车型下线——Curved Dash。

1901 年八国联军攻占北京城后签订丧权辱国的《辛丑条约》现场
（图源自法国画报 *Illustration*）

自打奥兹汽车厂 1899 年正式更名之后，公司一共研发出了 11 款原型车，其中就包括蒸汽动力车、电动车和汽油车。可是 1901 年 3 月份的一场大火几乎把所有的研究成果都烧光了，就剩一台 Curved Dash。所以这款车就成了奥兹汽车厂恢复生产之后的第一款车型。1901 年，奥兹汽车厂只生产了 450 台车，但是却收到了 600 台的订单，其中有一部分属于出口销售。奥兹莫比尔也是美国第一个走出国门的汽车品牌。奥兹汽车厂一共生产了大约 19000 台车，直到 1907 年才停产。

Curved Dash 是台两座车，当时在美国的售价是 650 美元。采用水冷单缸发动机，中置，最大功率为 3.7 千瓦（5 马力）。整车质量为 370 千克，最高车速可达 32 公里/时（20 英里/时）。

奥兹莫比尔车型 Curved Dash

这两辆中国领土出现的第一款汽车,第二年就在上海上了"临时牌照"。不过,当时中国并没有针对汽车的牌照制度,还是按照马车的标准上的牌。

也是在 1901 年,慈禧太后好不容易借别人的手夺回了摇摇欲坠的统治权,总算是回到了京城。时任山东巡抚的袁世凯因在义和团运动中护驾有功,于当年 11 月就接替死去的李鸿章升任了直隶总督兼北洋大臣。

这个官职有多大? 通俗点讲,直隶总督就是管理现在的北京天津全境、河北省大部分以及河南、山东的小部分的一把手。不光如此,因为清政府的职权划分跟现在不一样,这个"北洋大臣"虽说是兼职,却管了直隶(今河北)、山东、奉天(今辽宁)三省的通商、洋务,办理有关外交、海防、关税以及实业等事宜。算起来,这应该是清朝最有权力的地方官。

1902 年,慈禧太后 68 岁(虚岁)大寿那天,袁世凯买了台汽车送给慈禧当生日贡品。这款车是美国的图里亚汽车公司(Duryea Motor Wagon Company)生产的图里亚汽车(Duryea Automobile)。有资料显示,这台车属于图里亚公司在 1896 年组装的 13 台车中的一台,而且是唯一一台得以保留的孤品。这款车是该公司研发的第三代产品,生产规模不大,在当时却也小有名气。

图里亚汽车公司是查尔斯·图里亚(Charles Duryea, 1861.12.15—1938.9.28)和他的弟弟詹姆斯·图里亚(James Duryea, 1869.10.8—1967.2.15)于 1893 年成立的汽车公司。图里亚兄弟造出了美国大陆上第一台真正意义上的汽车,他们是美国众多汽车工程师中,最先把汽油发动机装配在四轮车上的。

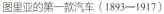
图里亚的第一款汽车(1893—1917)　　查尔斯·图里亚(Charles Duryea)和图里亚汽车

1896 年,一台图里亚汽车在纽约的马路上撞倒了一个骑自行车的人,导致对方腿摔伤了，驾驶员还因此在监狱里待了一晚上。这也被认为是世界上第一起汽车交通事故。

据说，慈禧当时在看到这件礼物的时候，并不是很满意。这台车是黑色的，但皇室的御用品中多的是奇珍异宝，这么一台黑咕隆咚的"轿子"的确难入她的法眼。再者说，金黄色才是皇室的御用颜色，这的确是不大搭配。而且，慈禧虽然位高权重，但并不一定就见多识广，哪会认识这样的高科技产品。据传，慈禧当时以为这是改装的轿子，吓得袁世凯急忙让司机给她演示。毕竟是新鲜玩意儿，慈禧也觉得很有意思，就问这是什么？袁世凯急中生智，说是轿车。由此，在中国就有了"轿车"这一说法，并且沿用至今。这段故事是真是假，目前已无从考证，不过当作一个趣闻也算是我国汽车文化发端时的一段不错的插曲。

袁世凯送给慈禧的汽车 Duryea Surrey

（图片拍摄于 2017.11.12—2018.3.11 在洛杉矶鲍尔斯博物馆举办的"慈禧太后颐和园生活展"）

这还不止，有人经常会拿这段故事来描述当时清王朝的落后。据说，慈禧太后穿的是 3 寸高的旗鞋，她自己根本无法坐上车。如果爬上车，又太不体面了，最后是侍从们好不容易把她抬上去的。更令慈禧不能容忍的是，奴才出身的驾驶员要大模大样地坐在她前面，这可岂有此理，所以就下令让驾驶员必须跪着给她开车。跪着是无法正常踩刹车和油门的，而且那时候的车都很粗糙，驾驶难度本来就很大。可皇命不可违，司机只好硬着头皮跪着开，可没开多远就差点发生交通事故，吓得慈禧再也不敢坐了。再者说，慈禧出行都有前呼后拥的十六抬大轿，论体面和舒适度，都比这所谓的轿车好太多了，她哪里会稀罕这么个玩意儿呢。从此，这辆车就被闲置在了紫禁城，后来又被转移到了颐和园，一直保存至今，成为一件难得的稀世珍宝。

这就是最初进入中国的两款汽车。这两款车，离老百姓都太遥远了。即便是有人见过，也不过那么几百上千人。那时候的中国还只是把汽车当作奇珍异宝，只是新鲜的洋玩意儿而已。

1907 年的"北京—巴黎"汽车拉力赛

汽车在诞生之初还有过另外一个名字——"无马马车",那时候的汽车并没有得到大家的认可。卡尔·本茨的奔驰一号第一次出现在 1888 年慕尼黑博览会上时,媒体终于注意到了"没有马的马车自己在走"。带产品参加各类国际博览会,是先驱者们当时能想到的最佳营销方式。

显然,仅仅依靠博览会的影响力是不够的。博览会上的展示基本都是静态的,而汽车需要动态的展示,只有动起来才能让大家看到汽车和马车的差别。于是,在汽车品牌越来越多的时候,汽车比赛随之也诞生了。目前已知,世界上的最早的一场汽车比赛是 1894 年 7 月 22 日在法国举办的"Petit 报纸"杯无马马车比赛(Concours du "Petit Journal" Les Voitures sans Chevaux),一场需要考察速度、安全、能耗和驾驶便捷性的综合性比赛。如果非要归类,这应该是一场非典型的拉力赛。这也开启了汽车赛事营销的大门,各种汽车比赛成了推广汽车产品最主要的平台。

而相同时期的中国国土上,还没有汽车的影子。进入 20 世纪,汽车终于作为舶来品之一,驶入了中国国土。中国终于开始认识这些"无马马车",并且被影响。根据人民交通出版社 1996 年出版的《中国汽车工业史》记载,作为当时中国国际贸易中心城市的上海,1903 年的汽车牌照发放数为 5,1905 年为 31,到 1910 年也才 151。按这个数据来做估算的话,当时中国的汽车保有量,应该比同时期欧美的汽车品牌数还要少。

就是在这样的大背景下,当时全球最大规模的汽车拉力赛却和中国有关,北京作为始发地,和目的地巴黎一起被写进了世界汽车工业发展史。著名的 1907 年北京—巴黎汽车拉力赛(Peking to Paris Motor Race in 1907)是当时全世界对汽车最严苛的一次考验，一开始并不被大众看好，甚至连主办方法国《晨报》（*Le Matin*）也在怀疑比赛的可行性。全程将近 10000 英里（约 16000 公里），其中有四分之三的路程没有铺装道路。

1907 年 8 月 10 日下午 4 点，由意大利亲王斯皮昂·博盖塞（Scipione Borghese）驾驶的伊塔拉（Itala）汽车伴随着胜利进行曲，在组委会的指挥下行驶到法国《晨报》报社大门口。彼时筹备半年、历时两个月的比赛终于迎来了获胜者。

斯皮昂·博盖塞（Scipione Borghese，1871.9.11—1927.10.18）

在国内几乎找不到有关这场赛事的记录，毕竟年代久远，而且战乱不断。好在一位来自意大利的战地记者全程参与了这场赛事，并且用文字完整地记录下了他的见闻。这位战地记者是吕吉·巴津尼（Luigi Barzini，1874.2.7—1947.9.6），他乘坐博盖塞亲王的赛车从北京出发，历时两个月之后，和冠军一起抵达了巴黎。作为赛事的亲历者和见证者，巴津尼在比赛结束之后出版了一本名为 *Pekin to Paris：An Account of Prince Borghese's Journey Across Two Continents in a Motor-Car*（1907）（《从北京到巴黎：博盖塞亲王驾车穿越两大洲旅行记（1907）》）的书，用生动翔实的文字和 100 多张珍贵的照片记录了一百多年前那段传奇的故事。这本书目前被收录到中国画报出版社出版发行的"西洋镜丛书"，名为《西洋镜：1907，北京—巴黎汽车拉力赛》。略显遗憾的是，这本书只记述了博盖塞亲王的比赛过程，对其他赛车手的比赛细节并没有太多介绍。

这场比赛是法国《晨报》在 1907 年 1 月 31 日发起的，当天的头版头条用大幅黑字写着"北京到巴黎的汽车"，报道中出现了在彼时让人觉得异想天开的呼吁："今年夏天，有没有人想将汽车从北京开往巴黎？"我们可以想象读者在看到这则消息时候的反应，就好像现在有人告诉你："一起驾驶一台纯电动汽车从北京开到巴黎吧！"这在当时是一个多么异想天开的倡议！

吕吉·巴津尼（Luigi Barzini，1874.2.7—1947.9.6）

法国《晨报》1907年1月31日的报道

　　1894 年，这家报纸也干过类似的事儿，它组织了一场从巴黎到鲁昂（Paris—Rouen）的比赛，全程 78 英里（126 公里），冠军奖金 5000 法郎。当时有 21 支参赛队伍，最终到达终点的只有 15 支，获得冠军的是一台标致汽车。

　　13 年过后，汽车真的可以完成上百倍距离的安全行驶了吗？会有人参加这么疯狂的比赛吗？人们担心着、质疑着、观望着……

　　任何时代都不缺少冒险家和疯狂的人，很快就有车手公开表示愿意参加。这其中有很多真正的时代先驱，像博盖塞亲王就是典型的代表。还有很多是投机者，他们只是为了蹭蹭热度，希望把自己的名字印在报纸上。对他们而言，这是绝佳的宣传机会，而且谁知道这个比赛能不能真的组织起来！主办方当然也有办法过滤这样的人，报名的条件之一就是参赛车手必须交纳 2000 法郎的押金，这笔钱会在出发地北京退还给参赛者。

　　获胜者的奖金足足有 10 万法郎，但这并不是大家关注的焦点，所有人都在关注，这场比赛到底能不能真的如期举行。

　　1907 年 6 月 10 日早上 8 点，5 台参赛车辆在北京的法国公使馆门外依次排开，这比预计的参赛车辆要少很多。这 5 台车分别是：

　　　　法国迪翁·巴顿（De Dion Boutons）牌汽车，10 马力，车手乔治·科米尔（Cormier）；

　　　　荷兰世爵（Spyker）牌汽车，15 马力，车手查尔斯·戈达尔，随行《晨报》通讯记者让·杜·泰历斯；

　　　　意大利伊塔拉（Itala）牌汽车，40 马力，车手埃托尔，随行意大利《晚报》记者巴津尼；

　　　　法国迪翁·巴顿（De Dion Boutons）牌汽车，10 马力，车手维克托·科里戈农（Collignon）；

　　　　法国肯特牌三轮汽车（Contal），6 马力，车手奥古斯特·庞斯（Auguste Pons）。

法国车都是灰色涂装，荷兰车都是白、红、黑三色条纹涂装。

　　车手们注视着出发旗帜，随着旗帜的落下，这场历时 2 个多月的比赛终于在质疑和期盼中开始了。

　　这次比赛的路线为：北京—张家口—伊尔库茨克—鄂木斯克—彼得罗巴甫洛

意大利斯皮昂·博盖塞亲王的伊塔拉牌汽车

夫斯克—喀山—莫斯科—斯摩棱斯克—华沙—柏林—科隆—布鲁塞尔—巴黎。

　　法国的肯特牌三轮汽车在开往张家口的路上就退出了比赛，最终只有四辆车完成了全程比赛。

　　8 月 10 日下午 4 点半，博盖塞亲王驾驶着伊塔拉汽车在人们的欢呼声中进入巴黎，获得冠军。此后的 20 天里，其他三辆赛车也先后到达巴黎，荷兰的世爵汽车获得了亚军。

　　为了祝贺巴津尼的新书出版，博盖塞亲王给他写了一封信。他在信中说明了自己参加比赛的初衷："向人们展示一辆制作精良的汽车，经过审慎而精心的维护，在有无道路的长途跋涉里均可取代畜力牵引。"

　　许多那个时代的汽车工程师都有类似的想法，这次比赛的成功举办，让这一想法成为现实。1907 年从北京到巴黎的拉力赛，更像是对汽车的一种测试，让更多人相信，汽车是可以在全社会普及的。

　　生活在比赛线路沿线的老百姓成为幸运的见证者，他们中的多数人根本不明白，出现在自己眼前的这些四轮车子为什么能自己跑起来。还有许多人被深深地震撼了，期盼着汽车能走进自己的生活，能让"17 天（驼队穿越戈壁滩的时间）的路程也变成 4 天"。

　　当时的清政府对这样的比赛恐怕是想要拒绝的，但是又无力拒绝。法国驻华公使巴斯德（1905—1908 年任职）1907 年 2 月 20 日就把相关申请提交给时任清政府外务部总理大臣的庆亲王奕劻了，但一直到出发前一天晚上政府才把护照交给这些参赛的队伍。一方面，庆亲王奕劻当时正在主管京张铁路的建设，庆亲王怀疑这是一次以比赛做幌子的路线探索，目的是扩张陆路运输，击垮中国的铁路运输；另一方面，清政府被侵略怕了，始终无法理解和确定这次比赛的意义，总是担心这是另一项侵略计划。

　　清政府迫于无奈，即便再三沟通，最终还是被迫允许通行。根据屈春海的《清宫档案解读》记载，外务部给民政部、步军统领衙门和顺天府发咨文说，赛车将在 6 月 10 日晨出发，直隶总督、察哈尔都统、库伦办事大臣等"应饬属妥为照料，留意弹压"，并晓谕沿途居民"不要在比赛路线行走，以免遭遇危险产生纠纷"。不光如此，外务部还在 6 月 9 日的晚上举行了盛大的宴会，为这些来自西方的赛车手们送行。

1907 年北京到巴黎拉力赛开始

　　就是在被迫和无可奈何之下，"北京"和这次跨洲拉力赛一起，被载入汽车发展史里。中国也在完全没有民族汽车工业时，被写入世界汽车发展史。

近代的探索与尝试

　　当上海的街头在1901年出现第一台汽车之后,这就意味着中国的交通即将迎来变革。从1840年开始,我国进入半殖民地半封建社会。无数爱国人士投身革命,爱国企业家也投身民族工业建设。汽车作为新进洋玩意儿,在大马路上穿行无阻。但凡有这个轰隆隆的"怪物"经过,就算是八抬大轿也要靠边。

老上海滩的样貌

　　从20世纪20年代开始,汽车在中国已经变得很常见了,大城市里能看到各式各样的汽车。这其中,又以美国汽车最为常见。1920年,美国纳什(Nash)汽车进入中国;1926年,福特(Ford)新型两座车也来了;1928年,雪佛兰(Chevrolet)货运车也来了;到1930年,道奇(Dodge)、别克(Buick)、凯迪拉克(Cadillac)等也都进入中国市场。这些车多数流行到了40年代。当时甚至还发展出了汽车黑市,有很多道奇汽车都以走私车的形式进入中国地界。此外,还有一些其他国家的品牌,比如奔驰,不过多数都是归外国人所有。

　　当时我国工业落后,经济凋敝,交通不发达。随着汽车越来越多,不少有识之士认识到汽车工业的重要性。要想救国,发展汽车工业迫在眉睫。

近代中国第一个提出要建立中国汽车工业的是孙中山先生。在人民出版社1981年出版的《孙中山选集》中收录了孙中山先生的《建国方略》,他在其中说道:"自动车乃为近代所发明,乃急速行动所必要。"孙中山先生还曾经在1924年用英文给亨利·福特先生写过一封信,希望福特一世能够对当时中国的汽车工业发展施以援手。亨利·福特先生是收到了这封信的,但是并没有来中国。

孙中山

这封信现在被收藏在美国的亨利·福特博物馆内,信里是这样写的:

亲爱的福特先生:

由信使NgJimnKai得知,阁下在近期有望出访中国。如能成行,本人将欣然在华南迎接阁下。一般而言,中国的知识、能量和财富大多集中在中国的南方。

我了解并曾拜读过阁下在美国的惊人之作。您可在中国以更盛大的规模成就同样的事业。在某种意义上,可以说您在美国的事业更具有个人色彩,而在中国,您将有机会以一个新工业体系的形式表达和实现您的思想和理想。

......

我现在认识到，如果将主要希望寄托在列强的现政府身上，那大概是要碰壁的。依我看来，可以在您这样富有生气的实干家身上，寄托更大的希望。这就是我诚邀您访问华南的原因，您可以借此对中国的发展做第一手的研究，而这无疑是 20 世纪大问题之一。

您诚挚的

中华民国大总统：孙逸仙

1924 年 6 月 12 日于广州

从 20 世纪 30 年代开始，有识之士就开始探索制造中国自己的汽车。当时经济形势衰弱，各种储备都不足，这些汽车工业的先驱们举步维艰。

资料记载，中国制造的第一辆汽车是 1931 年 9 月 12 日在上海举办的首届汽车工业展览会上亮相的民生牌汽车，它主要是由张学良出资成立的公司生产的。这在当时引起了广泛关注，蒋介石还专门让张群等人作为特派代表前去现场祝贺，上海的广播电台和大小报刊也都对民生牌汽车进行了大篇幅的报道。不过，就在这次展览开幕的第 7 天，"九·一八"事变爆发，沈阳失陷，东北危急，生产民生牌汽车的工厂落入侵华日军的魔掌。而参加展览的这台民生 75 型卡车也成了唯一的"遗产"。

民生牌汽车

1928 年 12 月，奉天迫击炮厂（后改称辽宁迫击炮厂）的厂长李宜春等人提出了关于"应国内需要，宜首先制造载重汽车"的建议，得到了当时主政东北的张学良将军的赞同。他当即调拨 4 万多元(旧币)，作为研制国产汽车的经费。后来，他又批之后,由于抗日战争全面爆发,工厂也落入了日军手中。

衡岳牌汽车

这家工厂装配汽车所需的零部件准备从越南卸船后,经滇越铁路运到昆明。但是工厂尚未建成,日军攻陷了越南,通路中断,中国只剩下中缅公路这条唯一的对外联络通道。资源委员会再度寻求经缅甸运进零件,继续同美国合作生产汽车,但是没有下文。

1950 年,新中国刚刚成立,汽车工业筹备小组的工作人员来到桂林,找到了资源委员会委托美国人设计的工厂图纸,但是这些图纸已经严重霉烂。

新中国成立之前,我国汽车工业经历了近三十年的探索和发展。但在日本铁蹄的摧毁之下,发展近乎终止。如今能找到的,也只有一堆已然霉烂的图纸和历史中残留下的凋敝剪影。

20 世纪 30 年代国产汽车一览

1931 年,辽宁民生牌 75 型汽车
1932 年,山西牌 1.5 吨汽油载货汽车
1936 年,衡岳牌 25 座客车、中华牌 3 吨载货汽车
1937 年,中圆牌 2.5 吨柴油汽车
1939 年,资源牌货车

20 世纪 30 年代国产汽车一览

有关民生牌汽车的误解

笔者在整理和学习有关近代中国汽车工业概况的资料时,收获了不少惊喜,但也有不少惊吓。惊喜,喜在我国汽车工业起步虽晚,但尝试和探索在苦难中依然没有停滞;惊吓,吓在诸多耸人听闻的文章具有明显错误,严重误导读者却依然被大量关注和转发。

譬如有关民生牌汽车的描写中,很多文章中都有类似这样的描述:

> "民生牌卡车在日本人手里变为 31C 型卡车,而接手这些汽车的是日本一家制造纺织机械的公司。正是接手了这批汽车,这家日本纺织公司顺利进军汽车领域。这家纺织机械公司的老板叫做丰田喜一郎。1934 年,丰田喜一郎成立一家汽车公司叫作丰田汽车工业株式会社,就是丰田汽车的前身。"

文章末尾的留言中,有拍手叫好的,也有破口大骂的。如果史实真是如此,倒也无伤大雅。但倘若这是某些人不负责任的杜撰,该会让多少人误解。如果在网络上搜索类似内容,你会发现,许多文章的转发时间都不一样,时间跨度非常大。也许是有人恶意为之,但更有可能是部分读者已经被误导,转发本身就是一种盲从。

历史故事可能的确需要加工才能迎合现代人的口味,但并不代表为了迎合就可以编造历史。我们不妨就事论事,先整理一下史实资料。

有关"民生牌 75 型卡车是我国制造的第一台汽车"等描述,没什么太大问题。从目前掌握的资料来看,张学良当时的确是主要推动者,民生牌 75 型卡车是根据美国的"瑞雪"牌卡车逆向制造的。民生牌 75 型卡车在中国汽车工业史上绝对是具有里程碑意义的，无可非议。

民生牌 75 型卡车（一）

民生牌 75 型卡车（二）

但是，民生牌卡车真的和丰田汽车有关系吗？

有几点的确很容易被关联在一起。民生牌卡车是 1931 年推出的，而丰田汽车的前身丰田自动织布机厂的汽车部 1933 年才成立，时间上一前一后，离得还挺近，的确有可能；丰田品牌的第一款汽车产品丰田 G1，是 1935 年 8 月推出的，也是卡车，这种巧合的确容易让许多人产生联想；中国在半殖民地半封建社会时期受到了各种压迫，日本等国家在我国夺走了大量的财富和资源用于支持本国工业发展，九一八事变正好爆发在民生牌 75 型卡车推出之后的第六天，日本将工厂和相关技术成果据为己有的可能性十分大……

丰田 G1

这就能够证明，丰田占有了民生牌汽车吗？显然不能！

虽然 1931 年日军占领东北，这批卡车也落入了日军手中，但是这并不能直接证明是丰田公司拿到了这批车辆和技术成果。

再者说，有关衍生车型——31C 型卡车，并无任何相关资料可查，甚至连一张像样的图片或者佐证资料都没有。

　　丰田品牌的汽车产品中,最有可能借用民生牌卡车技术的也就是丰田 G1 了。因为这已经是在四年之后推出的产品了,如果再往后,何必还要抄民生牌 75 型呢?全球各地的汽车品牌可不只是个位数了。再加上美国和德国在汽车工业发展中的重要影响,丰田向他们靠拢的可能性更高一些。当时日本的马路上,有大量的进口汽车,丰田公司能够很容易地购买到美国或德国最新款的汽车进行仿制,对于民生牌 75 型这种第一次世界大战以前水平的载重卡车,既不新鲜也不先进,丰田哪里会看上眼呢?

　　而在《起源与汽车(上)》中,笔者已经提到了丰田的第一台汽车产品是源于德国产的 DKW 前轮驱动车,这是丰田喜一郎托朋友从德国买回来的。由此诞生的第一款产品丰田 G1 和之后的轿车丰田 AA 型,都和民生牌卡车千差万别,怎么看也不大可能是一个模子里刻出来的。

　　而且,当时日本的汽车工业远比中国发达。虽然当时的日本汽车工业还没有爆发式发展,但是已经初具雏形。虽然还没有实现大规模量产,但三菱、五十铃等汽车品牌也早就有了自己的产品。而丰田喜一郎致力于造车,就是希望日本品牌能够夺回被进口品牌占据的市场。当时,美国已经达到每四人拥有一台车,丰田的目标就是在日本能够达到每十人拥有一台车。

　　所以,民生牌汽车落入日本人之手不假,但被丰田加以利用的可能性并不大。东北沦陷后,已经下线的 75 型卡车倒是很有可能被充作日军的运输车辆。至于被丰田拿去仿制的说法,明显逻辑不通。

　　实际上,日军将民生工厂纳入了同和自动车工业株式会社。同和自动车工业株式会社是伪满政府和日方 1934 年一起成立的汽车公司,旨在统治中国的汽车市场。这家公司由满铁、伪满洲国政府和 7 家日本的会社(自动车工业会社、东京瓦斯电气工业会社、川崎车辆会社、日本车辆会社、三菱造船会社、户畑铸物会社等)共同投资,7 家日本会社负责制造汽车零配件并且供应给同和。明面上,伪满政府好像还有些话语权,实际上,这就是一家彻头彻尾的日方车企。在同和设立之初,关东军司令官下令将原辽宁迫击炮厂的设备提供给同和,实际就是把民生工厂的家底全数"上供"给了同和。

　　值得一提的是,7 家日本会社中的户畑铸物是鲇川义介名下的企业,也就是彼时日产控股公司的子公司。从一些资料中,我们也能看到,同和生产的产品中,就包含日产 80 型卡车，而这正是日产向日本军方提供的卡车。

同和自动车工业株式会社的产品广告

　　不过，同和自动车工业株式会社并没有让日方称心如意，经营状况并不好。根据满铁产业部交通科自动车系于 1936 年制作的"满洲国自动车分布图"的记载，当时伪满洲国内一共有 10557 台汽车，其中同和制品为 118 台，仅占 1.1%，其余都是其他国家的品牌，其中福特 2841 台，雪佛兰 2234 台，两家公司的产品就占了 48.1%。

　　为了扭转这一局面，同和开始考虑降低产品售价，争取更多的政府补助。其中最重要的举措之一，就是在 1936 年 6 月与丰田自动织机会社签署合同，进口丰田的 G1 型卡车散装料，在同和组装销售，同时废止从 7 家日本出资公司采购部件的做法。这才算是和丰田真的有了点关系。要说丰田把民生据为己有，就太过牵强了。

　　民族自信一定是源于对自我清晰客观的认知，而不是盲目炫耀和夸大。

　　自媒体时代下，且请传播者们多一份严谨，少一份自大；多一份自律，少一份浮夸。

"万国汽车"

从 1901 年李恩思（Leinz）把两辆汽车带入上海开始，中国就开始有进口汽车了。后来虽然零星出现了一些国产汽车，但都不成规模，很难在街头捕捉到。

彼时中国的汽车保有量非常小，上海公共租界在 1903 年发放牌照的时候，也只有 5 辆汽车登记。不过，随着汽车越来越多，中国大都市里的很多生活场景也在发生改变。

1907 年以后，中国少数沿海城市陆续出现了汽车客运和汽车货运；1913 年，全国经济委员会成立，督导公路建设，拨款地方修路，鼓励民办汽车运输，把公路列为政要之一；1917 年，当时中国第一条汽车运输线路张库[张家口—库伦（今蒙古乌兰巴托）]公路通车；到 1927 年全国公路总长已达 29170 公里，民用汽车保有量由 1912 年的 294 辆增长到 18677 辆；1934 年还实现省际联运……中国的汽车产业也逐渐热闹起来。

截至 1937 年，中国民用汽车的保有量已经达到 68917 辆，数量虽然不大，但基本可以保持平均每年增长 5500 台左右。当然，这些增长几乎全部来源于进口。之后，由于战争的全面爆发，这一增长态势戛然而止。

不难想象，民国时期穿梭于大都市街头的汽车都是进口车。上海的街头曾经在 20 世纪二三十年代被称作是"万国汽车博览会"，因为在那个年代的上海，你既可以看到美国的福特和雪佛兰，也能看到欧洲的雪铁龙和奔驰。

当时世界上可以量产汽车的国家屈指可数，到不了"万国"这么夸张，其中有能力出口的主要是美国、德国、法国和英国，所以中国街头的汽车也主要以这几个国家的品牌为主。比如美国有福特、林肯、雪佛兰、别克，法国有雪铁龙，德国有奔驰，英国有沃克斯豪尔、劳斯莱斯……在这些汽车品牌当中，保有量最大的还是福特，这和福特最早实现流水线生产是有着密切关系的。福特在 20 世纪 30 年代的销量占当时全球总汽车产量的三分之一左右，在中国所占比例自然也不低。

在 1927 年的一份报纸上，有一版福特汽车的广告。广告词里也透露出福特汽车在中国的自信："君知之否？ 全中国之汽车种类甚多，约有数十种牌子，车辆总数则只福特一种可称巨擘"，"精明之汽车主人均用福特出品"。当时福特就已经在北京、上海、广州、福州、香港、长沙、成都等主要的大中城市有十几家经销店了。

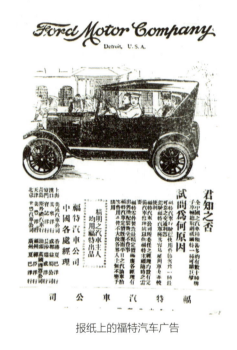

报纸上的福特汽车广告

福特汽车的确非常受欢迎。1924 年，孙中山先生给福特汽车的掌门人亨利·福特先生写信，希望福特能帮助中国发展汽车工业；1928 年，北京大学日刊登出了一则彩票销售广告，四块钱买一张彩票，头奖就是一部福特 A 型车；也是这一年，贵州省政府铸造了一款汽车银元，上面的图案是一辆福特 T 型车；1932 年，上海浦东出现了中国第一个汽车装配工厂，装配的也是福特汽车……

美国车自然在当时保有量最多，雪佛兰、别克、克莱斯勒等美国车也经常出现在中国的街头巷尾。

民国时期的雪佛兰并不像福特那么多，但相较其他品牌，普及度还是非常高的，而且雪佛兰在当时就已经有了明确的市场定位，主打的就是廉价和节油。我们在1936 年的广告中可以看到这样的广告词："一九三六年新式雪佛兰汽车是唯一廉价俭油的汽车。"

民国十七年（1928 年）贵州造的银元

1936 年的雪佛兰汽车广告

在电视剧《潜伏》里，余则成让宪兵队贿赂站长的那台车也是美国产的，剧中说是"斯蒂庞克牌"（Studebaker），这对现在的人来说太过陌生，即便是在美国本土，也并没有太多人知道。斯蒂庞克本来是美国的一家马车制造商，1913 年才正式开始制造汽车，1968 年停产。如果这样的场景是真实的，那美国车在当时的受欢迎程度就可见一斑了。

雪铁龙在 20 世纪 30 年代是欧洲最大的汽车公司，欧洲很多国家的政府机构都开雪铁龙汽车。在民国时期，欧洲各领事馆自然也就把雪铁龙汽车带到了中国。根据记载，1931 年，在法租界内持证登记的轿车包含 424 辆雪铁龙、235 辆雷诺、79 辆标致、21 辆塔尔伯特（Talbot，1903—1994，英国品牌）、20 辆迪翁-布顿（De Dion-Bouton，1883—1932）、8 辆德拉哈耶（Delahaye，1895—1954）、6 辆萨尔姆松（Salmson），还有 4 辆布加迪（Bugatti）。除了塔尔伯特是英国品牌，其他都是法国的汽车品牌。在法国品牌中，雪铁龙又占了绝大多数。

茅盾的小说《子夜》中写道："上海富商吴荪甫派人开车去接父亲，那辆 1930 年出厂的雪铁龙轿车，以极限速度在市区飞驰，每分钟行驶半英里，创造了同款汽车的最快纪录。"现在看来，这个"极限速度"并不快，换算过来就是差不多 48 公里/时，这还不到高速公路的最低限速。不过，这在当时的路况和技术条件下，的确算是非常快了。更关键的是，在文学作品中出现了如此具体的汽车相关描述，应该就是对当时上海有钱人的生活最真实生动的描述了。

民国时期也不乏一些经典车型，比如菲亚特汽车的菲亚特500。那时候国内把"FIAT"翻译成"飞霞"，这款经典的意大利小车，在那个时代就已经来到了中国。

民国时期的 FIAT 汽车广告

在有关民国时期的影视剧中，汽车的色彩都很单一。当官的都坐黑色厢式车，也就是轿车，当兵的都坐越野车或者大卡车，也几乎都是黑色的。那个年代，黑色的确更为流行，使用者更为看重功能性，对颜值的要求还没有那么高。不过，街头巷尾的汽车绝不可能全都是黑色的，那些有钱人的虚荣心也是绝不会允许的。

在影视剧《新世界》中，剧中角色柳如丝的座驾是一台红白黑三色涂装的沃克斯豪尔（Vauxhall）汽车，在扎堆的黑色汽车中，这台车自然分外吸引人眼球。这台车的选择是符合人物设定的。柳如丝代表了那个时代受过西方文化熏陶的摩登一族，穿着时髦、讲究，一台符合气质的汽车自然必不可少。沃克斯豪尔是英国品牌，不过在剧中的时代，它已经被通用集团收购了。剧中的这台车是沃克斯豪尔1937年到1940年间生产的 Vauxhall GL-Type 25 HP，四门七座，是一台典型的英式豪华轿车。类似这样的汽车在那时候的中国虽然不多，却能很好地点缀城市道路。

在战争时期，出现最多的往往是军车。抗日战争时期，日军使用频率最高的应该是三轮挎斗摩托车，我们可以经常在影视作品中看到。这款摩托车是日本仿照美

影视剧《新世界》截图

Vauxhall 25 HP 的广告

国的哈雷摩托自己改装制造的陆王摩托,普及最广的是陆王 97 式(Rikuo Type 97)。
日军在抗日战争初期大量装配的都是福特的军用卡车,日本陆军主要使用的是福
特 V8-51 四轮卡车。据说,因为订单实在太过庞大,福特直接在日本本土开设了一
家装配厂。从 1935 年开始,日军配备了一款小型侦察车库罗根 95 式,这款车机动

性能比卡车好，一线指挥员一般都使用这款车。在 1937—1940 年间，日军开始使用本国的产品，以日产和丰田为主，其中就包括日产 80 型。日产还有一款高级轿车日产 70 型，主要提供给中高级将领使用。

到解放战争时期，国民党军队配备了大量的美式军车，其中最重要的就是威利斯（Willys）汽车，这时候这些车已经有另一个名字了，叫"Jeep"（吉普车）。二战时期，吉普车遍布了全球的各个战场，是名副其实的"战车"。1949 年 3 月 25 日，中共中央由西柏坡迁至北平，时任主席毛泽东在西苑机场检阅部队时使用的检阅车就是一台从国民党部队缴获的吉普车。这台吉普车是 Willys-Overland 公司生产的 Willys MB。

即便有"万国汽车"，但在新中国成立前，作为一个普通的老百姓，最大概率也只能看到前文所述的一款或者几款车，有的人甚至一辈子没机会见到汽车。到 1948 年时，中国的汽车保有量只有 69159 辆，汽车还是奢侈品中的奢侈品。人们彼时已经不再会称呼汽车为"怪物"，但汽车也只是改变了少数人的生活。在国家建设和发展的庞大需求下，在人们对更美好生活的渴望中，中国的汽车工业必须发展。

第二篇　1949—1979

新中国的汽车制造梦

1949 年 10 月 1 日，中华人民共和国成立。国家百废待兴，工业建设至关重要，汽车工业自然包含其中。

我们习惯将新中国汽车制造的起点定位在 1956 年 7 月 13 日这一天，因为这一天，第一批 12 辆解放牌 CA10 汽车在长春第一汽车制造厂下线。这一天的确具有里程碑式的意义，新中国终于有了自己的汽车！准确地说，这一天是新中国实现汽车制造梦的第一天，但这一梦想的发端还在更早之前。

1949 年 12 月 16 日，中华人民共和国中央人民政府主席毛泽东率领中国代表团访问苏联。

毛主席访苏期间，曾被安排参观制造吉斯汽车的斯大林汽车厂。当他看见高大的厂房里，一辆辆汽车驶下装配线时，不禁连声称赞。他对随行的人员说"我们也要有这样的工厂"。这句话不仅仅是毛主席一时的感叹，更是新中国的迫切期待，也是新中国汽车制造梦想的开端。

根据中国汽车工业先驱者和奠基人陈祖涛在《我的汽车生涯》里的回忆，沈鸿曾告诉他，建立汽车厂的构想是斯大林亲自向毛主席提出来的。斯大林说："汽车厂代表现代机械工业的最高水平，你们建一个汽车厂，就可以带动整个机械工业和钢铁、化工、建筑等其他行业向前发展。"

毛主席从心底里认可和接受了这个提议。次年 1 月，周总理在与苏联政府商谈援华项目时，"建设汽车制造厂"成了苏联援华 156 个项目之一。

毛主席的访苏之旅刚刚结束，毛主席就和周总理去考察了哈尔滨的汽车维修厂。根据《饶斌传记》里的记载，毛主席和周总理 1950 年 2 月 26 日回到国内，27 日下午 2 点到达哈尔滨。下午 3 点半，在饶斌的陪同下，毛主席、周总理前往当时哈尔滨最大的工厂——哈尔滨机车车辆厂视察。

毛主席的这次访苏之行,还带回了一件斯大林送给他的礼物——一辆吉斯 110 型轿车。

斯大林送给毛主席的吉斯 110

《毛泽东传(1949—1976)》中记录了毛主席苏联之行的体会,即他 1950 年 3 月 3 日在东北局的高级干部会议上的讲话内容,他说道:"我们参观了苏联一些地方,使我特别感兴趣的是他们的建设历史。他们现在的工厂有很大规模,我们看到这些工厂,好像小孩子看到了大人一样,因为我们的工业水平很低。……他们现在的许多大工厂在十月革命时很小或者还没有。汽车工厂、飞机工厂在十月革命时只能搞修理,和我们现在差不多,不能造汽车,不能造飞机。……而现在一个工厂一年能造出几万台汽车。这一历史告诉我们一些什么呢?这就是说,我们现在可以从极小的修理汽车、修理飞机的工厂,发展到制造汽车、制造飞机的大工厂。"

苏联的建设历史给了他很大的启发,也让他看到了中国发展民族汽车工业的可能性和希望。

1950 年 3 月 27 日,重工业部成立了汽车工业筹备组。汽车工业筹备组肩负在一穷二白的情况下发展民族汽车工业的重任,是第一支在汽车工业里的"国家队"。这支队伍里有许多先驱者,其中就包括郭力、孟少农。

郭力(1916—1976),原名高崇岳,是长春第一汽车制造厂的第一任厂长。孟少农(1915.12.12—1988.1.15),原名庆基(参加革命后改为孟少农),是新中国汽车工业技术的主要奠基人,成功地主持了中国第一汽车制造厂、陕西汽车制造厂和第二汽

郭力（1916—1976）

孟少农（1915.12.12—1988.1.15）

车制造厂几代产品的研制和开发。

　　汽车工业筹备组成立之初，新中国的汽车制造并没有明确的方向，再加上苏联援建汽车厂的具体细节并没有落实，所以筹备组面临着巨大的压力。孟少农回忆说，在筹备组成立之前，重工业部的领导曾经叫他去讨论着手筹建汽车工业的事宜。根据《一汽创建发展历程》的记载，他当时坦言："对此事全无思想准备，以为至少还要等经济恢复几年后才有条件搞汽车工业。"

　　他的担心是有道理的，当时国内的工业基础十分薄弱，最为关键的是缺乏专业人才，技术储备也几乎为零。再加上多年的战乱，使得国民经济早已处在崩溃状态，而且那个时期通货膨胀严重，实在不算是一个好的时机。

　　毛主席曾经特别形象地描述过那个时期的状况：一"穷"二"白"。1956 年 4 月，毛主席在《论十大关系》中指出："'穷'就是没有多少工业，农业也不发达。'白'就是一张白纸，文化水平、科学水平都不高。"

　　1949 年中国的国民生产总值只有近 123 亿美元，人口约 5.4 亿，人均 GDP 只有 23 美元，人均国民收入只有 16 美元。而参考同时期其他国家的人均国民生产总值数据，日本是 182 美元，是中国的近 8 倍；德国是 486 美元，是中国的 21 倍；美国是 1882 美元，是中国的 80 多倍。

　　对新中国来说，不光是缺钱，也缺各种资源。比如钢，根据《中华人民共和国史》的记载，新中国成立之初，全国的钢产量只有 15.8 万吨。这比解放前最高产的年份还下降了83%，只相当于当时世界钢产量的千分之一。缺钢少铁的情况下，造车谈何容易？

汽车工业筹备组就是在这样的情况下，开始了制造汽车的准备工作。这些工作是有实践意义的，对长春第一汽车制造厂的建设有着十分重要的影响。

重中之重是解决人才的问题。汽车工业筹备组征集了一批专业的技术干部，陆续抽调了一批人员，暂时性解决了人手的问题。孟少农带领同事到学校动员在校学生，积极发展储备力量。清华大学、北京大学、天津大学、南开大学等高校都有学生参与了汽车工业筹备组办的实习班。

摸清楚"家底"也很重要。汽车工业筹备组接受了新中国成立前留下的一批汽配厂，其中包含了很多原本属于军事系统的汽车修配厂，还有一部分坦克修理厂。由于抗美援朝战争的原因，汽车工业筹备组需要迅速组织复产，来确保军用汽车的配件。

在苏联援助建设汽车制造厂的方案落地之前，汽车工业筹备组也完成了"自主"版的方案。1950年5月下旬，汽车工业筹备组向重工业部递交了"汽车工业建设计划草案"。这个计划草案粗略地提出了新中国汽车工业建设的方案，主要是试图利用旧中国遗留下来的资源，以国内的力量为主建设汽车工业。这份计划草案的主要优势在于设计的建设周期短，经济节省，十分符合国情。不过，它最大的缺点在于设计规模太小，不符合国家对汽车工业规模化规划的需求。我们需要的不仅仅是自主生产的汽车产品，而且是成规模的汽车工业，能够满足新中国建设需求的汽车产业。

最终，这份计划草案被束之高阁，既没有施行，也没有修订，被苏联援建一汽的方案所取代。不过，在制订"汽车工业建设计划草案"的过程中，汽车工业筹备组做了大量的调研，搜集了很多国内跟汽车有关的宝贵资料。草案中记录了1949年中国汽车保有和分布情况，也记载了解放初期汽车工业的状况，让人意外的是，这份计划草案还描写了当时石油工业和公路两个配套产业的状况。这些资料对一汽建设期间的资源调配和中国长远的汽车工业建设都有重要的参考价值。

中国文史出版社2007年出版的《一汽创建发展历程》中，收录了孟少农的《中国要建一座汽车厂》，他回忆道："我们看过北到哈尔滨、南到昆明、西到重庆、东到上海，由日伪和国民党官僚资本遗留下来的汽车装配工业；了解了原宋子文集团设立的'中国汽车公司'设在株洲、凭祥、重庆等地的工厂和人员下落，找到伪资源委员会委托美国 Reo 汽车公司制作的五卷建设汽车厂设计；也在昆明山洞里发现了伪资委会买的美国 Sterling 公司的汽车图纸。为寻找建厂地址，我们看过北京、石家庄、太原、西安、宝鸡、武汉、株洲等地，并在京西石景山附近的衙门口做了地质钻探。"

不论是通过"汽车工业建设计划草案"，还是透过孟少农等汽车先驱们的回忆，我们都能真切地感受到，新中国想要实现汽车制造梦的急切心情。

为了实现制造汽车的梦想，那个时代的奋斗者们全情投入，积极探索。不论处境多么艰难，他们始终一往无前，靠着奋斗从"一穷二白"出发，离梦想越来越近。

解放牌汽车

诞生时间:1956 年 7 月 13 日

　　1956 年 7 月 13 日,长春第一汽车制造厂的总装线上,驶出新中国的第一辆汽车,开启了中国汽车的全新时代,中国终于实现了批量生产汽车的梦想!第二天,第一批 12 台刚刚装配好的解放牌 CA10 卡车,缓缓驶出了装配车间。车队绕厂一周之后,浩浩荡荡地向长春市区驶去。

　　这 12 辆车上坐着 400 多名劳模和先进生产者,他们刚刚通过报捷信向党中央做了汇报。现在,他们要和汇集了全厂努力的劳动成果一起去省里报喜。道路两旁充满了欢声笑语,不时爆发出雷鸣般的掌声与呐喊声,许多人的眼里噙着泪水。全厂的职工几乎都在这里,他们一早就从四面八方汇聚到中央大道。他们抚摸着汽车上刻着的"解放"二字,跟着车辙向前奔跑,用最质朴的方式表达着心中的激动和自豪。

全厂职工夹道迎接我国第一批解放牌汽车

第一辆车的驾驶员是老师傅马国范，当时他 46 岁，有 25 年驾龄。他之前已经开了 25 年外国车，如今可以开上国产车，他既激动又紧张。听说，他为此还专门剃了头刮了脸。当时的 12 位驾驶员中还有王立忠和宋惠荣两位女同志在报喜的车队当中，人们都向她们投去了羡慕的目光。

无疑，他们都是这一历史时刻的亲历者和见证者。

1956 年 7 月 14 日，报喜车队里第一辆解放牌 CA10 的驾驶员马国范

长春市那一天也到处红旗招展，锣鼓喧天，跟过节一样。"举国翘盼尽早建成汽车厂，万人空巷人民争看解放牌"，这是坐在车队最后一辆 CA10 上的工程师代表们凑出的一副对联，描绘的就是当时的情形。人挨着人，人挤着人，漫天的纸花儿从四面八方飞过来。还有许多老百姓，拿着高粱、苞米、谷子往车上抛撒，就好像电影里在迎接解放军进城似的。在中国一汽档案馆方若梅整理的《第一辆解放牌汽车的诞生》一文中，清晰地记录了当时的场景，"车队开到市政府门前时，完全被人海堵住了，连一道缝都没有"。车队只能在专门维持秩序的同志的指挥下，以最慢的速度前进。7 月份的天很热，那一天更是热得出奇……

解放牌是新中国第一个汽车品牌，是中国存在时间最长的汽车品牌，也是中国第一个出口到国外的品牌。在乘用车领域，我们会把"红旗"形容为"共和国长子"。而在中国的汽车领域，"解放"才是真正的老大。

第一批 12 辆解放牌汽车驶出装配线，标志着第一汽车制造厂的三年建厂目标如期达到,从此结束了中国不能制造汽车的历史。

第一辆解放牌汽车的诞生,凝聚着全体建设者的辛勤汗水,也是党中央直接领导和高度重视的结果。国产汽车第一个品牌——"解放"牌的命名过程更充分体现了这一点。

"解放"一名的确定,在当时也算是大事。在《一汽创建发展历程》中,王第兰的《"解放"牌汽车的由来》描述了当时的历程。

1953年下半年,斯大林汽车厂向中方提出,希望中方给4吨载重汽车取个牌名,以便在设计图纸上和车头的模子上都标出这一牌名,孟少农将苏方的这一要求转达给了国内。就这一问题,一机部的黄敬、段君毅、张逢时、汪道涵等几个人先起了几个名字,包括"解放""前进""胜利"等,最后通过毛泽东主席身边的人向他请示后,由毛主席亲自定下"解放"这一牌名。于是,国内给了孟少农回复,并寄去了毛泽东所书"解放"二字的手写体。斯大林汽车厂将这一字体放大后刻在一个镀铬的零件模子上,并将这个零件镶在车头。

解放牌CA10诞生的意义在于告诉全国人民:中国可以批量制造汽车了。不过,"制造"一词并没有其他的含义,就只是制造。因为CA10是一款贴牌车,除了车牌名和车上的汉字,全车完全是复制斯大林汽车厂的吉斯150(ZIS-150)。

CA10的载重量为4吨,属于中型载货车。CA10自重3.9吨,后桥驱动,搭配直列水冷6缸四冲程汽油发动机,最大功率71千瓦,最大速度为75公里/时(也有不少资料显示是65公里/时),可拖带4.5吨重挂车,每百公里耗油29升。这款车具有很强的适应性,但是也存在"水箱开锅""驾驶室闷热""转向沉重"等缺陷。一汽设计处结合实际情况进行了修改,试制了CA10A和CA10B。CA10B有效解决了原型车的三大问题,在1960年6月正式投产。一汽在正向开发的问题上迈出了重要的一步。

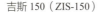

吉斯150(ZIS-150)　　　　　　　　　　　解放牌CA10

在《第一辆解放牌汽车的诞生》一文中，提到了一个细节，孟少农曾回忆说："工厂代号苏联定的是 A-1，我们认为应该有一个我们自己定的简单的代号，于是就提出来 CA，A 是第一的意思，C 既有长春的意思，也有中国的意思，当时后者是主要的。""CA10"这一名字的由来大抵也是如此。

现在看来，这不是什么了不起的车，也不是什么出色的牌子，放在那个时代，也不是世界上最先进的产品。举国轰动，不仅仅因为它是"第一"，更因为解放牌汽车承载了全国人民的渴望和期待。实现制造汽车的梦想就是彼时全中国的渴望，汽车带来的美好生活就是全国人民的期待。

许多资料中，都把长春第一汽车制造厂的建设称为"举国体制下"的建设，它获得了党中央的全力支持。1953 年 6 月 9 日，由毛泽东亲自签发了《中共中央关于力争三年建设长春汽车厂的指示》（简称《指示》）。党中央专门为了一个汽车厂的建设发布文件，足以说明党和国家对第一汽车制造厂的重视。这份《指示》还通告全国全力支持一汽建厂，换句话讲，就是要动用一切可动用的资源投入到汽车工业的建设中。

说起来，这个"长春第一汽车制造厂"的名字，也是毛主席定下来的。本来汽车厂的代号是六五二厂，大家通称长春汽车厂，也有人提议过，可以仿照"斯大林汽车厂"，定名为"毛泽东汽车厂"。6 月下旬，周总理向毛主席报告了汽车厂即将动工兴建的消息，并请毛主席为汽车厂奠基题词。之后，毛主席欣然写下了"第一汽车制造厂奠基纪念"，"一汽"的名字也就由此确定了下来。

长春第一汽车制造厂的奠基石

为了支援一汽的建设，中央从华东地区抽调了一大批干部，在全国二十几个省市也调集了大批骨干,当时,一机部的一百多名技术骨干也直接奔赴长春。铁道部保证一汽建设的物资优先运输;邮电部特别为一汽开辟了连通莫斯科的专线电话;外交部特别增设 4 名信使支援一汽建设。地方政府的支持就更不必说,物资、厂房、道路修建……绝对全力支持。当地还组织大批学生、机关干部到工地参加义务劳动。根据《一汽创建发展历程》的记载,部队方面不仅在人力物力上给予了大力支持,彭德怀还亲自批示,将仅有的 5 个随军建设起来的、基础比较好的汽车修配厂划拨给了一汽,成为培训技术工人的基地之一。

全国的普通百姓也用实际行动支援一汽的建设。《一汽创建发展历程》一书中提到,当时,江苏省崇明县新东小学全体学生,捡了 45 斤稻穗,卖了 3.66 元寄到一汽,信中说:"叔叔们,请你们收下这笔钱吧,这是我们每个少年儿童在祖国伟大建设事业中贡献的一份力量!"像这样的例子很多很多,不仅是行动保障,更是强有力的社会舆论保障。

历时三年,长春第一汽车制造厂终于建成。当时,一汽占地 150 公顷,建筑面积 382274 平方米,实际投资 594120000 元。

在苏联的大力支援下,在全国的共同努力下,三年建成一座如此规模汽车厂的壮举终于得以实现。这在中国的历史上是从未有过的。

解放牌汽车的伟大不仅仅在于民族汽车工业的从无到有,更在于其背后的这项伟大工程,这项凝聚着全国意志的伟大事业。

跃进牌汽车

诞生时间：1958 年 3 月 10 日

1958 年 5 月 21 日，中南海怀仁堂门前的小花园里停着一台东风牌 CA71 小轿车。作为新中国第一台自己造出来的小轿车，CA71 备受关注。这时候，中南海正在召开中国共产党第八次全国代表大会第二次会议（5 月 5 日—5 月 23 日），来自全国的代表们趁着开会的空隙，纷纷前来欣赏了这台稀罕的小轿车。

小花园里的这台小轿车喻示着中国的汽车制造业已经可以由单一的载货汽车制造向多类型汽车制造方向发展，对新中国的汽车工业发展影响重大。而正在中南海召开的中国共产党八大二次会议，对中国的汽车工业发展影响更为重大。

正是这次大会正式确定了"鼓足干劲、力争上游、多快好省地建设社会主义的总路线"。随着八大二次会议的召开，"大跃进"运动迅速蔓延至新中国建设的各行各业。当时，商业、银行无条件支持工业"大跃进"。商业提出工业生产什么就收购什么、生产多少就收购多少。银行提出工业生产需要多少资金就贷给多少，什么时候需要什么时候贷。汽车制造业自然也在被"无条件支持"的范围里。

1959 年一机部第六局在做总结时，称 1958 年是中国汽车工业"大发展的一年"，并形容为"百花齐放，万马奔腾，红旗遍地，卫星满天"。现在来看，这样的总结略显浮夸，但"发展"原本的意义不可否认。一汽制造解放牌汽车，解决了中国汽车从无到有的问题，"大发展"解决了从少到多的问题。不论最终发展如何，那一时期的确诞生了众多的汽车品牌。

根据《中国汽车工业史（1901—1990）》的记载，1959 年，全国共生产各类汽车 16000 辆，其中仅一汽就生产了 14922 辆。彼时的中国汽车工业的确"遍地开花"，但却还是"一家独大"。

跃进牌应该就是其中的典型代表。跃进牌的第一款产品是 NJ130，一款 2.5 吨载重汽车，由当时的南京汽车制配厂历时 5 个多月研制而成。经一机部批准，同年 10 月，南京汽车制配厂也正式更名为南京汽车制造厂，也就是后来被上汽集团全资收购的南京汽车集团的前身。

南京汽车制造厂正式挂牌

南汽最早始于中国人民解放军华东野战军 1947 年 3 月 27 日在临沂成立的特种纵队修理厂，当时主要负责收集重型战利品，修配车、炮等装备。修理厂要随军流动，在当时也被称为"一担挑"或者"一担子"工厂。1949 年，百万雄师过大江，工厂也迁到南京，接管了原国民党勤务总司令部运输署供应司 401 汽车修理厂，筹备成立三野特纵后勤修配总厂。1950 年 1 月 2 日，三野特纵修配总厂在南京正式成立，下设制配、修车、修炮、皮革 4 个分厂和光学车间。

1951 年，该厂参与试制摩托车，在 1952 年 6 月成功，完成由修理到制造的转型，也为后来制造汽车打下基础。

1953 年 8 月，由三野特纵修配总厂修车分厂改组的中国人民解放军汽车修配厂第三分厂，被划归第一机械工业部汽车工业局领导，并更名为南京汽车修配厂，管理体制由军工转为国营企业，生产正式纳入国家计划。当时的军工修理部分与民用部分剥离，军工部分规模很小，位于现在的南京市中央路东侧，南汽则为现在的地址。特纵特科学校则改编成后来的位于南京汤山的炮兵学院。

20 世纪 50 年代的南汽厂房

南京汽车修配厂向汽车制造方向发展的关键时机在于 1955 年仿制汽油发动机。1955 年，为了解放台湾，工厂奉命仿制苏联的操舟机和苏联胜利牌轿车的 M20 发动机。1956 年，发动机的仿制取得成功并投入批量生产，代号 NJ050，最大功率 37 千瓦。这是我国第一款实现批量生产的汽车用汽油发动机，南京汽车修配厂也由此积累了扎实的技术实力。能够生产核心零部件，成了南汽生产汽车的重要契机。

恰在这一年年初，在"一五"计划的鼓舞下，全国掀起了加快经济建设的热潮，各省都提出要建设"工业省"，这种急躁冒进的现象被党和国家领导人及时发现。再加上国家资源有限，中央便在此时提出了"既要反保守，也要反冒进"。正是这个原因，让已经筹备了三年之久的"第二汽车厂"的计划被搁置。

1957 年 5 月，一机部汽车局让当时的汽车拖拉机研究所（长春汽车研究所）和南京汽车修配厂一起研发轻型载货汽车。一个负责设计，一个负责制造。车型编号为 CN120（命名仿照一汽的命名方式，"C"代表中国，"N"代表南汽，数字为项目编号），南汽在 1958 年制成了一批样车。

第一机械工业部收录的跃进牌 CN120 型汽车外观

CN120 型汽车下线

就在这个过程中，"第二汽车厂"的计划正式下马，筹备人员各奔东西，当时已经和苏联方面做的很多沟通和对接也被迫直接停止。黄正夏被二汽员工称为"叱咤风云,解放二汽于危难之中的老厂长",在他的口述著作《艰难历程——黄正夏采访实录》中,他回忆到一处细节,二汽下马之后,"唯一保留下来的是,我们将苏联方面交给我们的'嘎斯'基本型(2.5吨载货车)的图纸交给了南京汽车厂"。1957年10月,一机部汽车局决定由南汽完成仿制苏联嘎斯51型(GAZ-51)2.5吨载货汽车的工作。CN120的量产工作也就由此搁置。

在仿制的过程中,南汽依然从最擅长的发动机入手,再以驾驶室、车架为主,开展广泛协作,组织生产。南汽当时没有大型的冲压设备,技术工人只能采取分段压制的办法,压制出汽车大梁。没有模具,生产不出嘎斯-51型的硬顶驾驶室,技术工人就发挥智慧,用自己的"土"办法,把帆布、木板、铁皮拼装在一起,造出了软顶的驾驶室。

嘎斯51型(GAZ-51)汽车　　　　　南汽生产的软顶版跃进牌NJ130型汽车

整个试制时段基本都在冬天,天气虽然寒冷,但南京汽车修配厂上下一心,忙活得热火朝天。南汽工人们夜以继日,仅用了不到半年的时间,就完成了NJ130型载货汽车的试制工作。

1958年3月10日凌晨5点,第一辆NJ130型汽车缓缓驶出南京汽车制配厂厂房,这是新中国制造的第一辆轻型载重汽车。上午,扎着大红花的NJ130型汽车车队,一路开到市委、省委报喜。消息传到北京,很快一机部就将新车命名为"跃进"牌。(也有资料显示,"跃进"牌是周恩来总理等老一辈开国元勋亲自命名的,笔者暂未找到确切史料。)跃进牌自此成为和解放牌齐名的主要载货汽车品牌。

从立项到汽车产品下线,仅仅用了不到半年时间,用时之短,放在国外和现如今是绝对无法想象的,堪称"壮举"。类似"壮举"却在当时的中华大地较普遍,譬如一汽,试制红旗CA72-1E只用了33天。

正是在"大跃进"运动中，才能见得如此景象。跃进牌汽车十分"跃进"，算得上是那个时代的典型特写。

此后，南汽步入了发展的快车道。1963 年又成功试制了 NJ230 型越野车，并且很快投入量产。1964 年 1 月 8 日，朱德委员长在视察南汽时，还亲笔题写了"南京汽车制造厂"的厂牌。据说，朱德一口气写了好几幅，还转告："挑好的用，不合适就不用。"

到 1966 年时，南京汽车制造厂成为全国第二大汽车厂。

报喜的跃进牌汽车车队

"大跃进"运动时期，全国出现的汽车品牌少说也有上百个，但绝大多数都夭折了，或者在发展过程中逐渐消亡了。这一点，在全球任何一个汽车大国都是一样的。跃进牌是个例外。

如今的"跃进"已经随着南汽一起进驻上汽，目前由上汽大通南京分公司（上汽跃进）运营。曾经的南汽跃进如今已经改名为"上汽跃进"，不过依然是活跃在商用车市场的卡车品牌。上汽跃进从计划经济里诞生和发展，如今在市场经济里努力谋求着生存之道。

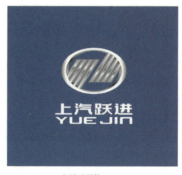

上汽跃进 Logo

黄河牌汽车

诞生时间：1958 年 4 月 28 日

1963 年 10 月 17 日，济南汽车制造厂试制的重型汽车黄河牌 JN150 通过了一机部的鉴定，车辆正式定型，量产得到批准。当时，国民经济建设和国防战备对重型汽车都有相当大的需求，这让济南汽车厂成为中国在 20 世纪最重要的重型汽车制造厂，也让济南成为中国的重型汽车生产基地。新中国成立之后的很长一段时间里，济南都是我国重型汽车的唯一产地。

黄河牌 JN150

批准量产的黄河牌 JN150 是济南汽车制造厂经过近四年努力才最终确定下来的产品，截至 1990 年，一共生产了 10 万辆左右，占同时期国产重型汽车总量的 70%以上。很多其他同规格的重型汽车也几乎都是仿造 JN150，比如黑龙江汽车制造厂生产的龙江牌 LJ150、湖南重型汽车制造厂的湖南牌 HN150 等。

JN150 核载 8 吨，采用 4×2 驱动形式，轴距为 3500 毫米，装配柴油发动机，最大功率 210 马力。

量产版的 JN150 是在济南汽车制造厂试制的第一批 JN150 基础上，经过长春汽

车研究所协助改进之后才成功定型的。1960 年 4 月 15 日，济南汽车制造厂就试制
出了第一辆 JN150，仿制的是斯柯达 706 RT（SKODA 706 RT）。

> 据《北京公交志》记载："1959 年进口 RT 型 SKODA 卡车 42 辆，由
> 汽车修理公司四厂打造成客车，车身长 11.8 米，可乘载 100 人，装用 160
> 马力 6 缸柴油发动机，驾驶席在左侧，气动双车门，车身颜色上浅黄下红，
> 装用 11.00-20 型轮胎。"

第一批制造出的 JN150 在测试中暴露出了许多问题，比如转向沉重、离合器抖
动等，而且在青岛—济南之间做往返 1000 公里行驶实验时，6 次出现故障导致了抛
锚。这些是样车无法定型量产的直接原因，也从侧面证明当时的济南汽车制造厂
技术起点低，制造能力十分有限。

SKODA 706 RT

其实在 JN150 之前，济南汽车制造厂已经做了不少储备了，只不过试制重型汽
车难度最大，对当时的济南汽车制造厂来说的确压力很大。

济南汽车制造厂的前身是国民政府山东省建设厅公路局 1935 年 6 月开办的济
南车机厂，主要负责汽车的保养和修理。1948 年 9 月，由中国人民解放军华东军政
委员会兵站部接管之后，改组为华东汽车制配总厂。新中国成立之后，该厂解除军
管，改名济南汽车修配厂，归属山东省交通厅，于 1951 年开始生产发动机配件，此
后还生产过底盘配件。直到 1954 年，济南汽车修配厂被移交给一机部汽车局，更名
为济南汽车配件厂。

"大跃进"的洪流中，济南汽车配件厂也身在其中，也是"遍地开花"中的"丛中
一抹"。

1958年4月29日《济南日报》发表了题为《黄河牌汽车昨天诞生》的报道,报道中写道:"本市第一辆自制的汽车,昨天在济南汽车配件厂诞生了。它的名字是'黄河牌'。"这就是济南试制的第一辆汽车JN220轻型越野车,它也象征着黄河牌汽车的诞生。

据报道介绍,这辆JN220型黄河牌汽车是以济南汽车配件厂为主,由济南汽车修理厂、公私合营济南汽车修配厂、第二汽车修配生产合作社和第一轮胎橡胶品修配供销社通力协作试制成功的,整个试制过程只用了17天。

其实,济南汽车配件厂4月1日才向市委提出《关于十月一日国庆节试制成功一种汽车(车型:仿苏嘎斯69)的报告》。国家一机部汽车局和山东省委工业检查团曾先后来厂检查工作,对济南汽车配件厂想要试制汽车的想法予以肯定,还分别提出了"五一"和"七一"出车的可能性。

济南汽车配件厂从4月2日开始搜集嘎斯69(GAZ-69)样车并开始拆车测绘,到4月8日完成技术准备。厂里成立攻关专班,把样车拆成零件,边测绘、边分析、边试制,小件责任到人,大件责任到小组。4月9日正式开始进行加工和组装,到25日总装完成,整个加工制造的时间只有17天。这的确"跃进",比"五一"还提前了整整5天。

4月21日,一机部六局来电,同意仿制苏联嘎斯69并命名为黄河牌。

黄河牌JN220设计最高时速为90公里/时,可坐8人,可载货500千克。JN220的试制成功标志着济南汽车配件厂实现从零配件制造到整车制造的转型升级。1958年8月28日,济南汽车配件厂由济南市人民政府重新命名为济南汽车制造厂。时任山东省委书记舒同亲自题写了"济南汽车制造厂"的牌子。

济南汽车制造厂除了试制JN220外,在1958年还做了很多其他努力。比如前文提到过的济南汽车制造厂仿照匈牙利却贝尔D420(Csepel D420)于7月28日试制出了红旗牌5吨载货汽车和35座客车。据当时报纸报道:"这种车是仿匈D420型汽车试制的,最大马力八十五匹,最高时速七十四点五公里,载重量三点五吨,最大爬坡度为三十二度。客车车身是全金属的,样式美观,设有三十五个弹簧座位,旅客坐上十分舒适。"

再比如,济南汽车制造厂仿照嘎斯51型(GAZ-51)试制出了黄河牌JN130型2.5

吨载重汽车。截至 1960 年，济南汽车制造厂一共生产了 83 辆 JN130。

还有一款 JN110 三轮汽车，虽然只试制了一辆，但也是济南汽车制造厂在汽车试制中努力的成果。

伴随着汽车试制的不断成功，济南汽车制造厂又制定了更加"跃进"的目标。济南汽车制造厂计划 1959 年生产 1000 辆汽车，到 1962 年年产量要达八万辆，并且要设计试制 1.5 吨载重汽车、小型公共汽车、自卸汽车、冷藏车、消防车、小型载重汽车、中型公共汽车和重型载重汽车，争取 3 年内建立起自己的汽车系列。

不过，计划赶不上变化。1959 年，一机部汽车局召集全国有试制能力的汽车厂家，在北京召开试制汽车的车型分工规划会议。济南汽车制造厂最终拿回的是试制 7~8 吨重型汽车的任务，也就有了决定济南汽车制造厂发展方向的黄河牌 JN150。

第一辆黄河牌 JN150 下线

1960 年 5 月 4 日，毛泽东正在济南视察，在珍珠泉展览会上参观黄河 JN150 时，鼓励济南汽车制造厂要继续研发、生产汽车。1966 年 1 月 11 日，朱德视察济南汽车制造总厂（1964 年 12 月更名）时为黄河牌汽车题写了"黄河"二字。经过多年发展，济南汽车制造厂已经成为现在的中国重汽集团。

长江牌汽车

诞生时间：1958 年 5 月

新中国成立之初，我国几乎没有重工业，无法制造汽车只是弊病之一，落后的国防工业才是国家要解决的当务之急。1944 年 5 月 22 日，毛泽东在中共中央办公厅为陕甘宁边区工厂厂长及职工代表会议举行的招待会上的讲话指出："中国落后的原因，主要的是没有新式工业。"新中国成立之后，国家首先重点要解决的就是这个问题，所以"一五"计划的中心就是重工业。

"一五"期间，伴随苏联的援助，我国建立了苏联模式的军事（国防）科技工业，一批企业确定为"军工企业"，与民用生产是完全分开的。党中央也并没有完全依赖苏联的帮助，一直在探索不同于苏联的中国式发展道路。毛泽东首先提出了"军民两用"的概念。

根据《建国以来毛泽东军事文稿》中卷的记载，1952 年，毛泽东在听取二机部的工作汇报时指出，我国军事工业要"学习两套本事，在军事工业中练习民用产品的本事，在民用工业中练习军事产品的本事的办法是好的，必须如此做。"1956 年 4 月的最高国务会议，毛泽东在讲话中提出："国防工业在生产上要注意军民两用，注意学会军用和民用两套生产技术，要有两套设备，平时为民用生产，一旦有事就可以把民用生产转化为军用生产。"

1957 年，二机部根据毛泽东的这一思想，制定了国防工业要实行"平战结合、军民结合、以军为主、寓军于民"的具体方针。这也成为那一时期部分军工企业转型制造汽车的契机，成为中国汽车工业发展中另一支有生力量。

长安汽车的前身——国营长安机器制造厂就是其中的典型代表。

长安机器制造厂在制造汽车之前，一直都是兵工厂，而且已经发展了 90 多年。这家兵工厂最早始于李鸿章 1862 年在上海松江创办的上海洋炮局，1863 年迁至苏州更名苏州洋炮局，1865 年又迁至南京更名金陵制造局。1929 年，金陵制造局再次更名为金陵兵工厂。1937 年抗日战争全面爆发，淞沪会战爆发后工厂迁到重庆。1938 年 3 月 1 日，奉国民政府兵工署之命，工厂更改为第 21 兵工厂，对外保密则称重庆 37 号信箱或宁和茶社。

金陵兵工厂

资料显示，全面抗战期间第 21 兵工厂主要生产了民 24 式马克沁重机枪 18068 挺，ZB-26 捷克式轻机枪 10151 挺，中正式步枪 8.65 万支，汉阳造步枪 206864 支，20 式 82 毫米迫击炮 7611 门，各型炮弹 312 万枚，炸药包 206 万个。第 21 兵工厂生产的武器弹药占全国兵工厂生产总数的 60% 以上，是当时全国规模最大的兵工厂。

新中国成立之后，政府接管了第 21 兵工厂，于 1951 年 6 月将其更名为中央兵工总局第 456 厂。1956 年 4 月，又确定第 456 厂第二厂名为国营长安机器制造厂。

1957 年，长安机器制造厂在接到二机部"军民结合"的生产方针之后，便开始按照上级部门的指示试制汽车。

在解放战争和抗美援朝战争中，我国的战斗部队缴获了大量的美式轻型越野车，威利斯（Willys）吉普车的各项性能都得到了我国军方高层的认可。这一时期，我军可以装配从苏联进口的轻型越野车，但我军仍然希望能早日配备自己制造的同类型汽车。长安机器制造厂接受的就是仿照威利斯制造轻型越野车的任务。

1957 年 9 月，长安机器制造厂正式开始试制汽车。原型车是美国威利斯汽车的 M38A1 轻型越野车（The M38A1 Truck），也叫威利斯 MD（Willys MD）。

威利斯MD是在威利斯MB的基础上开发出来的升级版车型,也是第一款采用了圆形挡泥板和引擎盖的威利斯吉普车。这也是吉普车在接下来的几十年一直保留的设计元素。美国军队在1952年到1957年间大量配备了威利斯MD,朝鲜战场上的主要轻型越野车就是这一款。

长安机器制造厂拆解了5台威利斯MD,分组进行测绘。对当时的长安厂来说,汽车修理难度不大,但要独立完成汽车制造,在短时间内是很难实现的。实际工作中,整个动力总成基本都由湘江机器厂,也就是331厂研发并生产,长安厂主要负责大梁、悬架、前后桥、车身焊接和总装。

经过了大半年的紧张试制之后,长安厂终于在1958年5月造出了第一辆样车,命名为长江牌46型轻型越野指挥车。这就是长江牌汽车。

长江牌46型重1.15吨,最大载重量440千克,可乘坐6人,动力系统搭载排量2.2升的4缸水冷发动机,最大输出功率65马力,铸铁缸体、铝合金气门室罩盖,最高车速115公里/时,百公里油耗13.7升,最大爬坡度30°。

威利斯MD(Willys MD)

长江牌46型轻型越野车

1959年3月,长江牌46型通过了军方组织的2.5万公里路试考验。虽然通过了考验,但车辆在实际投入使用之后,还是出现了一些质量问题,比如转向器和刹车会偶发性失灵。新中国汽车工业的初期发展受技术制约的情况是十分普遍的,而且在"大跃进"急躁的环境下诞生的产品,是无法得到品质保障的。

不过,在物资匮乏的时代,"有"好过"没有",而且长江牌46型通过了测试,是符合军用标准的。所以,长安机器制造厂此后制造的长江牌46型基本都分配到解放军各大部队中。

　　1959年10月1日，20辆长江牌46型轻型越野车参加了建国十周年阅兵，迎来了整个产品周期里的"高光时刻"。

　　随着北京汽车制造厂北京牌越野车的开发和试制成功，再加上国际形势的变化，长安机器制造厂奉命弱化民品，加强军品生产，长江牌46型随之停产。截至1963年，长江46型吉普车一共生产了1390辆，此后再未复产。长安机器制造厂也将长江牌46型的全部技术资料转交给了北京汽车制造厂。

井冈山牌汽车

诞生时间：1958 年 6 月 20 日

1958 年，我国第一座实验性原子反应堆建成，我国第一艘万吨巨轮"跃进号"建成下海，我国最大的轮胎在天津橡胶工业研究所试制成功……在新中国的建设进程中，1958 年有太多标志性的成就。在北京，人民英雄纪念碑在这一年建成；中央电视台前身北京电视台在这一年开始对首都地区播出节目；全国各地试制的汽车在这一年大量汇聚到人民大礼堂前，向人民和中央报喜……

1958 年，在人民大礼堂前报喜的汽车

这些汽车中，自然也包含诞生在北京本地的。北京的汽车制造业在新中国成立后才开始，客观来说也是得益于"大跃进"运动的刺激。

在新中国成立前，北京基本没有机械制造业。根据北京出版社 1960 年出版的《北京工业史料》记载，到新中国成立时，北京"只有为数不多的、厂房设备极其简陋的修理工厂和军械修理所，根本谈不上什么机械制造"。不过，北京一直是一座具有重要政治地位的城市，汽车消费一定是少不了的。故此，北京的汽车修理和服务资源还是相对丰富的,这给新中国成立之后,在北京发展汽车制造业奠定了一定的基础。根据记载,1933 年,仅中国人在北平开的修理厂或者修车行就有 13 家,很多军政机关也都开有修理厂。新中国成立前,北平还出现过简单的零配件加工生产。

新中国成立之后,北平更名为北京,再次成为首都,政治地位更加重要,由此带来的汽车修理需求自然进一步扩大。在需求刺激下的汽车修理业在北京逐渐发展起来。新中国成立初期,北京的大小修理厂不过十余个,小厂一天只能修一两辆汽车,大厂也只能修十几辆,这明显无法满足社会日益增长的修理需求。

1952 年 3 月,北京开始整合这些修理厂,并于当年 7 月 1 日成立了北京汽车修配厂。这家修配厂主要开展修理和配件制造业务,以期满足汽车的修理和零配件供应需求。1953 年,北京汽车修配厂又扩建了 6 个车间,逐步扩大规模,到 1956 年已经拥有分别负责座车、柴油车和卡车的分厂。与此同时,为了配合一汽和洛阳第一拖拉机制造厂的发展,为这两个厂生产配套附件,国家于 1953 年还在北京创建了北京汽车附件厂。

1954 年 8 月 20 日,经一机部批准,北京汽车附件厂和北京汽车修配厂合并为北京第一汽车附件厂,主要生产化油器、汽油泵、车灯等 17 种配件。第一汽车附件厂就是北汽集团的前身,也是北京汽车工业发展的轴心。

1956 年第一汽车附件厂大门

1958 年,我国进入第二个五年计划的开局阶段。当时,一机部汽车工业管理局提出了发展我国汽车工业的报告。报告中估计,全国在“二五”期间需要大约 150 万辆汽车。综合来看,北京第一汽车附件厂当时已经拥有生产部分配件的能力,但并不具备生产核心零部件的实力。即便这家附件厂曾经生产过摩托车，但仍然储备不足，不具备生产汽车的技术实力。

正是在"大跃进"的热潮之中，全国上下都在迎难而上。北京市委、市政府经过研究，责成郑天翔、张彭组建北京汽车试制领导小组，由当时第一汽车附件厂的厂长李锐兼任组长。1958年2月，北京第一汽车附件厂决定开始试制小轿车。

1958年3月底，第一汽车附件厂制订了试制生产小型汽车的计划：选择德国大众的甲壳虫作为原型车，在当年10月1日前完成样车试制，向国庆9周年献礼。新车型被命名为"井冈山"。

1958年款大众甲壳虫（Beetle）

1958年4月初，井冈山汽车的设计工作正式开始。井冈山小轿车是以甲壳虫车型为模板，重要的技术参数基本保持一致，不过第一汽车附件厂在外观上做了些创新设计。

根据规划，整车一共有3000多种零部件需要测绘制图。按照试制计划，必须在一个半月内完成全部设计任务。当时，第一汽车附件厂能投入设计工作的技术人员不过10余人，要在一个半月内完成测量、设计并绘制成加工与装配图纸，仅靠现有的技术人员是根本不可能的。为了解决设计人员不足的问题，第一汽车附件厂与清华大学动力机械系签订了合作协议，由清华大学教授宋镜瀛、程宏、黄鼎模、耿耀西、莫宗江等20多位教授、讲师带领80多名应届毕业生加入了设计队伍，与附件厂的技术人员一起，完成了井冈山小轿车的设计和绘图工作。井冈山轿车的商标就是由著名建筑史学家、中华人民共和国国徽的主要设计者之一莫宗江教授指导设计的。

　　1958年5月上旬，井冈山轿车的全部设计绘图工作提前完成。5月10日，井冈山小轿车试制工作正式开始。在全厂职工誓师大会上，参加试制的职工提出了"保证八一、争取七一前试制成功"的口号。5月下旬，党的八大二次会议提出了"鼓足干劲，力争上游，多快好省地建设社会主义"的总路线，极大地鼓舞了职工们的斗志。6月1日，北京第一汽车附件厂专门召开了贯彻总路线誓师大会，参加试制工作的职工又提出了"苦战15昼夜，保证在6月20日出车"的奋斗目标，并且提出要在10月1日前实现批量生产，要开着自己生产的汽车在国庆节接受党中央和毛主席的检阅。为了实现这一目标，全厂上下日夜兼程。整个试制过程中，还有全国来自9个城市的30多个工厂提供了材料和协作件。

　　1958年6月20日，第一辆"井冈山"小轿车终于试制成功。根据老职工回忆，井冈山轿车的油漆是乳白色的，装配过程中，厂长李锐一直拿着一块棉丝不停地擦，生怕锃亮的油漆被弄脏了。6月20日那天，还有一个坐垫没装完，就有技术工人已经把发动机打着了，有个小伙子激动地喊着："着车了！着车了！"现场被围了一圈又一圈，大家都不约而同地听着发动机有节奏的嗡鸣声。在众人的翘首以盼中，井冈山牌汽车诞生了。

井冈山轿车试制（一）

井冈山轿车试制（二）

　　大家再也等不及了，一双双眼睛都盯着现场总指挥、副厂长兼总工程师张世恩，他激动地伸手拉了司机一下，说了声"走"。装靠垫的师傅着急地说："还没装上坐垫呢。"张总伸手从地上抄起一个板凳就钻进车厢里。

　　第一台井冈山牌小轿车长4100毫米、宽1560毫米、高1450毫米，搭配1.2升风冷四缸，4MT变速箱，最高车速110公里/时，每百公里油耗4.5~7.5升，2门5座（后改为4门5座)布局。

　　1958年6月20日上午,北京第一汽车附件厂召开了"庆祝井冈山小轿车诞生大会"。就是在这次大会上,一机部汽车工业管理局局长张逢时正式宣布:第一汽车附件厂改名为北京汽车制造厂。当天中午12点,北汽在大会一结束就派出报喜队,开着井冈山小轿车到北京市委、市政府报喜。接着,又由时任北京市委书记、市长彭真带队,把井冈山小轿车开进了中南海,向中央领导报喜。

井冈山小轿车成功下线

井冈山牌小轿车在天安门广场

　　下午,毛泽东、刘少奇、朱德、邓小平、李富春等中央领导赏阅了新车。在杂志《红岩春秋》2010年第3期中有一文题为《毛泽东与中国民族汽车工业》,文中提到毛主席当时称赞说:"附件厂能够制造汽车,很好,谢谢你们。"朱德副主席还乘坐井冈山轿车在中南海转了一圈,高兴地说:"总算坐上自己生产的汽车了。"

北京汽车制造厂成立大会

　　第一辆样车试制成功之后，北汽又提出了两百多项改进意见，并且迅速投入到批量试制的工作中。1958年7月21日，厂长李锐下达命令，对井冈山小轿车的批量试制提出了明确要求：8月20日起开始分批总装，9月20日全部完成，争取10月1日制造出100辆井冈山小轿车参加国庆节游行，接受毛主席检阅。之后经过了历时两个月的艰苦奋战，100辆井冈山轿车终于在国庆节前完成总装调试。

　　1958年10月1日，北京汽车制造厂工人驾驶着井冈山牌小轿车，浩浩荡荡驶过天安门广场。

　　井冈山轿车一共试制了154辆，之后，随着北京牌高级轿车和东方红牌中级轿车投入试制，井冈山牌小轿车的试制工作告一段落。因为技术难度比较大，这一车型也并没有投入批量生产。

卫星牌汽车

诞生时间：1958 年 7 月 25 日

1958 年 9 月，中共中央、国务院发出的《关于教育工作的指示》中明确提出，"党的教育工作方针，是教育为无产阶级政治服务，教育与生产劳动相结合"，同时指出"教育的目的，是培养有社会主义觉悟的有文化的劳动者"。

这是新中国成立后，中央文件中关于教育的表述首次冠以"教育方针"字样。

当时《光明日报》有一则报道称："清华大学实现教育结合生产劳动方面作出了显著的成绩。现在已经到处是工厂了。有包括十四个车间的综合机械制造厂，有能在发电同时生产九种产品的示范性燃料综合利用发电厂，还有建筑、水利、电力等工程公司和安装公司。"根据资料显示，当时河南洛阳西工区的 12 所小学，也联合兴建了一座红领巾钢铁厂，有 3 个化铁炉，10 个铁水包，14 个小型土法炼钢炉，两个 0.5 立方米的转炉。

清华大学动力机械系汽车拖拉机专业的师生们，也正是在这一方针的影响下，在"真刀真枪的实际作战"中，设计出了中国的第一款微型车——卫星牌汽车。

第一辆卫星牌汽车于 1958 年 7 月 25 日试制成功，老师指导，学生结合毕业设计实际参与，连续三届毕业生都参与了试制工作，参与实际制造的还有首都汽车公司修配厂。"卫星"一名的由来，和"微型"的发音有关，也和当时的"卫星"热有关。1957 年 10 月 4 日，苏联第一颗人造卫星发射成功，轰动了世界，也让"卫星"成为流行词。

大学生制造出了汽车，放到现在，这也是个大新闻，更何况是在那个百废待兴的时代。1958 年 8 月，周总理到清华参观毕业设计展，饶有兴趣地试驾了第一款卫星牌汽车，让清华造车这件事的影响力更大了。

卫星牌微型汽车

卫星牌汽车能够得到量产，确实要感谢周总理。根据清华大学档案馆朱俊鹏在《周总理关怀清华大学二三事》中的记载，1958 年 10 月 9 日，清华的学子专门到周总理的办公室汇报了卫星牌汽车的事情。11 月 23 日，周总理陪同朝鲜民主主义人民共和国的首相金日成参观清华大学的时候，再一次乘坐并试驾了卫星牌汽车。他

提道，"这种车子很轻便，能替代三轮车，一家子都可以用"，而且建议"座位可以再高些"。这也是清华大学的卫星牌汽车实现量产的重要契机。

1958 年底，北京市委、市政府协调安排北京汽车修配厂二分厂参与试制第二代卫星牌汽车。

> 北京汽车修配厂二分厂 1965 年 7 月更名为北京市汽车修理公司第二修理厂，1972 年更名为北京市二里沟汽车制造厂，1976 年又更名为北京第二汽车制造厂，也就是我们熟悉的"北二汽"。

卫星牌汽车的试制工作基本都是由清华大学和这家工厂合作完成的，前后一共有 7 个版本的车型（根据原北京第二汽车制造厂总工袁家桢的回忆，有 9 个版本，多数史料中记载的为 7 个）。

1959 年第二代卫星牌汽车试制成功，最高车速可以达到 55~60 公里/时，百公里油耗 4.08~6.5 升。

二分厂最后真正投入生产的是试制的第五代车型，双门，长 2.7 米，宽 1.25 米，轴距 1.4 米，重 440 千克，最高时速 60 公里/时，搭载 0.41 升风冷对置两缸发动机。

1960年5月，二分厂经有关部门批准，将40辆卫星牌汽车交付出租汽车公司作为出租汽车使用，到1960年底累计生产126辆。这些车首先被安排到刚刚建成的北京火车站和儿童医院等地提供服务，尝试取代三轮人力车，当时的收费是每公里两毛钱。

卫星牌出租汽车

结果显而易见，卫星牌汽车取代人力车的想法很快就破灭了。这些出租车在实际运营中，暴露出了严重的质量问题。比如发动机故障多，噪声大，皮带三天两头出现断裂。动不动就在路上抛锚，远不如人力三轮车用着让人省心，完全没有凸显出机动车该有的优势。再加上突如其来的"三年困难时期"，卫星牌汽车的生产被迫在1961年停了下来。

从试制到停产，时间虽然很短，其中的故事不可谓不精彩。北京和上海曾经组织过一次微型车的性能比赛。为了这次比赛，二分厂专门制造了两辆新车，把原型车的顶改成了可折叠的布篷，也就成了微型敞篷车。这两辆车除了被送去上海比赛，还被拍成照片供法国的杂志使用，一举两得，节约成本。北京十分重视这次比赛。车子出发去上海时，北京市敲锣打鼓，十分隆重地举行了欢送仪式。

上海几乎和北京是同时开始试制微型车的。1958年，上海客车厂就曾联合多家汽车企业着手研制了一款微型车——飞跃牌汽车。这款车问题太多，曲轴、工字梁、转向节等都容易断裂，存在明显的质量问题，而且只要车速快一点，方向就不稳。于是，上海就在飞跃牌汽车的基础上，改进试制出了海燕牌汽车，代号海燕CK-730。

海燕CK-730也不算是一款成功的车型,在实际使用中,这款车普遍存在油耗高、故障多和寿命短等问题。从1959年2月份投产,到1959年的5月份停产,这款车只生产了65辆。1960年,该厂按照吉林工业大学的设计方案,开发出新一代的海燕牌汽车——SW710微型汽车。

飞跃牌微型车　　　　　　　　　　　　海燕牌 SW710

同样都是大学和工厂的合作试制,同样都是微型汽车,同样都是用于出租车,站在近乎同一起点的两个牌子汽车的比赛也就顺理成章了。即便是在这样的背景下,两款车的对比差异也十分明显,卫星牌各项性能都优于海燕牌。

成败不足以说明谁强谁弱。虽然输了,但是上海并没有放弃对微型车的研究。卫星牌汽车停产之后,海燕牌汽车反倒投入了量产。

海燕牌汽车和卫星牌汽车存在相同的问题,技术底子薄,制造工艺差,实际使用中问题多。制造这两个品牌汽车的初衷都在于替代人力车,提高公共交通效率,对车辆的耐久性能要求非常高,而这两款车恰巧在这方面表现不佳,没过多久就都被淘汰了。

红旗牌汽车

诞生时间：1958 年 8 月 1 日

"红旗牌是新中国投入量产的第一个乘用车品牌。"思前想后，我觉得用这句话来描述红旗牌汽车才最为准确。后半句好理解。解放牌才是新中国的第一个汽车品牌，产品以载重卡车为主，1958 年还试制了三轴越野车 CA30（军用运输车），但都不是轿车，不在乘用车的范畴。在那个时期，虽然也有一些"红旗"不是轿车，但不成气候，不能算是品牌。

在"大跃进"的浪潮中，中国的汽车工业可谓"遍地开花"。根据统计，"大跃进"运动开始后，"仅仅几个月内除西藏和宁夏外，各省、市、自治区有上百个厂点，制造出各类汽车达 200 余种"（《中国汽车工业史（1901—1990）》），其中有两种都叫"红旗"。其一是昆明汽车修配厂 1958 年仿照美国万国牌（International）KS-6 型试制的一辆 4 吨货车，叫"红旗牌"；其二是济南汽车制造厂同年 10 月仿照匈牙利却贝尔 D420（Csepel D420）试制的 3 辆 5 吨载货汽车，也叫"红旗牌"。不过这两个"红旗"都没有真正投入生产，自然无法真正成为品牌。

而前半句之所以要加上"新中国投入量产的"，主要是因为新中国制造的第一台轿车并不叫"红旗"，当然也不叫"解放"，叫"东风"！

此"东风"并非现在的东风。现在的东风汽车起源于第二汽车制造厂，1969 年才开始在选定的地址上"大兴土木"，时间较晚，没有争第一的背景。而且，二汽的建设本来是基于备战考虑，产品以军用越野车和民用卡车为主，1975 年才经国务院批准使用"东风牌"一名。

此"东风"是长春第一汽车制造厂制造的第一辆轿车 CA-71，又名"东风"。这台车的车身仿制的是法国西姆卡（Simca）公司的 Vedetee。Vedetee 是西姆卡当时最大的车型，后轮驱动，搭载 2.4 升的 V8 发动机。要仿制 V8 发动机，而且是小排量的 V8 发动机，对当时的一汽技术团队来说，难度太大。所以 CA-71 的发动机原型选择了梅赛德斯-奔驰 190（Mercedes-Benz W120，在 190 型号下销售）的直列四缸发动机。

1957 款 Simca Vedetee

　　西姆卡是法国汽车制造商，1934 年 11 月由菲亚特创立。1970 年，西姆卡成为克莱斯勒欧洲的子公司和品牌，结束了其作为独立公司的时期。1978 年，当克莱斯勒将其欧洲业务转让给 PSA 后，标致雪铁龙用 Simca-Talbots 取代了独立的西姆卡品牌。

　　"能够经我们手搞出中国的轿车来，是我们梦寐以求的事，从心里感到中国人被人瞧不起的时代已经过去了。"这是《一汽创建发展历程》中记录的时任一汽设计处副处长史汝楫的话，他当时参加了 CA-71 的制造，也是一汽把车送去北京中南海的领队。他回忆道，1958 年 5 月 12 日 5 时 30 分，第一辆东风样车开出了车间，所有参与设计和制造的工作人员都一夜没合眼，都在等待这一刻的到来。车头引擎盖上有一条金色的龙，象征着中华民族。龙的下方是汉语拼音 "DONG FENG"，这个名字是孟少农陪清华大学教授宋镜瀛到设计处参观时，宋教授提出来的。当时还只有 1：1 的泥模型，宋教授听说轿车还没有确定名字，就说，现在是东风压倒西风的年代，建议取名为"东风"，后来就把车名确定为"东风"了。车头侧面刻有"中国第一汽车制造厂"九个汉字，原本的设计方案是没有"中国"两个字的，一汽领导看过之后，要求必须加上。车身的后大灯，采用的是宫廷里的宫灯，主要是为了突出车身设计的民族风格。

史汝楫等把车运到北京后，由饶斌厂长亲自带队，把东风样车送到时任中央办公厅主任的杨尚昆同志处，由他首先审看。杨尚昆指着车头的汉语拼音"DONG FENG"，问："这是什么意思？"

饶斌回答说："'东风'两字的拼音。"

杨尚昆指出："这个不好，看不懂的还以为是外国车呢。要换上汉字，明天早晨把车送到怀仁堂，这样中央领导们都能看到。"

要在一夜之间把拼音字母换成汉字，谈何容易。时间紧张，一汽计划处的李岚清科长到《人民日报》出版社，找到了1957年11月20日刊登的有关毛泽东"东风压倒西风"言论文章中的"东风"二字，并在一个电镀厂连夜制作，在车头换上了汉字"东风"车标。（根据记载，车尾的"东风"二字是孟少农从苏东坡字帖上摘选的。）

1958年5月21日上午九点，东风样车准时开到怀仁堂门前，停在小花园内。当时正在召开党的八大二次会议，会议休息的空隙时间，代表们纷纷围过来看东风轿车。当天下午两点，离下午开会还有一段时间，毛主席也来看车。毛主席在试乘完之后，高兴地说："终于坐上我们自己生产的小轿车了。"

由此来看，东风才是新中国制造的第一台轿车。

CA-71并没有量产，这是一件极为遗憾的事。好不容易造出了样车，还得到了首长的认可，量产理应按部就班地实现。一汽当时也有此打算，连部分模具和车身覆盖件都生产出来了。

就在此时，大概是这一年的6月下旬，有消息传来，北京要造高级轿车向国庆十周年献礼，连名字都取好了，叫"北京牌"，样车仿照的是美国通用的别克。一汽自然按捺不住，作为新中国的第一个汽车制造厂，怎么能在这么重要的历史时刻掉队呢。于是，一汽在此时决定要集中精力研发高级轿车。

CA-71是不适合做中央领导的专用车的，空间太小。贺龙在看了东风之后就直接说："车太小了。"东风更适合被定位为可批量生产的大众型轿车，符合当时社会的一般需求，但要说给中央领导做专车，的确有失体面。

一汽其实早有制造高级轿车的计划，只不过没有这么着急而已。早在1958年4月，一汽就在酝酿高级轿车的方案了。根据新华社的报道，长春第一汽车制造厂原本计划于1962年开始试制高级轿车。北京的消息传来之后，一汽上下都憋着劲，觉得高级轿车不能让北京做，应该在一汽做，这个计划自然就被提前实施了。

那个时代，轿车不好找，高级轿车更不好找，一汽首先要解决的就是原型车的问题。一汽找到了当时的汽车拖拉机学院(吉林工业大学前身)，他们有一辆美国克莱斯勒帝国品牌的四门版C69(1955 Imperial C69 Four-Door Sedan)，那是一台1955年款的高级轿车，据说是用作教学的。那一时期，帝国是克莱斯勒旗下独立运营的高端品牌。

1955 Imperial C69

1958年6月，一汽想办法把这台车借了出来，不过这台车最终是没有还回去的。一汽后来采购了两台车，一台林肯，一台凯迪拉克，就把林肯送给吉林工业大学，作为补偿。高级轿车项目就这样在一汽正式开始了。根据史汝楫的回忆，由于时间紧，一汽的员工就用"开庙会"的形式来试制，把样车拆开，所有生产车间集中起来，大家抢认零部件，再回车间绘图制造或者直接照样制造。

仅用了33天的时间，一汽于1958年8月1日成功制造出了第一台高级轿车的样车。当时有句口号，叫"乘东风，展红旗，八一拿出高级轿车去见毛主席！"于是，这辆高级轿车的名字就被确定为"红旗"。"红旗"的品牌名称是时任吉林省委书记吴德在CA72诞生时召开的全厂万人集会上正式命名的。

当时这款车型还不是我们最终看到的红旗CA72轿车，只是试制过程中的第一辆红旗样车，它的编号是CA72-1E，编号后面的"1E"表示第一次试验样车，"E"是Experiment(试验的)的首字母。

至此，红旗品牌也就诞生了。

工人们制作 1：1 油泥模型　　　　　　　　CA72-1E

　　CA72-1E 已经体现出一汽当时在正向研发上的用心和努力。车头立标为红旗，格栅采用了中国扇子形，两边的转向灯罩内部被雕成了梅花状，轮罩外圈采用了云纹图案，车头两侧是"中国第一制造厂"的汉字，翼子板一侧标有并排五面小红旗，代表"工农商学兵"，后尾灯和CA71的一样为宫灯形，尾标图案中标有毛主席写的"红旗"二字。整个外观设计具有浓浓的中国风。内饰中，沙发的面料采用织锦丝织品，顶篷料也是丝织品，仪表盘和窗框都采用精选的木纹材料，地毯也是手工编织的。整车内外都体现了浓郁的民族特色，整体品质确属上乘。

　　CA72-1E 试制成功之后，一汽又立刻投入到第二辆红旗，也就是红旗敞篷检阅车的试制。又经过一个多月，在 1958 年 9 月 26 日，红旗敞篷检阅车也试制成功。

　　既要制造东风，又要开发红旗，当时的一汽很难兼顾两个轿车项目。两项相比，制造豪华轿车的需求更为迫切，一汽也由此决定暂停东风项目，将正在进行的 300 余套东风模具半成品全部封存起来，全力以赴做红旗。自此，一汽的东风再没有机会投入生产，在新中国汽车工业发展的初春昙花一现。

红旗敞篷检阅车（一）　　　　　　　　红旗敞篷检阅车（二）

可以说，第一辆红旗，完全是"大跃进"的产物。虽然试制成功，但图纸、文件都不齐全，一汽只能在 1958 年 10 月重新进行设计。一汽没有完全依赖克莱斯勒帝国 C69 的结构设计，还参考了 1957 款林肯 Continental 的车头和 1957 款凯迪拉克 Fleetwood 的行李箱。据记载，当时可用作参考的车型里，还有周恩来总理送来的雷诺 Dauphine 和朱德副主席送来的斯柯达 440。

不到一年的时间，一汽制造了五个原型，除了 1E，之后又试制了 2E、3E、4E 和 5E。1959 年 8 月 31 日，经过 5 次试装改进后的红旗轿车终于完成，车型编号正式确定为 CA72。

新华社 1959 年的报道

1959 年 4 月，一汽将首辆按图纸制成的 CA72 样车送到北京。5 月，经过领导热烈争论之后，最终批准了红旗 CA72 型。

1959 年 9 月 24 日，首批质量过关的 30 辆红旗 CA72 轿车和 2 辆红旗检阅车被送往北京。10 月 1 日，10 辆崭新的红旗轿车在首都的国庆庆典上正式亮相，"中国第一车"受到了国内外的广泛关注。

定型的红旗 CA72 是双排座，以 CA72-1E 为基础，做了许多调整。CA72 的造型庄重大方，总长 5500 毫米。水箱格栅依然采用扇形，但相比 CA72-1E 更加舒展、和谐，这一设计也成了红旗轿车的脸谱特征。外观的其他设计基本沿用了 CA72-1E 的设计。动力系统搭配的是 V8 发动机和液力无级变速器。两辆敞篷的红旗检阅车也参照 CA72 做了相应调整。

　　1959—1965 年，一汽一共制造了 198 辆 CA72。虽然量不大，但的确有了成熟的生产流程和生产线。1960 年，红旗 CA72 参加莱比锡国际博览会，有人评价说："红旗轿车是中国的劳斯莱斯。"红旗轿车也被编入《世界汽车年鉴》，列入世界名车品牌，活跃于国际舞台。

　　从 20 世纪 60 年代开始，红旗牌轿车被规定为副部长以上首长的专车和外事礼宾车。"红旗"被誉为"国车"，我国领导人乘坐外国车的历史从此宣告结束。红旗成为那个时代当之无愧的中国"第一汽车品牌"。

　　顺理成章，红旗牌也就是新中国投入量产的第一个乘用车品牌。

北京牌汽车（1）

诞生时间：1958 年 9 月 10 日

　　2019 年 10 月 15 日晚，北汽集团在中华世纪坛举办了隆重的发布会，现场正式发布了全新品牌——BEIJING。"BEIJING"品牌是全新的自主乘用车品牌，看起来新，听起来就未必了。"北京"二字的汉语全拼去掉声调和间隔，再全部大写就成了"BEIJING"，念起来很难和"北京"不一样。所以，从听者的角度，"BEIJING"和"北京"应该是一个品牌无疑。不过，"BEIJING"并非"北京"，即便他们出现在同一家汽车公司的同一个网站上，他们依然是两个具有独立形象的品牌。

北京汽车官网（2020 年）截图

　　就在 2019 年 4 月 16 日，也就是上海国际车展开幕当天，北汽集团在车展现场发布了"北京"品牌，官方说法是"'北京'品牌焕新发布"。现场对"北京"品牌的全新理念做了介绍——承载北汽越野积累半个世纪的军工品质与科技基因，以打造"中国越野车第一品牌"为愿景，"唯越野·行无疆"，营造"探索·极致"的越野体验，成就特而不凡的越野文化。从这一理念，我们可以确认，这个"北京"品牌才是我们熟悉的那个北京品牌，或者说是继承了 1966 年的北京牌。

　　BEIJING 是一个自主乘用车品牌，产品覆盖面更广，SUV、轿车、燃油车、新能源车，都有覆盖。北京品牌的产品相对单一，以越野车为主，其中又以硬派越野车为主，目标消费群体相对小众。北汽在品牌布局上，也算是把"北京"二字用到了极致。

最早的"北京牌"倒是跟上述两个品牌都没有直接关系,在红旗牌轿车的故事里曾经出现过。

1958 年,一汽的东风小轿车试制成功之后,本该进入量产阶段,可突然传来北汽要制造高级轿车献礼国庆十周年的消息。之后,一汽就把主要精力都投入到红旗牌轿车的试制工作上了。而北汽比赛计划中的高级轿车就叫"北京牌"。

井冈山牌轿车的成功给了北京汽车制造厂极大的信心,上级领导也十分重视和信任。1958 年 7 月,也就是井冈山汽车试制成功不到一个月,一机部和北京市委、市政府就明确指示,北京汽车制造厂在制造百辆井冈山牌轿车的同时,要开始高级轿车的研制工作,目标是争取入选为 1959 年国庆十周年庆典的检阅用车。这款车的名字确定为"北京牌高级轿车",代号 CB4(CB4 本是发动机代号,后直接用为整车代号,"C"是中国的缩写,"B"代表北汽),也有人称呼这款车为北京牌 CB4。

在比较了众多国外高级轿车的资料之后,北京汽车制造厂选中了别克品牌 1956 款的世纪瑞维埃拉(Buick Century Riviera)四门硬顶轿车作为仿制样车。这款车是别克 1955 年推出的第二代世纪车型,也是别克批量生产的第一款四门硬顶高级轿车,搭载 V8 发动机。据传,这台车是时任北京市委书记、市长彭真同志赠送给北汽的。

1958 款 Buick Century Riviera

虽然北京汽车制造厂当时已经试制出了井冈山牌小轿车,但高级轿车的制造难度明显更高,这对北汽来说是一个巨大的挑战。按照设计规划,CB4 除了要搭配 V8 发动机以外,还要有无级变速箱、转向助力和制动助力等一系列那个年代的豪华配置。相比井冈山小轿车,试制 CB4 需要更多新工艺、技术和设备,这些都是彼时的北汽不具备的。

为此，北汽成立了 20 多支攻坚小组，力争按计划完成试制任务。这些攻坚小组的确在有限的条件下，利用创新实现了突破。比如仿制发动机的同时，进行了革新优化，使整车油耗从当初的每百公里 22 升下降到了 13 升。

1958 年 9 月 10 日，第一辆北京牌高级轿车样车试制成功。这台车最高时速可达 180 公里，发动机排量 5.5 升，最大马力 255 匹，也是我国第一辆搭载全自动无级变速装置的汽车，顶棚可以实现自动升降，全过程只需要二十多秒，前后门窗也可以实现自动升降。车身长度 5.8 米、轴距 3.2 米、总重 2.5 吨。CB4 前后都使用独立悬挂，并且装有油压桶式减振器，避震性能好，行驶平稳。北京牌高级轿车的试制初衷就是为国庆十周年献礼，力争成为检阅车，所以这辆车还装有检阅用的装置，可以调整扶手的高低，装有全套扩音器。

北京牌高级轿车 CB4

1958 年 9 月 10 日，第一辆北京牌
高级轿车开出试制车间

此后，经过紧张的赶制，到 9 月 28 日，北京汽车制造厂又造出 3 辆样车，北汽第一轮试制一共制造了 4 辆北京牌高级轿车。其中，有两辆是敞篷软顶，第三辆是硬顶三排座，第四辆是为了检验三排座样车加长轴距后的影响，采用第三辆样车的发动机和底盘，改变车身后拼装而成。

到 1959 年 9 月，北汽一共造出了 7 辆北京牌高级轿车，3 月开始试制的第三轮样车也通过了 1000 公里试验。一切都很顺利，不过北京牌高级轿车最终也没能战胜红旗成为检阅车。

北京牌高级轿车为什么会在占据天时和地利的情况下失去先机，遗憾落选呢？除了北汽与一汽的客观实力和规模有差距之外，一汽作为新中国第一汽车制造厂的地位多少都会有影响。当然,产品本身、时机等都是左右结果的关键因素。虽然没有成为国庆检阅用车,但CB4还是参加了后续的国庆群众游行活动。

1958年9月30日,
北京汽车制造厂举行庆祝完成百辆井冈山牌及北京牌轿车试制任务庆功会

北汽当时并没有因此放弃CB4,还在国庆结束之后做了大量的测试。1959年12月,第三轮样车通过了25000公里道路试验。

1962年7月,北京汽车制造厂决定停止北京牌CB4轿车试制生产,所有技术资料归档保存。截至此时,北京牌CB4一共只生产了不同车身形式、配置的车型22辆。"北京牌"作为轿车品牌的发展进程,在此时被按下了暂停键。

1974年,伴随着北京牌BJ750型中级轿车试制成功,轿车里的"北京牌"再次回归。BJ750装备2.7升6缸发动机,前后轮独立悬挂,整车造型庄重大方、简洁明朗、富有时代感,车标为天安门前的华表图案。

从北汽的宣传口径看,"BEIJING"是一个全新的品牌,与"北京牌"自然没什么直接关系。"北京"品牌又是一个纯正的越野汽车品牌,BJ210才是这个品牌的起源。所以说,最早的"北京牌"跟"BEIJING"和"北京"都没有直接关系。

名字太过雷同,不利于现在的受众对品牌历史有清晰的认知。这是时代发展的局限性导致的,也是一种带有时代印记的特有现象。

东方红牌汽车

诞生时间：1960 年 4 月 1 日

北京汽车制造厂 1958 年 3 月才开始制订计划，到 1959 年 10 月已经制造出了 100 台井冈山牌小轿车和 7 辆北京牌高级轿车。仅仅 20 个月的时间，两类车型 107 辆，其中还有搭载了多种高级配置的敞篷车，无论是数量，还是品质，当时的北汽都取得了骄人的成绩。这些成果让北汽成功地实现了从配件厂到汽车制造厂的转型。不过，这没有帮助北汽走上高速发展之路，反倒让北汽的发展方向扑朔迷离。

从北汽一开始的产品来看，制造轿车的确是主要方向，但始终没有确定制造什么样的轿车。当然，具体生产什么产品并不完全由企业自行决定，特别是在具备一定的制造能力的时候，国家都会将其纳入整体计划。这是在北京第一汽车附件厂归属一机部管理的时候就已经定下来的。

当时，国家对轿车的需求主要还集中在解决中央各级领导的出行问题上，所以被寄予厚望的汽车制造厂基本都在按照由低到高的级别顺序试制汽车。一汽首先试制的东风牌 CA71 和北汽最先试制的井冈山牌小轿车，都属于小型轿车。这两款车可以满足一般代步需求，但要作为领导的专用座驾，从关系国家形象的角度来说，的确非常不合适。所以，这两款车在那个时期没有机会在试制成功的第一时间就投入批量生产。而在高级轿车的制造问题上，一汽和北汽在时间上算是站在了同一起跑线，虽然制造都成功了，但北京牌十分被动。一汽红旗牌的成功，也就意味着北汽北京牌无法成功。在国家资源相对有限的情况下，的确不需要两款定位相同的汽车。

1959 年 11 月，一机部汽车局正式给北京汽车制造厂下达了试制中高级轿车的任务，原型车选定为当时苏联专门生产中高档轿车的高尔基汽车厂（Gorky

Automobile Plant）的伏尔加 M21（Volga M-21），也叫嘎斯 21 型（GAZ-21）。

　　嘎斯一名是源自俄文翻译过后的首字母缩写 GAZ（Gorkovsky Avtomobilny Zavod），GAZ-21 则是苏联当时向社会出售的最大且最豪华的汽车车型。

　　北汽在接到任务之后就接收到了一辆 1959 年生产的 GAZ-21 作为仿制样车，这辆车还是由国务院机关事务管理局划拨给北汽的。1959 款的 GAZ-21 是这款车型的第二代，搭载 2.5L 直列四缸发动机。这时候北汽还在坚持北京牌高级轿车的测试，不过工作重心的转移间接导致了北京牌轿车定型投产工作的搁置。

伏尔加 M21（GAZ-21）

　　1960 年初，苏联派出 5 人专家组到我国的海南岛给新款 GAZ-21 做测试。一行人路过北京时，参观了北京汽车制造厂。专家组对北汽的中高级轿车试制工作做了指导和建议，也算是在意外中引进了苏联技术，专家组的帮助对新车的试制意义重大。临走前，5 人专家组还给北汽留下了一套 GAZ-21 的全套图纸。

　　1960 年 4 月 1 日，北汽试制出了三辆中级轿车 BJ760，起初定名星火牌 760，后又改成了东方红牌 BJ760。同年 11 月，BJ760 完成了 25000 公里道路试验。结果表明，BJ760 最高车速可达 125 公里/时，最低油耗为每百公里 9.8 升，平均油耗为每百公里 14 升。

　　1960 年 7 月 16 日，苏联政府突然单方面撕毁 343 个专家合同和合同补充书，废除了 257 项科学技术合作项目，还决定从 1960 年 7 月 28 日到 9 月 1 日，撤走全部在华苏联专家 1390 名，并终止派遣专家 900 名。此时中苏关系几近破裂，对北汽的发展造成了巨大的影响。

东方红牌 BJ760 试制成功

　　首先,东方红牌 BJ760 再无可能获得苏联指导,定型投入量产的计划多少受到了些影响。其次,我国当时的战术指挥车几乎全部从苏联采购,中苏关系破裂导致军需车辆紧张。中央军委就是在这样的背景下发出指示，要尽快开发出部队装备用车，以满足国防建设的需要。时任国务院副总理的李富春便提议以北京汽车制造厂为基地,生产我们自己的轻型越野车。1961 年 1 月,一机部汽车局决定利用东方红牌轿车的主要总成自行设计军事指挥车，兼顾轻型火炮牵引、防化、通信等功能。自此,北汽的工作重心又再次发生转移。

　　好在东方红牌汽车的生产计划并没有因此完全搁置。1966 年底, 国务院正式批准北京汽车制造厂的扩建改造工程,生产纲领为年产能 5000 辆,其中 BJ212 越野车 4400 辆,东方红牌 BJ760 轿车 600 辆。北汽的主要产品长期没确定,历经八年探索,北京汽车制造厂终于获得了国家批准的第一个整车生产项目,步入汽车制造的正轨。

　　只可惜,东方红牌汽车并不在这"正轨"之列,成为北汽的又一"遗珠"。后来,东方红牌轿车因故停产,之后专门生产 BJ212 越野车。东方红牌轿车的产量最终定格在 106 辆。

　　中国汽车工业公司曾经在 1965 年 5 月组织对东方红牌轿车进行了国家级产品鉴定。这次鉴定与上海凤凰牌轿车的鉴定同时进行，还选择了奔驰 220SE、福特 F500、菲亚特 2300、奥兹莫比尔等国外车型进行对比试验。经过 50 天的试验,试验工作组认为,东方红牌轿车的主要性能和行驶可靠性基本符合使用要求,正式通过了国家鉴定。

　　这说明，东方红牌轿车经过长期的试制和改进，已经是一款成熟且稳定的产品。如果能够大批量生产，可以解决国内对中级车的需求问题。奈何生不逢时，只能抱憾而卒。

　　虽然和井冈山牌、北京牌一样也是仿制，但东方红牌轿车的试制过程中融入了国外的技术和指导。这让北汽拥有了一套结合本土经验产生的完整的生产流程。这一流程不光具有科学性和先进性，还在中国本土具有更好的可复制性。这给北汽后来研发新产品提供了宝贵的经验。

　　除此之外，东方红牌 BJ760 轿车的试制还留下了另一财富，就是仿制 GAZ-21 时制造出的 BJ492 发动机。这款发动机成为国产轻型卡车和越野车的动力，是 20 世纪 70 年代到 90 年代中期我国最受欢迎的 4 缸汽油发动机。

东方红牌 BJ760

北京牌汽车（2）

诞生时间：1963 年 3 月

由于影视作品的影响，我们对新中国成立前的解放军总留有一个印象——"小米加步枪构筑成的不可摧毁的抗敌城堡"。换言之，就是装备差，战力强。在一定时期内，这的确是现状。不过，随着解放战争进入到中后期，解放军缴获了大量的美式战利品，装备自然也就跟上来了。解放军也由此配上了军用指挥车，师级以上的指挥员都有了专用座驾。这些车基本都是美国的威利斯吉普（Willys Jeep），帆布顶棚，方方正正，铁皮绿壳后面还总是背着个备胎……这应该是战争剧里的汽车给我们留下的最深刻印象。

新中国成立之后，中苏关系友好，20 世纪 50 年代中期开始，我国的军用指挥车主要是从苏联进口，除了分配到师级以上单位外，一部分还配备给一些地级市政府。这些车几乎全部都是嘎斯 69（GAZ-69）车型，由高尔基汽车厂设计开发，1954 年开始由乌里扬诺夫斯克汽车制造厂(Ulyanovsky Avtomobilny Zavod，UAZ，俄文 УАЗ)生产制造。

GAZ-69

UAZ 汽车 Logo

20 世纪 60 年代初期，中苏关系的恶化让我国军用指挥车的来源成了大问题。

在这样的大背景下，中央军委发出指示：一定要尽快开发制造出部队装备用车，以满足国防建设的需要。中国人民解放军总参谋部明确提出：部队迫切需要的是军用指挥车，并具备牵引轻型火炮、防化、无线电通信等使用功能。

1960 年 12 月，中国人民解放军总参谋部呈报时任副总理李富春同志，建议以成功研制东方红牌轿车的北京汽车制造厂为基地，自行设计一种全新的军用指挥车。国防部国防科学技术委员会于 1961 年 1 月批准了这一建议。一机部汽车局依照建议很快提出了初步方案，并且和总参谋部、国防科委进行了具体磋商。长春汽车研究院还专门派人参加了方案论证和汽车设计。

按照一机部 1959 年颁布的《汽车产品编号规则和试验方法，发动机台架实验方法》(1959 年 5 月 1 日起开始实施)，这款新车型确定为轻型越野车，编号 BJ210 型，由北京汽车制造厂负责试制。

根据编号规则，汽车型号应能表明汽车的厂牌、类型和主要特征参数等。国家汽车型号均应由汉语拼音字母和阿拉伯数字组成。汽车型号包括三部分：首部——由 2 个或 3 个汉语拼音字母组成，是识别企业名称的代号；中部——由 3 位阿拉伯数字组成，左起首位数字表示车辆类别代号，中间数字表示汽车的主要特征参数，最末位是由企业自定的产品序号；尾部——车企自定代号，一般是指车辆的特征代号。比如"BJ210C"，"2"表示越野汽车，"1"表示载重 1 吨，"0"表示初代产品，"C"代表 BJ210 中的某一特定款车型。现在的编号规则也是在此基础之上，于 1988 年进行优化而来。

车辆类别对应代号

车辆类别代号	车辆种类
1	载货汽车
2	越野汽车
3	自卸汽车
4	牵引汽车
5	专用汽车
6	客车
7	轿车
9	半挂车 专用半挂车

　　各级部门都十分重视 BJ210 的试制工作，这也是北汽将主要精力由轿车转移到越野车的重要原因之一。1961 年 4 月 30 日，中国人民解放军副总参谋长张爱萍将军亲临试制现场视察参观了 BJ210 的 1∶1 泥模型。一个多月之后，北汽制造出了第一辆 BJ210 的样车，两门，采用四轮独立悬挂。同年 6 月，北汽把样车送到总参谋部进行审定，张爱萍提出了一些修改意见。听取意见之后，北汽做了大量的研究，对比了英国奥斯汀、美国福特和意大利菲亚特的同类车型，最终确定了"机动性能好、重量轻、操作灵活、结构简单、使用可靠、易于维护、有较大地区适用性"等设计要求。此后，北汽提出了 BJ210、BJ210A、BJ210B、BJ210C、BJ210D 五种不同的车型设计方案。

BJ210C

　　同年 8 月 26 日，总参谋部召开会议，决定按 BJ210C 型非独力悬挂的结构进行试制。12 月 25 日，总参谋长罗瑞卿、副总参谋长张爱萍审查了 BJ210C 样车，对该车型给予了充分的肯定。

　　北汽一共试制了约 300 辆 BJ210C，主要供军队试验和试驾试乘。BJ210C 搭配 2.4 升汽油发动机，两门四座，最高时速 98 公里。

　　1963 年 3 月，BJ210C 通过了一机部组织的技术鉴定，根据张爱萍副总参谋长的建议，BJ210C 汽车定名为"北京牌"。北京牌再一次出现在北汽的产品序列中，并且发展成为现如今的北汽旗下的"北京"品牌。

　　虽然 BJ210C 已经通过了鉴定，但并没有直接投入量产。北汽听取了各方试乘试驾的反馈，又综合了部队领导的意见，再一次进行了设计。

在一次军委扩大会议上，部分参加过抗美援朝战争的部队首长和高级将领观看试坐了BJ210后提出意见：BJ210只有两个门，上下车不方便，而且车身偏小，不符合军用指挥的实战要求。当时张爱萍副总参谋长对这一车型也提出了新的修改意见：在BJ210的基础上，设计一种车身稍大、四门、双排座、宽敞舒适的军用指挥车，其性能指标要求不低于GAZ-69。这些都和部队反馈的意见是一致的。

1964年6月到12月间，北汽按照修改要求，先后试制BJ211、BJ212两种样车。新样车加大了车身与内部的乘坐空间，对底盘、发动机以及传动系统也做了相应的改进。此后，北汽连同BJ210车型一起，把三款样车都送到总参谋部审查，并与苏联生产的GAZ-69进行了比较。

当时，正赶上全国人民代表大会召开，各大军区的司令员在会议期间对BJ210、BJ211和BJ212进行了逐一评定，最终认为BJ212比较好。

1965年1月28日，罗瑞卿总参谋长亲自拍板，选用BJ212作为军用指挥车，其他车型不再生产。1966年初，总参谋部、总后勤部和国家科委的代表和专家对BJ212进行了全面认真的鉴定，结论是BJ212主要技术指标和性能指标均达到设计要求，动力性、燃油经济性等指标还超过了苏制GAZ-69的水平。

BJ212

1966年5月5日，国务院军工产品定型委员会正式批准北京牌BJ212型越野车定型。当月，BJ212就正式投产，1966年的产量是532辆。

BJ212从此成为国内最重要的轻型越野车，不仅成为国家领导人的座驾，也普及到全国各地，成为家喻户晓的"北京吉普车"。截至1983年底，北京汽车制造厂累计生产了188988辆BJ212。

BJ212 进入广大群众的视线，是在 1966 年 11 月 10 日。当时，毛主席在天安门广场第六次接见全国各地来北京的红卫兵。毛主席身着军装，与当时的中央领导分乘八辆北京牌 BJ212 来到长安街上。人们看到了敬仰的领袖，也深深地记住了他们所乘坐的 BJ212。

1988 年，我国颁布了国家标准《汽车产品型号编制规则》（GB 9417—88），新规则中将车型重要参数由一个数改为两个数，原本的改款车型 BJ212N 更名为 BJ2020N，BJ212 车型也就更名为 BJ2020 车型。

在经历了 50 多年的发展之后，北京牌越野车依然活跃在大街小巷。很多人都凭脑海中对 BJ212 的记忆选择了北京牌越野车。中国的自主品牌中，可以在市场以"情怀"做卖点的屈指可数，"北京"品牌的越野车当属第一。

上海牌汽车

诞生时间：1964 年

"大跃进"运动的错误是不容置疑的，但对中国汽车工业发展的刺激和影响也是客观存在的。工业部门兴起"大闹技术革命"，汽车工业绝对算是革命里的"排头兵"。虽然说是"技术革命"，但这其中包含了大量的土办法、笨办法，比如此前已经提到的南汽的帆布驾驶室。除此之外，还有木制的大梁弹簧、竹制车厢、人力车改造的机器三轮车等。这些办法都有一个弊病，不符合现代工业生产的规律，可以小范围使用，无法大规模推广。不过，在资源和技术匮乏的时代，工人们充分发挥了自己的创造力和想象力，把很多不可能完成的任务变成了可能。

上海汽车工业就是在这样的背景下诞生并发展起来的。1956 年以前，上海汽车工业的主要构成包含旧中国遗留下来的汽车修理、零配件制造业，以及在国民政府创办的企业和旧官僚资本企业基础之上改造而来的国营汽车修配厂。根据《上海汽车工业史（1901—1990）》的记载，上海的修配业曾在 1953 年出现过一轮发展峰值，私营汽车企业数达到 230 家。此后，随着公私合营的推广，上海汽车修配业的资源被进一步整合。

1956 年 1 月 20 日，上海的汽车零配件制造业成立的同业公会，与内燃机配件制造公司一起向市政府申请全行业公私合营，上海的公私合营进入高潮。申请被批准之后，上海市内燃机配件制造公司一共有 290 家工厂。至此，上海内燃机配件制造公司已基本将上海市制造汽车的主力部队收入麾下了。

其中最重要的要数上海汽车装修厂。1956 年，上海汽车装修厂意外收购了一批报废的美式越野车威利斯吉普（Willys Jeep），经过分解、修理、拼装，居然装配出了二十多台完好的吉普车。在出售这批拼装吉普车的时候，工厂发现这些产品十分受消费者的欢迎，时任厂长何介轩便提出要自造吉普车。上海汽车装修厂以威利斯为样本，经过努力之后，于 1957 年 9 月 16 日成功试制出第一辆轻型越野车。

这款车之后被定名为 58 型越野车,于 1958 年投入生产,当年产量 498 辆,开启了上海制造汽车的序幕。

根据《上海汽车工业史（1901—1990）》的记录,58 型越野车不同于美式吉普车,车头、车身都比一般吉普车宽阔,引擎的扭矩较大,时速 45 公里,车内设有 6 个座位,车身颜色为浅灰色,具有行车安全、座位舒适、耗油省等优点。发动机选用了南京汽车厂仿制 M20 制造出的 NJ050 型四缸发动机,变速箱由上海郑兴泰汽车机件制造厂制造,钢圈选用了天津的马铁钢圈……58 型越野车的制造充分利用了计划经济协同发展的优势,将汽车修配的经验利用到了极致。

1957 年 5 月 6 日,上海内燃机配件制造公司成立了三轮汽车工程办公室,开始尝试研制三轮汽车。该办公室的主力包含上海汽车装修厂、上海汽车底盘配件制造厂和上海内燃机配件厂。同年 12 月 26 日,上海第一辆三轮汽车试制成功,定名 58-Ⅰ型。上海 58-Ⅰ型三轮汽车载重 1 吨,最大时速 56 公里,每百公里油耗 10~13 升,轴距短,转弯半径小,机动灵活,十分适合城市小型工厂使用。

上海 58 型越野车

上海 58-Ⅰ型三轮汽车

小型三轮汽车具有诸多优点,车身小,造价低,使用成本低,十分适合经济落后的发展中国家。日本在二战之后,很长时期都是依靠这类汽车作为重要工具。日本 1949 年生产的汽车中,有 31.6% 都是小型三轮汽车。日本有很多汽车品牌都是依靠生产这一类型的汽车才熬过了经济萎靡的时期,比如马自达、大发等,它们都是以此为基础发展壮大的。1956 年底,上海举办过一次日本工业展览会,展品中就有 6 种三轮汽车。

小型三轮汽车在那个时代的中国具有得天独厚的优势,社会需求决定了三轮汽车的地位要比此前刚试制成功的轻型越野车的地位更重要。上海的三轮汽车于

1958 年 8 月正式投产之后，一直到 1989 年才停产。这也是为什么 58 型越野车没有得到大规模投产，只在生产了 623 台之后，于 1963 年就停产。这一年，原本制造 58 型越野车的上海汽车装修厂也转而投产三轮汽车。此时的上海汽车装修厂也早已更名为上海汽车装配厂。

　　1958 年 3 月 13 日，上海内燃机配件制造公司与上海市动力设备制造公司合并，成立上海市动力机械制造公司，旗下一共有 292 家工厂，上海汽车装修厂就是其中之一。由于上海汽车装修厂在汽车装配方面取得的成绩实在太过耀眼，所以此次合并重组时，工厂就正式更名为上海汽车装配厂。

58 型越野车和 58-Ⅰ型三轮汽车的成功，让上海汽车装配厂有了试制轿车的想法。1958 年 5 月，经厂领导、技术人员和一些有经验的老工人一起研究决定，以美国普利茅斯 Savoy（Plymouth Savoy）和波兰华沙 M20（Warszawa M20）为样车，"照葫芦画瓢"进行仿制。

普利茅斯 Savoy（Plymouth Savoy）

华沙 M20（Warszawa M20）

　　1958 年 9 月 28 日，第一辆轿车试制成功，取名为"凤凰"。凤凰牌轿车是上海制造的第一辆轿车，车身仿制普利茅斯 Savoy，底盘仿制华沙 M20 的承载式车体结构，发动机选用了和 58 型越野车同款的 NJ050 型四缸发动机（也有记载是 M20 发动机）。凤凰牌轿车的车头有一个立标，是一只展翅欲飞的凤凰，与一汽东风牌 CA71 的龙形立标相呼应。

　　《上海汽车工业五十年 1955—2005》里有一篇文章《草窝里飞出金凤凰》，里面记载了许多制造凤凰牌轿车时的细节：底盘上的金属零件在一般机床上加工而成，车身四门两盖，前后翼子板都依靠手工敲制，对于车顶工人师傅用榔头敲了 10 万次才敲成形，敲得工人师傅手都抬不起来。"大跃进"运动时期，还有很多汽车产品也是靠着这样的土办法、笨办法研制出来的。

凤凰牌轿车

　　1959 年 2 月 15 日，第一辆凤凰牌轿车被送到中南海，接受了周恩来总理的检阅和试乘。周总理语重心长地说："中国人还是有志气，不容易，把中国的车造出来了，但还是水平问题啊。"因为"水平问题"，一机部汽车局召开会议，要求上海进行新一轮的轿车试制，以便向国庆十周年献礼。

　　这一次，上海汽车装配厂选择了 1956 年产的奔驰 220S（Mercedes Benz 220S）作为样车。上海汽车底盘厂负责前后悬挂和转向机的制造，上海内燃机配件厂负责六缸发动机的仿制，上海汽车装配厂则负责车身试制和总装。试制期间，苏联的专家还在参观时做了很多技术指导和建议。在各方的共同努力下，1959 年 9 月 28 日，SH680Q 型发动机制造成功，两天后新一轮试制的凤凰牌轿车终于组装完成。第二天，这辆车就直接参加了国庆节游行，接受了上海市领导的检阅。

奔驰 220S（Mercedes Benz 220S）

1960 年 8 月，上海汽车装配厂迁至安亭，正式更名为"上海汽车制造厂"，年产三轮汽车 1317 辆、凤凰牌轿车 12 辆，生产方式从手工操作发展到初步实现敲模和总装生产流水线方式。到 1960 年底，上汽一共生产了 18 辆凤凰牌轿车，之后便因为"三年困难时期"和国民经济的严重困难而被迫停产了。

直到 1963 年，国民经济好转，经过多方努力，凤凰牌轿车的生产得到恢复。8 月 23 日，上海市计委下发了〔63〕沪经计马工二字第 1217 号文，原则上同意凤凰牌轿车试制规划，要求上海汽车厂、内燃机配件厂、底盘厂等厂抓紧进行试制工作。轿车制造重新启动，老牌技术员被重新请回了工厂，江南造船厂和上海重型机械厂等大型企业在技术上伸出了援助之手。在当时上海机电局的支持下，还诞生了上海产的 2.2 升直列六缸发动机——金凤 680QK。小排量的六缸发动机技术难度高，这也充分说明了当时上海汽车制造业的发展势头是非常好的。

展现凤凰牌轿车复产的画报

全新试制的凤凰牌轿车外形设计简洁明朗，前脸运用了大量镀铬件进行装饰，大灯采用了当时十分流行的圆筒式。搭载 680QK 发动机，最大功率 66kW，最大扭矩 166N·m，最高时速可达 133 公里，传动方面采用了一部四速手动变速箱。

1964 年，凤凰牌轿车更名为上海牌，按照当时的命名规则，车名定为上海牌 SH760。车头的凤凰立标也替换成了精心设计的"上海"二字。

上海牌 SH760

行驶在街头的上海牌 SH760

　　上海牌轿车的出现，满足了国内当时对中低档轿车的需求，成为机关、企事业单位的主力车型。在那个时代，汽车还属于奢侈消费品，上海牌轿车算是最"亲民"的轿车产品。相比红旗牌轿车，上海牌轿车已经算是大众消费商品了。

　　随着合资时代到来，上海牌轿车已经不再具有竞争力，桑塔纳的投产让上海牌轿车不再具有任何继续生产的必要性。1991 年，上海牌轿车停产，累计生产了77041 辆。

天津牌汽车

我国"三五"计划原本应该从 1963 年开始，但由于"大跃进"和"三年严重困难"的影响，"三五"计划只好推迟。1963 年 9 月 5 日到 27 日，党中央召开工作会议。会议决定，把 1963 年至 1965 年作为"二五"计划到"三五"计划的过渡阶段。

1964 年 5 月中旬，中共中央在北京举行工作会议，重点讨论国家计委提出的《第三个五年计划（1966—1970）的初步设想》。后来，根据毛泽东"备战、备荒、为人民"的指示和日趋紧张的国际形势，国家计委于 1965 年 7 月 21 日向周恩来汇报了调整和修改后的第三个五年计划初步设想。汇报中指出："三五"计划实质上是一个以国防建设为中心的备战计划，要从准备应付帝国主义早打、大打出发，把国防建设放在第一位，抢时间把三线建设成具有一定规模的战略大后方。

由此，三线建设在"三五"初期便进入第一个发展高潮。成昆、湘黔等铁路，攀枝花钢铁厂、酒泉钢铁厂等建设项目都是这一时期的主要任务。三线建设是"三五"期间工业建设的核心，国家对三线以外地区的投入就相对有限。

当时国内的汽车供需矛盾仍然十分突出，即便是不在三线范围内的地区，仍然在积极开展汽车制造。虽然规模受到限制，却也掀起了新一轮高潮。中央倡导"发挥中央和地方的两个积极性""建立完整的国民经济体系"，全国许多地方都以"大会战"的形式组织汽车生产。即便受到了"文革"的冲击，这一热潮仍然一直延续到了改革开放以前。

根据《中国汽车工业史（1901—1990）》记载，到 1976 年末，汽车企业总数达到 1950 个，其中整车厂 53 家，专用车、改装车厂 166 家，到 1980 年，全国汽车生产厂家达 73 家。

和"大跃进"时期的情形不一样，伴随三线建设，"三五"期间全国汽车制造的普及面更广。1963年以后，各地的汽车厂逐渐确定了自己的主打产品，发展出几个规模相对较大的生产基地，形成了"一大四小"的格局。"一大"就是一汽所在的长春，"四小"是指南京、上海、北京和济南。

长春以第一汽车制造厂为核心，生产以解放牌CA10为主的4吨载重汽车；南京以南京汽车制造厂为主，主要生产轻型载重汽车，以跃进牌NJ130为主；济南以济南汽车制造厂为核心，主要生产重型载重汽车，以8吨黄河牌JN150为代表；上海的代表产品是上海58-Ⅰ型三轮载货汽车和上海牌SH760轿车；北京主要生产轻型越野车，也就是北汽的北京牌BJ212，主要供应部队。

"三五"期间，"一大四小"得到进一步的发展。与此同时，又一批汽车企业获得新生，也逐渐发展出一批新的汽车生产基地，比如天津、沈阳、武汉等地。

天津汽车工业的底子相对较好，"大跃进"时期也出现了不少产品，只可惜始终没有确定方向，也就没有在第一梯队发力的时候跟上步伐，始终没有形成实际的生产能力。

天津汽车工业起步早，在新中国成立之前就有过难得的实际成果。抗战胜利之后，国民政府接收了日本在天津开办的华北自动车工业株式会社，改组为平津汽车修配总厂。同时被接收的，还有几辆日本大发品牌的三轮载货汽车。平津汽车修配总厂仿照这几辆三轮汽车造出了飞鹰牌三轮客车，《申报》当时的报道中记载道："除了车上的磁石发电机、变压器和其他少数电料外，所需的1102种零件，都是制配厂自行制造。"在动荡的时代背景下，飞鹰牌三轮汽车只制造了60辆就停产了。即便如此，这些战乱时期诞生的汽车，也足以说明天津的汽车制造起步较早，底子较好。

新中国成立之后，天津和北京遇到了相同的问题，那就是长期无法确定主要产品。

在中国汽车工业史的历史资料中，有一张特别珍贵的合影照片。照片中有三款共计七台车，后排五辆，前排两辆。后面五辆自右向左，分别是两辆红旗牌CA72和三辆北京牌CB4，这两款都是1959年国庆阅兵车的备选车型。在前排的两辆，占据了照片中心位置的，是两辆天津和平牌汽车。

和平牌汽车也是"大跃进"时期的产物，由当时的天津市汽车修理厂制造。天津市委1958年4月下达任务，天津市汽车修理厂5月着手筹备，6月开展试制。根据人民交通出版社1959年出版的《我们是怎样制造汽车的》一书中记载："在天津车辆弹簧厂、电车修造厂等兄弟单位的大力帮助下，只用了25天的时间于6月25

日晨二时试制成功。"和平牌汽车此后并没有量产,除了时代背景的影响,其他具体原因暂无史料可查。

天津和平牌汽车

同时期,天津除了试制和平牌汽车以外,也试制过载货汽车,但也没有规模生产。

直到1965年初,天津市才将汽车工业确定为重要的发展方向,并且成立了汽车大会战领导小组。天津已经于此前一年,也就是1964年,将内燃机配件公司的6个厂、二轻局的19个厂和交通局的3个厂合并为天津市汽车工业公司,天津作为汽车生产基地的雏形也就初步成形。

1965年4月,天津市农业机械厂仿造上海58-Ⅰ型三轮载货汽车试制出了TJ120轻型载货汽车,俗称"小四轮"。这款车当时的价格在7000元人民币左右,主要由中小型企业采购。

与此同时,天津韩家墅汽车修配厂奉命接产北汽已经设计和试制成功的BJ210C轻型越野车,型号改为TJ210C。这家工厂就是天津汽车制造厂的前身,于1968年正式更名。

1965年9月,天津电车修造厂参考嘎斯69改装的10座客车、大众和雷诺的面包车,试制出了一款10座客车TK620S;在此基础之上,天津客车厂于1967年成功试制出第一辆天津牌TJ620客车,当时也叫"天津牌TJ620型旅行车"。

1969年11月,天津市货车修理厂试制出了TJ140载重汽车,这是天津汽车制造史上十分具有象征意义的成果。TJ140搭载了转子发动机,是第一台搭载转子发动机的载重汽车。

天津牌 TJ620 型旅行车使用说明书中的内容

　　成都人民汽车修理厂制造的新成都牌 2.5 吨载重汽车，装备了转子发动机。因此，网传"TJ140 是唯一搭载转子发动机的载重汽车"说法不准确。

　　根据亲历者魏忠琪老先生的回忆，"当时好多国家都在研究使用转子发动机，但所有的实验都是应用在小车上的，货车上用的没有"。时任国务院副总理李先念1969 年在天津干部俱乐部开会时，对这一想法给予了鼓励。天津动力机厂和天津市货车修理厂很快就将这一想法付诸实践。天津动力机厂负责仿制转子发动机，天津市货车修理厂则负责整车试制。

　　资料显示，TJ140 于 1969 年 11 月试制成功，1971 年便停产了，总共只生产了 40辆。TJ140 的发动机排量是 2.2 升，最高时速可达 140 公里。试制成功后，对这款车还进行了满载状态下由天津到郑州，再到成都、拉萨的道路测试。在唐古拉山，还专门与美国道奇品牌旗下的同类型货车做了对比测试，各项指数均不低于道奇。

　　依据这些零星的线索，我们很难认定 TJ140 是成功的，天津产的转子发动机也是如此。现在很难找到 TJ140 和这款车上搭载的转子发动机的相关资料，如果不是有当时的亲历者讲起这款车的故事，我们或许只能认定那是一个传说。在相同的时代背景下，类似这样的故事在全国还有很多。匆匆地被制造出来，又匆匆地消失在人们的视野里。TJ140 是幸运的，因为"转子发动机"这样的特殊符号，它被记载和传承了下来。即便之后 TJ140 停产了，也会记录在天津的汽车工业发展史里。

　　并非所有带有"TJ"编号的车型都叫天津牌，比如天津汽车制造厂生产的 TJ130，就被命名为"天津雁牌"，该厂此后的许多其他产品也都是使用这个牌名。再比如

TJ210C，实际是北汽的 BJ210C，由于换了产地，所以更换了编号，在许多资料中，我们可以看到"TJ210C"，却没有其他品牌类的标注，不过也有些资料中会完整表述为"天津牌 TJ210C 型轻型越野汽车"。故此，笔者无法判断官方到底有没有将这款车正式命名为"天津牌"。

货车 TJ140

天津牌 TJ210C 型轻型越野汽车

以笔者目前掌握的资料，暂时还无法确定"天津牌"到底何时第一次出现在哪款车型上。故此，无法确定天津牌的诞生时间。不过，天津牌的实际存在是得到了证实的，在许多使用手册上都能看到"天津牌"的标注和符号。比如天津汽车冲压件厂制作的 1973 年的日历上，印刷有 TJ140 的图片，车头上明显印有天津二字的大写拼音"TIAN JIN"；再比如通过 TJ620 型旅行车说明书封面的图片可以看到，TJ620 车头的红色六边形 Logo 里写着"天津"二字。

1973 年，带有 TJ140 图片的日历

TJ620 旅行车的使用说明书封面

这些线索都表明，"天津"牌汽车的确存在。不过，因为史料不足，始末不详。

因为"三五"期间，天津的汽车工业才初有起色，所以笔者将"天津牌"汽车的故事收录在这一位置，以方便读者理解和搭建框架。笔者将在之后的学习和研究中，继续关注。如果能有幸查阅到相关史料，将是一件让笔者觉得幸福的事情。

武汉牌汽车

诞生时间：1964 年

提起武汉的汽车工业，所有人的第一反应大概都是"东风"。当 1975 年 11 月 18 日国务院批准第二汽车制造厂生产的汽车正式命名为"东风"时，这两个字就在湖北扎了根。诚然，东风的成就实在太过耀眼，理所应当成为"地标"。我们的视线总是会被耀眼的东西吸引，周围的一切似乎都只能是陪衬，这些陪衬在我们欣赏的瞬间变得不那么重要。了解武汉的汽车工业就是这样一个过程，"东风"和"二汽"作为核心，吸引了太多的注意力，以至于当我们想要去了解东风以外的故事时，线索尤其有限且杂乱。

湖北汽车工业早期发展的多数成果要么消亡，要么就被打上了"东风"的印记，二汽对湖北汽车工业的影响不可谓不深远。武汉自然也是这样，很多早期初具规模的汽车厂最终都被收编到东风旗下，也由此才得以延续生命。狭隘点来说，东风于湖北而言，是毫无争议的土生土长的汽车企业，但于武汉而言，也只能算是半个武汉车企。

"三五"期间，全国许多城市都在以"大会战"的形式集中力量造汽车，武汉就是从那一时期开始，逐渐发展成为中国新的汽车生产基地。此时的"二汽"还在筹备和建设过程中，而且还是在离武汉四百多公里以外的十堰。武汉汽车工业在这一阶段取得的成果，带有更纯正的本土基因。武汉牌汽车应该最能代表这些成果。

新中国成立之初，武汉的汽车工业以汽车修配为主，而且规模都不大。经过"一五"时期的发展，武汉的配件制造得到了不错的发展。比如，武汉汽车配件厂生产的活塞、气门等产品不仅可以满足湖北的需求，还可以供货到天津、洛阳、南京等地。不过，武汉此时依然还不具备汽车制造能力。

"大跃进"时期，武汉也出现过一阵试制汽车的热潮。绝大多数产品都是在较短时间内强行试制的，技术水平低，质量不过关，没有投入量产。其中，最典型的就是当时的国营武汉消防机器厂试制的火箭牌汽车。

在汉口古田五路，原武汉轻型汽车制造总厂职工宿舍楼里，至今仍住着一位叫田巧生的老人，1949 年他在汉口水塔旁的一个厂里做工匠，这个厂属公安部管，生产消防器材，厂长叫周传孝，是解放军战斗英雄。1954 年，这个厂搬到永清街三元里，改为生产汽车零件，1953 年与陈荣昌、汉昌、顺昌三个私营企业合并，改名为新明机器厂，1955 年 12 月被国营武汉消防机器厂接管。

国营武汉消防机器厂成立于 1951 年，主要负责生产消防设备，包括改装消防车。1955 年 12 月，国营武汉消防机器厂接管了新明机器厂，扩大了规模。1958 年初，厂内就有人提议要试制三轮汽车作为新产品。当时厂里设备十分简陋，没有工程师，连试制汽车的参考资料都没有，自然就出现了不少反对的声音，试制工作也就迟迟没有动工。直到有一天，报纸上刊载了青岛汽车修配厂 24 天制成三轮汽车和青岛生建机械厂 13 天制成三轮汽车的消息，厂里的职工再也坐不住了。厂长带着两名职工直奔青岛，一定要亲眼看看这些汽车。一行三人实实在在地被刺激了，国营武汉消防机器厂也因此放下了顾虑，行动起来。1958 年 5 月 17 日动工，6 月 27 日就试制出了三辆火箭牌三轮汽车。

"火箭"一名取自"用火箭般的速度建设祖国"，极具"跃进"风格。这三辆火箭牌汽车并不同款，共用技术但不共用设计，分别是火箭牌 58-71A 型三轮载重汽车、58-71B 型三轮客货两用车和 58-71C 型牵引汽车及半挂车。

火箭牌 58-71A 型三轮载重汽车

火箭牌 58-71B 型三轮客货两用车

火箭牌 58-71C 型牵引汽车及半挂车

40 天完成三款车型的试制，充分展示了国营武汉消防机器厂在汽车制造方面的战斗力。第一台被命名为"武汉牌"的汽车也是由国营武汉消防机器厂制造的，车型编号 CB-22，1964 年开始生产，是一款轻型消防车，全名为"武汉牌 CB-22 型轻便消防车"。此时，这家工厂已经更名为国营武汉消防器材厂。

武汉牌 CB-22 型轻便消防车

这款车主要被用于中小城镇、工矿企业或者人民公社，是非常基础的灭火装备。由于需求有限，其产量并不高，不被大家熟知。

最先被大家熟知的武汉牌汽车是由武汉汽车制造厂生产的武汉牌 WH130 型载重汽车。武汉汽车制造厂的前身是长江汽车修配厂，几经更名才最终被确定为武汉汽车制造厂。

1962 年，长江汽车修配厂（早期由武汉市交通局负责，后隶属于武汉市机电局）迁至汉口古田四路，1965 年 5 月更名为武汉汽车修造总厂。正是这一年，中共中央中南局决定在武汉汽车修造总厂试制 2.5 吨载货汽车，仿制对象是南汽的跃进牌 NJ150。年底，武汉汽车修造总厂试制出了 10 辆武汉牌 WH130 的样车。按照规划，武汉汽车修造总厂年产能应该在改造完成之后达到 200 辆。

1966 年，武汉市汽车工业公司成立，工厂更名为中南汽车制造厂。此后，工厂受到"文革"影响，生产一度停滞，自然无法达到生产目标。

1968 年，工厂又更名为武汉汽车制造厂，这之后才逐步实现规模生产。1971 年，武汉汽车制造厂的年产量达到 2017 辆，1974 年扩大产能之后，于第二年实现年产 4211 辆。这也是为什么在现如今还能看到的武汉牌 WH130 的车头上只能看到"武汉汽车制造厂"的标记，因为多数汽车都是在 1968 年以后生产下线的。

武汉牌 WH130 的车头

关于生产武汉牌汽车的这两家工厂，有一段十分有趣的故事。两家工厂也算是有缘分，不光产品牌名一样，最终还被重组整合成了一家公司。1982 年，武汉市汽车工业公司按照专业化协作的原则，将武汉汽车制造厂和武汉长江汽车改制总厂合并重组为武汉轻型汽车制造总厂。武汉长江汽车改制总厂就是国营武汉消防器材厂经过多次更名发展而来。

1970 年底，国营武汉消防器材厂迁到汉口古田五路 17 号，更名为武汉长江汽车制造厂。国营武汉消防器材厂此时的主要汽车产品，除了消防车之外，还有一款轻型越野车——WH210。这款车的生产和天津牌 TJ210C 的机缘相似,资料都是现成的,仿照 BJ210 生产即可。WH210 的投产时间也基本和 TJ210C 是同步的。更名之后,武汉长江汽车制造厂的第一个重要成果,就是在当年试制出了 WH211。WH210 和 WH211 都没有使用"武汉牌"的牌名,而是"扬子江牌"。1976 年,武汉长江汽车制造厂在 WH211 型的基础上,开发出了 WH213 型客货两用车。

武汉牌 WH213

　　从 1979 年开始,湖北汽车行业先于其他行业进入调整改革开放阶段。以此为契机,按照产品专业化的原则,武汉长江汽车制造厂于 1980 年更名为武汉长江汽车改制总厂,下辖 10 个专业化工厂。

　　1981 年,武汉长江汽车改制总厂淘汰 WH211,开始批量生产 WH213 型轻型汽车。WH213 型延续使用了"武汉牌"的牌名,并且在车头使用了专属 Logo。

武汉牌汽车的 Logo

　　殊途同归,两个"武汉牌"在 1982 年一并归于武汉轻型汽车制造总厂。

　　1994 年 5 月 25 日,武汉轻型汽车制造总厂改组为东风武汉轻型汽车公司,武汉牌汽车也在东风中逐渐淡去了身影。

红岩牌汽车

诞生时间：1966 年 6 月 15 日

　　"红岩"原本是地名。大家最为熟知的是重庆的红岩村，该村所处位置的地质成分主要是侏罗纪红色页岩，因此被生动地称为"红岩"。红岩村被称为"中国共产党在国统区的指挥中心"，因为在抗日战争、解放战争时期，这里是中共中央南方局和八路军办事处的主要驻地。

　　"红岩"也是一本小说的名字。小说《红岩》的两位作者罗广斌、杨益言都是重庆中美合作所集中营里的幸存者，而《红岩》里的江姐、许云峰、小萝卜头以及很多其他的同志就没那么幸运了。《红岩》是由中国青年出版社 1961 年 12 月正式出版的，在当时受到了青少年读者的热烈欢迎，在社会上形成了"红岩"热。小说很快被改编成小人书、书签、电影、豫剧等其他类型的文化产品，风靡全国。

中国青年出版社出版的《红岩》

红岩牌墨水

　　不管是否算巧合，在很长的一段时间里，"红岩"成了各类产品，特别是西南地区生产的产品的品牌名。比如，红岩牌香烟、红岩牌墨水、红岩牌缝纫机、红岩牌电视机……还有 1966 年 6 月 15 日诞生的红岩牌汽车。

红岩牌汽车的诞生地也在重庆,由当时的四川汽车制造厂生产。那个时候,重庆市还归四川省管辖。

20 世纪 60 年代初,伴随中苏关系恶化,中美局势紧张,国家领导人意识到国家安全环境并不乐观。1964 年 8 月初,东京湾事件(也叫北部湾事件)爆发,美军开始轰炸越南北部。美国在如此临近中国的地方采取军事行动,中国必须有所准备。"三线建设"由此拉开帷幕,红岩牌汽车便是"三线建设"的重要产物之一。

"三线"是指当时经济相对发达且处于国防前线的沿边沿海地区向内地收缩划分的三道线。一线地区指位于沿边沿海的前线地区;二线地区指一线地区与京广铁路之间的安徽、江西及河北、河南、湖北、湖南四省的东半部;三线地区指长城以南、广东韶关以北、京广铁路以西、甘肃乌鞘岭以东的广大地区,主要包括四川(含重庆)、贵州、云南、陕西、甘肃、宁夏、青海等省区以及山西、河北、河南、湖南、湖北、广西、广东等省区的部分地区,其中西南的川、贵、云和西北的陕、甘、宁、青俗称"大三线",一、二线地区的腹地俗称"小三线"。

"三线建设"是我国在中西部地区进行的一场以战备为指导思想的大规模基本设施建设。当时,我国的军工产业普遍分布于东三省及东部沿海地区,如果越南的战火烧到中国,我国的军工产业极有可能在第一时间被敌军摧毁。三线建设原则就是:一、新工厂建设必须避开东部沿海等发达地区,建立在内地三线;二、厂房要分散、靠山、隐蔽,以避免遭到敌袭。这直接影响了四川汽车制造厂的建设以及二汽的选址建设。

建设四川汽车制造厂的主要契机是战备。当时的客观情况是,我国急缺重型汽车。根据当时在长春汽车工厂设计处工作的陈祖涛回忆,当时我国只有济南生产的黄河牌,载重 8 吨,但越野能力只有 3 吨,满足不了军队拖带大型装备的需要,因此,5 吨以上的越野车和载重车急缺。

1964 年 10 月,国务院决定将停建的宜宾高压电器厂改建为宜宾重型汽车制造厂,计划年产规模 1050 辆,其中 8 吨越野汽车 400 辆,12 吨自卸车 400 辆,50 吨牵引车 200 辆,25 吨自卸车 50 辆。

不过,在宜宾建厂不符合"三线建设"的原则,一机部要求宜宾厂搬迁,并于 1965 年 4 月 26 日下达了国务院关于厂址的决定,限期 3 个月内搬迁完毕。

　　选址工作的负责人是一机部汽车局副局长胡亮和陈祖涛，地址换了一次又一次。根据陈祖涛介绍，厂址中间换了三次，领导始终不满意。最终，地址定在了重庆大足县邮亭铺双路公社龙星大队彭家院子一带，一机部于1965年9月做了正式批准。

　　而在此之前，宜宾汽车厂已经陆续开始搬迁，机器、设备和物资都已经被搬到了新址附近，并且于1965年8月宜宾汽车厂正式更名为四川汽车制造厂。

　　1965年10月1日，四川汽车制造厂正式破土动工，我国第一个重型军用越野汽车基地正式奠基。陈祖涛介绍说，四川汽车制造厂有5个分厂，大足双路的新建厂是总装厂，发动机厂、配件厂和油泵油嘴厂设在重庆，齿轮放到綦江齿轮厂，形成一个大三角布局，既相对独立，又相互依存。总装厂全名为重庆重型汽车制造厂，又叫红岩汽车厂，目前四川汽车制造厂得以延续下来的主体就是重庆重型汽车制造厂。

　　1966年3月11日，四川汽车制造厂举行了工程开工典礼，整个工程采取"边建设，边生产"的方式。其实到1967年3月，四川厂的土建工程才基本完成，设备安装和调试才基本就绪，工厂这才算是具备了试生产的条件。但为了抢时间，工厂建设期间，四川厂就已经开始试制样车了。

　　这次试制原型车选择了法国的贝利埃GBU 15（Berliet GBU 15）。

贝利埃 GBU 15（Berliet GBU 15）

　　1964年1月27日，中法两国政府宣布建立大使级外交关系。同年8月，一机部就拿出了"引进法国贝利埃GBU15、GLM、T25、TCO等四个车型技术的意见"。四川汽车制造厂当时的生产计划就是根据这四个车型匹配制订的，也就是说，四川厂在奠基之前就已经定好了具体的产品方向。

　　1965年6月3日，中法双方就引进技术达成一致后，签订了《中国汽车工业总公司和法国贝利埃汽车公司就四款贝利埃重型汽车技术专利转让合同》。根据这份合同，法国贝利埃汽车公司向中方转让 GBU15、GLM、T25、TCO 等四个基本车型和相配套的三种发动机的相关技术。合同金额为 850 万美元。

同时，由贝利埃汽车公司出面，帮助中方从西欧六国引进建设贝利埃汽车的生产线所需要的机床设备，此项合同包含付给法国佣金，合计 610 万美元。

四川汽车制造厂争分夺秒，在拿到技术资料之后就开始了试制工作。1966 年 6 月 15 日，总装厂的土木工程都还没有完工时，2 辆红岩牌 CQ260 就在綦江齿轮厂组装完成了。这就是红岩牌汽车的诞生时刻。到年底，四川厂一共组装了 35 辆红岩牌 CQ260，其中大部分都交给部队试用了。

红岩牌 CQ260

红岩牌 CQ260 是 8 吨级重型越野汽车，搭载水冷柴油发动机，6×6 全轮驱动，驾驶室有两排，可乘坐四人，侧面有三个车窗。

之后，四川汽车制造厂的建设受到了"文革"的影响。直到 1968 年，四川汽车制造厂才正式建成投产。"文革"期间，四川汽车制造厂的产量很低，1970 年到 1975 年，六年时间里只生产了 375 台，和最初的计划规模相差甚远。一直到"文革"结束之后，红岩牌汽车的生产才步入正轨。

红岩牌汽车中，真正成规模生产的是 CQ260 的改进版车型 CQ261。红岩牌

CQ261 的性能要比同时代的军用卡车好，在各大部队里，承担了主要的弹药运输和火炮牵引任务。

经过多年的发展，红岩牌汽车依然活跃在运输的路途中。现如今红岩牌又叫"上汽红岩"，归属于上汽依维柯红岩商用车有限公司，依然是我国重要的重型汽车品牌。

上汽红岩的 Logo（图片源自上汽红岩官网）

辽宁"牌"汽车

诞生时间:1970 年

　　辽宁沈阳绝不算是中国最有名的汽车生产基地,规模、名气都远不如长春、上海、武汉。不过,沈阳是中国汽车制造起步最早、历史最悠久的城市——民生牌汽车就是诞生在沈阳。目前,国内史学研究已经基本认定民生牌 75 型汽车就是中国试制成功的第一辆汽车,沈阳在中国汽车发展史上的重要地位也就毋庸置疑。

　　沈阳的汽车工业虽然开始得早,但也只是"早"而已。由于日军占领了工厂,沈阳的汽车工业戛然而止,中国的汽车工业也被扼杀在了摇篮之中,如昙花一现。新中国成立之后,沈阳的汽车工业在很长的一段时期内,都没有太大起色,重启之路道阻且长。

　　1958 年,"大跃进"浪潮吹遍全国,造车热也影响了沈阳。沈阳市政府当年投入了 180 万元,在东陵区方南路 6 号建立了沈阳汽车制造厂。当时的沈阳市第一机械工业局确定,1958 年 10 月 1 日为沈阳汽车制造厂的建厂日期。沈汽的建立也预示着沈阳汽车工业的重启。

　　一年之后,沈阳汽车制造厂试制出了一款巨龙牌 2.5 吨载货汽车,其原型是苏联嘎斯 51 型。

　　"大跃进"时期试制出的绝大多数汽车最终都没有实现批量生产,究其原因,还在于没有技术,都是土办法,要应用到机械化集成度如此高的汽车上,几乎不可能。正是看到了这一点,才有了不少土办法和洋技术相结合的尝试。在《我的汽车生涯》中,陈祖涛的回忆中就提到了这样的尝试:"像苏联建设一汽那样搞,我们搞不了,我们只能按照我们自己的实力,搞一些土洋结合的小企业群,上级也要求我们用土办法生产汽车,这就是所谓的'土、洋、群'。"沈阳汽车制造厂就是"土、洋、群"的产物,这个试点也是时任长春汽车工厂设计处处长兼总工程师的陈祖涛选择的。巨龙牌汽车的原型之所以是嘎斯 51 型，与陈祖涛曾经在苏联留过学不无关系。

巨龙牌载货汽车

巨龙牌汽车一直生产到了 1970 年，累计产量达 8555 辆。虽然产量在当时还算不错，但巨龙牌汽车的质量问题一直困扰着沈阳汽车制造厂，巨龙牌汽车出厂之后不久就被调侃为"卧龙"牌汽车。

在试制出巨龙牌汽车之后，沈汽又做了很多其他尝试，特别是军用车辆。其中，1964 年 7 月 28 日研发出的特种保温车，成为我国第一颗原子弹爆炸指定用车，沈汽也因此受到一机部和国防科工委的表扬。其他的产品基本都没有太大起色，产量不高，名气也不大。

"三五"期间，辽宁再度出现了试制汽车的热潮。辽宁从 1969 年下半年开始，一直到 1975 年，先后试制出了辽宁一号到辽宁五号。辽宁二号试制成功之后就成为沈汽的代表产品。

"辽宁"并没有直接以汽车牌名出现，但这样的命名方式和国外汽车厂早期制造原型车时的命名方式极为相似，所以为方便表述，笔者在此将"辽宁"视作牌名。为了与其他牌名区分开来，所以选用"辽宁'牌'汽车"这一表述方式。

实际上，辽宁二号起初是由沈阳汽车齿轮厂按照跃进牌汽车的图纸试制出来的，之后就交给了沈汽。沈汽依照巨龙牌汽车的技术参数对应调整了设计，于 1970 年 2 月试制出了沈汽产的辽宁二号。1971 年，辽宁二号汽车投入小批量生产，当年产量是 700 辆，1973 年生产了 1300 辆。截至 1974 年，沈汽累计生产了 4157 辆辽宁二号。

辽宁一号到五号，包含了中型、轻型、重型汽车和轻型越野车。辽宁"牌"汽车成为"三线"时期，辽宁汽车工业在各细分领域最具代表的系列产品。辽宁一号是载货汽车，也被称为"辽老大"，由辽宁省凌源新生联合企业公司制造（现辽宁航天凌河汽车有限公司）；辽宁四号是轻型越野车，由沈阳轿车制造厂制造。

20 世纪 80 年代的沈阳轿车制造厂

20 世纪 70 年代，老百姓给辽宁产汽车编了一句顺口溜：辽老大，跑不远儿；辽老二，拉不点儿；辽老三，没出世儿；辽老四，不大点儿。简单的几句绕口令充满了调侃，也暴露出沈阳当时的汽车制造能力存在短板。事实也的确如此，而且持续时间相当长。沈阳的汽车生产批量小、质量差，尤其是质量问题，十分严重。

在 1978 年全国第一个质量月中，当时的国务院副总理余秋里严厉地批评了沈阳汽车质量低劣的问题。1980 年的春天，时任沈阳市农机汽车工业局副局长赵希友同志参加全国计划会议，希望国家计划委员会把沈阳生产的汽车列入国家计划，哪怕是下达一台汽车生产计划也好，使沈阳成为全国汽车大家庭中的一员。但是，国家计委不予批准，没有一点商量的余地。不仅如此，他们还认为，由于质量存在严重问题，沈阳汽车要停产整顿，而不是安排生产。

1973 年，一机部派遣孟少农等 4 人组成的调查组去了沈阳汽车制造厂。经过调查，调查组认为辽宁二号已经落后，建议沈汽转产 BJ130 型 2 吨载货汽车。调查组的建议对沈阳汽车制造厂的产品路线影响巨大。1973 年 9 月，经辽宁省、一机部同意，沈阳市决定按年产 5000 辆规模生产 BJ130 型汽车。

BJ130 是北京第二汽车制造厂 1966 年 4 月 20 日试制成功的一款载货汽车，仿造的是日本丰田的 Dyna。BJ130 在民用卡车圈的名气非常响亮，是 20 世纪七八十年代最流行的载货汽车。

1966 款丰田 Dyna

1970 年至 1990 年间，BJ130 的总产量超过 50 万辆，被全国各地的汽车厂复制仿造。邢台汽车制造厂的 XT133、镇江汽车制造厂的 ZJ130、福州汽车制造厂的 FZ130，还有长城汽车早期的 CC130，等等，都是仿制或者改造的 BJ130。当然，其中也包含沈汽制造的 SY132。

BJ130

1974 年 3 月，沈汽就依照 BJ130 的图纸改造出了 3 辆样车，定名 SY132。沈阳汽车制造厂也由此成为一机部指定的全国轻型载货汽车定点生产厂之一。

伴随着 SY132 的量产，辽宁二号也停产了。辽宁"牌"汽车的命运大抵和辽宁二号一样，很快就被更加先进的产品替代，逐渐被掩埋于历史的尘埃里。

延安牌汽车

诞生时间:1974 年 12 月 27 日

"三线建设"是中国特有的历史学词语,我们现在已经可以在很多资料上看到这个名词了,它在 20 世纪 70 年代还算是一个保密名词。1964—1980 年的 16 年中,我国投入了 2052.68 亿元用于三线地区的基本建设,约占全国总投入的四成。根据记载,有 400 万工人、干部、知识分子、解放军官兵和上千万的民工来到三线地区支援建设。

如今的很多影视作品的拍摄背景都是"三线建设",比如《青红》《山楂树之恋》和《二十四城记》。老百姓曾经都很熟悉的长虹电视机和风帆蓄电池,就是三线建设的产物。还有很多我们现在十分熟悉的大中企业、工厂、机构也是三线建设的成果,比如攀枝花钢铁集团、酒泉卫星发射中心、西昌卫星城、葛洲坝水电站,等等。在汽车工业领域,生产红岩牌的四川汽车制造厂,生产东风牌的第二汽车制造厂,生产延安牌的陕西汽车制造厂,等等,也都是三线建设的直接产物。

三线建设的实质是大规模的基础建设,但核心是战备,所以这一时期的汽车制造规划也以军用运输车辆为主,其中尤以重型车为主。

随着部队装备的逐步升级,炮的质量越来越大,比如常见的 122、152 型大炮,质量都在 5.7~6.5 吨左右,对炮体牵引车的要求非常高,炮体牵引车当时主要还是依靠进口。随着国际形势的恶化,自主成规模生产重型汽车已经迫在眉睫。

三线建设开始时,北京的新都暖气机械厂(后更名为新都汽车配件厂,简称"新都厂",隶属于公安部),一直在试制重型车。新都厂始建于 1950 年,从 1956 年开始,根据捷克斯洛伐克提供的部分技术资料,仿制太脱拉 T111(Tatra T111)重卡。到 1964 年时,虽还没有试制出整车,但已经颇有成果。1964 年,国家计划委员会和国家经济委员会决定把新都厂迁到西北地区,专门生产重型越野车。

太脱拉 T111（Tatra T111，1942—1943）

1965 年，当时的中国汽车工业公司和国家三线建设委员会派人到陕西进行了踏勘、选址，初步选定在宝鸡一带。同年 12 月，新都厂仿照太脱拉拼装出了两辆重型汽车，命名为 XD250。

1966 年 2 月，国家计委下发了《关于新都汽车配件厂迁建西北地区的通知》，决定把新都厂迁往陕西，建设 5 吨越野车生产基地。1967 年，一机部成立了陕西汽车制造厂筹备组，筹备工作正式启动。

不过，新都厂后来并没有迁到陕西成为陕西汽车制造厂，这和新都厂自身的属性有一定关系。新都厂是隶属于公安部的劳改厂，有人提出这样的工厂不适合做军品生产。一机部于 1968 年 2 月决定新都厂不内迁，此前规划的基建投资、技术材料和生产设备移交给陕西汽车制造厂筹备组。

此后，新都厂自然另谋发展。XD250 在 1967 年 5 月就通过了一机部的鉴定，正式投入了批量生产。新都厂逐步发展成河北长征汽车制造厂。

1968 年 6 月 15 日，一机部汽车局下发《关于陕西汽车厂包建筹建单位的通知》，通知明确了陕西汽车制造厂老厂"包建"新厂的方案。北京汽车制造厂包建陕西汽车制造厂主生产线，也是主要包建单位；北京汽车齿轮厂包建陕西汽车齿轮厂；杭州汽车发动机厂和南京汽车厂发动机分厂包建陕西汽车制造厂发动机厂；由北汽、南汽、济汽、杭发、长春汽车研究所和国防科工委 12 院的工程技术人员组成联合设计组，负责车型的设计开发工作。

此后，筹备组又组织复查小组实地勘测了原选厂址，发现原来选的地方地域狭小、水源不足，不宜按原方案建厂。最终重新选中了岐山县渭河南岸的麦李西沟，距离宝鸡 50 公里,离西安 150 公里。

　　时任陕汽厂筹备组副组长的吴智平在一篇文章中谈到了当时的选址情况,文章说:"当我们把选址结果上报陕西省时,省上不同意,说是在麦李西沟里面已建有地方军工厂,不适合建设小三线。我说你们不给,我们就去甘肃搞,后来他们同意了,但有个条件,就是要修建蔡家坡渭河大桥,通往蔡家坡火车站,我们当即拍了板。当时陕汽和陕齿(今天的法士特集团)都在争麦李西沟,官司一直打到了一机部军管会,最后军管会同意陕汽在麦李西沟建厂才算平息。"

　　1968 年 10 月,一机部批准了陕西汽车厂的初步设计方案,建厂工作正式开始。具体的动工时间是第二年的 9 月,整个建设过程耗费了近九年时间。期间也是因为受到"文化大革命"的影响,整个建设周期特别长。1978 年 3 月 14 日,一机部正式批准陕西汽车制造厂验收投产。

　　陕西汽车制造厂的建设过程中,产品的试制工作也在同步进行。1968 年 6 月,北汽和国防科工委 12 院派人到部队专门针对进口重型越野车做了调研,掌握了部队对重型越野车的具体需求。调研小组考察了苏联的乌拉尔 375,法国的 GBC8MT、小戴高乐、撒维母和捷克的太脱拉等车型,设计小组再结合国内的技术水平和工艺水平,确定了整车的设计方案。

乌拉尔 375(URAL-375)

　　新车型的发动机选用杭州汽车发动机厂的 6130 柴油发动机,由南汽发动机厂的技术人员配合进行越野车发动机改进和试制;北京汽车齿轮厂负责配套的 SJ80T

变速箱和分动器的开发；传动轴和万向节选用了济南汽车制造厂生产的黄河牌，气液压双片离合也是由济汽的技术人员在黄河250的基础上开发出来的；而驱动桥由原新都厂的技术人员和长春汽车研究所负责开发。新车型结合部队的需求，还专门设计了中央充气装置和自锁式差速器。新车型算是博采众长，整车设计注入了很大比重的自主研发成分。

　　1968年12月30日，第一辆样车SX250重型越野车试制成功。部队用苏联乌拉尔375、法国GBC8MT和SX250做了对比测试，暴露出了很多问题。测试结果表明，SX250的主要性能可以满足部队需求，但"高大笨重、车辆加速性差、发动机燃烧性能不佳冒黑烟"等缺陷十分明显，必须加以改进。此后又进行了第二轮、第三轮试制，先后又暴露出许多其他问题。直到1973年12月，第四轮样车试制成功，经过试验之后终于达到了设计要求。1974年12月27日，车辆定型委员会正式批准新车定型，并正式命名为"延安250型"。这就算是正式有了延安牌汽车，延安牌SX250成为陕西汽车制造厂的主打产品。这款车已经停产多年，但仍然可以在很多矿坑、林区见到。

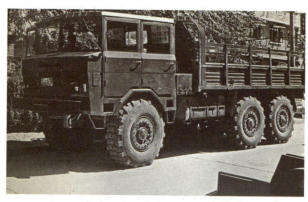

延安牌SX250

　　经过多年发展，陕西汽车制造厂已经发展成为现在的陕西汽车控股集团有限公司，现有员工2.8万人，资产总额590亿元，位居中国500强第276位。已经做大做强的陕汽，却一度遗憾地失去了"延安牌"。1983年8月1日，我国开始施行《中华人民共和国商标法》。陕汽当时忽略了对商标的保护，导致"延安牌"被一家小型的汽车改装厂优先注册了，陕汽努力了很长时间，最终也只能选择放弃"延安牌"，将主打品牌换成了"陕汽"，车标也换成了带有陕汽拼音首字母缩写"SQ"的圆形符号。新车标从 1996 年 3 月 1 日启用，一直沿用至今。

陕汽重卡现在的 Logo

如今，"延安牌"的商标使用权属于陕西汽车集团延安专用车有限公司，这是陕西汽车集团有限责任公司和延安市国有资产监督管理委员会于 2008 年 9 月 8 日共同出资组建的国有企业，算是陕汽集团的一家子公司。按这个从属关系来看，"延安牌"又重新归陕汽所有了。只不过时过境迁，要再把"延安牌"的符号挂在陕汽主打产品的车头上，已不是一件容易的事了。

东风牌汽车

诞生时间：1975 年 11 月

"东风汽车来之不易，二汽来之不易。"这兴许是对东风汽车起源故事最直白准确的注释。历史对第二汽车制造厂的诞生有最生动的总结——"三上二下"。从"一五"到"大跃进"，再到"三线建设"，第二汽车制造厂始终是国家关注的建设项目，三次启动，两次夭折，历经 16 年尝试和探索，才终于破土动工。

为了和一汽的东风牌小轿车进行区分，本文对二汽的东风牌汽车的表述都直接使用"东风汽车"，这和现在的品牌表述也是统一的。

1952 年底，第一汽车制造厂还尚未动工，毛主席就发出了"要建设第二汽车厂"的指示。次年 1 月 8 日，一机部汽车局就上报了《第二汽车厂建设说明》，二汽的第一次筹建工作正式启动。同年 8 月左右，第二汽车制造厂筹备处在武汉成立，中央的意思是由湖北包建二汽，时任湖北省委书记刘西尧被调去当筹备处主任。可见，国家当时对二汽的建设规划并不是说说而已，重视程度可见一斑。根据记载，武汉的横店、关山、青山和水果湖都是备选地址，最终选择了东湖和沙湖之间，离青山不远的一块地方。那时二汽的规划产能是 2.5 吨载货汽车 6 万辆、军用车 4 万辆，此后扩大规模后还可生产轿车 2 万~4 万辆。这个计划规模比一汽还要大。当一切都在紧锣密鼓推进的时候，一位苏联的援建专家提出，在武汉集中新建的工厂太多，一旦发生战争，一颗炸弹就会造成巨大损失。中央对这一意见是认同的，并且高度重视。此时二汽的建设计划虽然还没有下马，但已然出现了重要的转折点。根据国家建委和一机部的指示，筹备处于 1955 年 4 月把选址重心调整到四川成都，9 月 7 日确定为成都东郊的牛市口。在新址上的建设工作很快便有序开展起来。

1956 年左右，全国各省都在提建设"工业省"，国家资源有限，中央便提出了"反冒进"。二汽的第一次建设就在"反冒进"中被迫中止。1956 年下半年就传出二汽要下马的消息,次年 3 月 27 日,一机部汽车局正式宣布了这一消息。

1958 年,入朝志愿军要回国,在讨论一个师的安排问题时,毛主席提出把他们调到江南建设第二汽车厂。副总理李富春建议说,长江流域就湖南没有大工厂,二汽就建在湖南吧。就这样,二汽的建设问题第二次被提了出来。这一次的筹备工作主要由一汽领衔,负责人是一汽的党委副书记方劼。1959 年 9 月,一汽提出二汽的建设规模是年产 7.9 万辆 5 吨载货汽车。

筹备工作一直开展到 1960 年,由于当时我国正处于"三年困难时期",二汽的建设再一次夭折。根据原二汽厂长黄正夏的口述,"国家的经济和社会发展环境已经没有能力来建设这样一个汽车厂"。

"三线建设"是二汽建设第三次启动的重要契机。1964 年,毛主席在提到三线建设的意见时就再次提到建设第二汽车制造厂。1965 年 7 月 16 日,一机部正式向党中央报送了《关于中型载重汽车生产基地——第二汽车厂的建设方案》。同年 12 月 21 日,二汽筹备组再次成立。这一次启动的建设项目就是后来的第二汽车制造厂。项目进展并不顺利,从报送计划到投产,一共花费了近 10 年时间。

由于三线建设的要求,二汽的选址由湖南再次迁到湖北,由湖北负责落实。在 1969 年正式大规模建设之前,选址的问题一直没有得到妥善解决。起初的选址工作主要是围绕四川、湖南展开,后来又包含了贵州的贵阳、遵义等地。经过考察,最终把范围缩小到湖北的西北山区。1966 年 1 月,选址小组向一机部提交的地址是十堰,当时十堰还只是一个只有近百户居民的小镇。部分领导在考察完之后提出了反对意见,认为选址小组没有领会"三线建设"的精神,要求选址要再深入大山。选址小组再次考察之后还是决定按原方案上报,并且得到了一机部和湖北省委的同意。

从 1966 年 11 月开始,二汽的建设项目就零星开始动工了,最先开始的是设备修造厂。1967 年 4 月 1 日,二汽还在十堰炉子沟举行了开工典礼。

不过,二汽的建设并没有就此顺风顺水,甚至连选址的问题都没有完全解决。1967 年和 1968 年,二汽的厂址问题反复被争论。有人提出厂址应该向东搬到襄阳(现襄阳市襄州区)或者谷城,类似的争议反复不断,二汽的建设动不动就被迫停工,进展十分缓慢。一直到 1968 年 11 月 19 日,周恩来批示"二汽就在湖北郧县十堰地区建设",二汽的厂址才算完全确定下来。

二汽建设者们在进行厂址踏勘（十堰市档案馆馆藏图片）

二汽建设者们在进行厂区规划（十堰市档案馆馆藏图片）

　　1969年9月，二汽终于开始大规模动工建设，这一年也被二汽官方认定为正式的开端之年。

　　早在1966年，二汽的建设规划就已基本确定，主要采用"包建"。根据《中国汽车工业史（1901—1990）》的记载，1966年12月，一机部和汽车局向有关企业下达了包建二汽的任务：一汽包建发动机厂、车桥厂、底盘零件厂、车身厂、车架厂、车轮厂等11个专业厂和热处理、电镀两个系统；上海、武汉、南京等地的部分工厂分别包建部分工厂；二汽自建6个技术后方厂和1个木材加工厂。二汽应该算是调动全国力量包建出来的工厂。

1969年，来自全国30多家工厂、设计院和建筑单位的建设者以及竹山、竹溪、随县、大悟、枣阳、汉川、汉阳等县的2.5万多民工，汇集在十堰周围数十公里的工地上，轰轰烈烈地拉开了建设第二汽车制造厂的序幕。

"文化大革命"的影响延缓了二汽的建设进展，20多亿的建设资金压缩到9个多亿。这直接导致大量的工程建设不合格，需要返工，耽误了建设进程，期间赶制出来的产品也存在很多问题，根本无法投入使用。当时还存在着诸多问题，严重影响了二汽的建设。

二汽工人人工制作汽车零部件（十堰市档案馆馆藏图片）

二汽的产品生产基本和工厂建设是同步的，基本保持"边建设，边设计，边投产"。二汽的建设本来就是为了解决战备的需求问题，所以产品以载货汽车和越野汽车为主的基调早就定下来了。1965年3月，基本确定二汽的产品以从美国进口的万国、道奇两种载货汽车为样车进行研制。到1967年，二汽先后试制成功了2吨军用越野车20Y和3.5吨民用载货汽车。1968年，20Y的样车被送到部队试用。结合反馈意见，二汽决定将20Y升级为25Y，载重能力由2吨提高到2.5吨，平头改成了长头，多处细节也做了升级。民用载货汽车也由3.5吨升级到5吨，主要设计和总成都做了大改。"升级"兴许不贴切，"换代"更准确。

二汽工人在芦席棚内制造汽车（十堰市档案馆馆藏图片）

　　鉴于当时二汽还未成形，换代工作由一汽接手。1969年4月，3辆25Y的样车在一汽试制成功，次年2月改进定型。至于5吨载货汽车的开发，一汽直接将自主研发的成果CA140嫁接过来，经过改进之后，成为二汽的EQ140。1969年9月22日，3辆EQ140的样车也试制成功。

EQ140

　　产品已经定型，工厂却无法批量生产。1970年的国庆节，二汽还是靠手工拼凑出的21辆汽车参加武汉的国庆游行。而且，因为担心车辆在游行过程中出问题，主席台的后面藏着几十名工人,手持工具,随时准备冲出去修理车辆。

直到 1975 年 6 月 16 日,第二汽车制造厂终于具备了批量生产 2.5 吨越野车的能力,投产车型 EQ240。EQ240 和 25Y 在参数和性能上基本没有区别,只在外形和细节上有些许区别。7 月 1 日,二汽召开了"庆祝两吨半越野车生产能力建成投产大会",宣布二汽正式建成投产。

EQ240

经国务院批准,1975 年 11 月,第二汽车制造厂将其生产的汽车品牌正式命名为"东风牌",东风牌汽车也由此驶向大江南北。

第三篇　1979—2009

金杯汽车

诞生时间：1981 年 12 月

新中国成立之后，沈阳的汽车制造业始终不见起色，但也始终没有停止过自主发展的脚步。1973 年，沈阳汽车制造厂的辽宁二号被叫停，开始生产 SY132，本质上沈汽已经变成了国家计划中的代工厂。这种状况一直持续到了改革开放以后。

在 1980 年的全国计划会议上，时任沈阳市农机汽车工业局副局长的赵希友主动申请道："给沈阳汽车列上国家计划吧，哪管一台也行。"国家计委明确地拒绝了，这让赵希友心有不甘。

赵希友

与此同时，改革开放让赵希友更多地接触到了世界汽车工业的现状，认识到了沈阳汽车工业和国际上差距之大。当时沈汽还在制造一些十多年前设计出来的产品，顶多就是细节上做一些改变。当他在考察时看到那些发达国家汽车企业的产品时，感觉就跟看走马灯一样，五花八门，变幻莫测。而且，它们都有成熟的设计和生产流程，产品的更新换代都早有计划。赵希友能够明显感受到，这些国际大牌汽车企业还在大步向前发展，设计、工艺、技术将会越来越先进。见识越多，赵希友的心情就越沉重。

回国之后，赵希友向领导提出了要改革的想法。他建议把沈阳所有分散的汽车厂家都组织起来，试办汽车托拉斯企业，同时把专业化比较强的总成厂和零部件厂也按专业组织起来。很快，领导接受了这一建议。

1983 年，沈阳市农机汽车工业局由行政单位被改造成企业。当时，这家公司下属有 96 家跟汽车相关的工厂，都是没钱没技术的街边小厂，固定资产和流动资金加起来一共才 1.9 亿元，平均一家工厂的资产不足 200 万。1984 年，沈阳在整合这些工厂之后成立了沈阳汽车工业公司，赵希友任董事长兼总经理。

赵希友从公务员变身成为企业家，有人指控他"争名夺利"。他回答说："我弃官当企业家，就是要争名夺利，争名夺利应当成为中国企业家的第一品格。名就是产品的名誉，利就是经济效益。"

改革是有成效的，20 个月之后，汽车产量增长了 140%，固定资产提高了 38%，实现利税 2.6 亿元。这相当于一年就收回了投资成本。

不过，紧接着新问题又来了。员工的积极性不高，"绝大多数人没有把国家、集体的企业当成自己办的"。为此，赵希友推出了"租赁经营"。1984 年 6 月，他选择了公司所属的两个规模较小的工厂做试点，分别是国营企业沈阳市汽车汽油泵厂和集体所有制企业沈阳市汽车轴销厂。试点成功之后，公司下属的 50 家企业都实行了集体或个人租赁经营，产值、利润、人均收入都明显增长。

沈阳汽车"租赁经营"模式签约情景

1984 年 6 月 21 日，沈阳汽车工业公司发布《租赁企业招标布告》。其中写明了租赁条件和要求。租赁条件：凡本公司内职工均可投标，通过竞争，谁投标的经济指标先进、措施可行,谁中标。租赁要求:租赁期 3 年,从租赁之日起,租赁者停发工资和奖金,以年计算,按完成合同规定利润指标的好坏决定承租者的报酬。如完不成指标,欠缺部分由承租者个人补偿。

"租赁经营"改革取得成功,并且被大面积推广。到 1987 年,沈阳市有 700 多家企业都实行租赁经营。赵希友还被请到国务院发展战略研究中心介绍企业租赁经营的经验,这一模式也逐步被推广到全国。

租赁经营的成功也带来了新的问题,就是企业的所有权和经营权分离,企业的财产所有权关系不清晰。而且沈阳汽车工业公司是国有企业,国家、企业和个人的关系相对独立了,无法统一就无法形成共同承担经济风险的内在动力。

此时,赵希友决定仿照国外许多大规模的汽车企业实行股份制。当时,国内没有针对企业股份制的相关规定,没有明确的许可门槛,也没有明确的禁令。而且,像上海飞乐音响等企业都已经默不作声试行起来了。

赵希友给实行股份制找了两个理由:企业员工是企业的主人,但这只是政治意义上的主人,如果职工购买了金杯股票,他们从经济上也就变成了企业主人;同时,社会上买金杯股票的人,都是金杯的主人,这符合社会主义原则。

1988 年 3 月,沈阳市批准了赵希友创办股份制公司的申请。同年 5 月 3 日,金杯汽车股份有限公司成立,赵希友任董事长兼总经理。这一天被认定为金杯汽车的起点,"金杯"二字正式由产品品牌名变更为公司名。

商标"金杯牌"的正式注册时间是 1981 年 12 月,金杯牌汽车自那时起逐渐成为沈阳汽车的代表。沈阳汽车厂 1975 年就被定位为全国轻型载货汽车的四大生产厂之一,当时的产品是在 BJ130 的基础上套牌下来的 SY132。1980 年,沈汽试制了长轴版的 SY132A,第二年又研发了双排座的 SY132C 和 SY132D。此后,"金杯牌"就被广泛应用到沈阳产的汽车上,成为极具地域代表性的汽车品牌。

1988 年 7 月 11 日,金杯汽车股份有限公司开始了新中国历史上第一次面向全国的公开募股行动。同年 8 月 5 日,《人民日报》在头版以《金杯汽车股份有限公司首次公开发行金杯股票》为题,做了报道。

当时,金杯汽车发行了总价值 1 亿元的股票,每股 100 元。当时金杯汽车有 5 万名员工,如果每人只是购买 1 股,那就可以成交 500 万元。不过,职工的积极性并不高。金杯就号召公司下属的分公司的厂长、经理带头买。有些工厂还用奖励基金贴现鼓励职工购买，职工买可以 70 元一股，剩下部分工厂贴钱，有的工厂甚至每股贴 50 元。即便是这样，购买的人却远远低于预期。直到认购截止时间都过了，金杯还在到处推销股票。

金杯 SY132C

金杯汽车的股票（1988）

后来，金杯专门派人到北京去卖股票。当时，国家体改委一位领导热心地帮忙张罗，卖股票的地点就在体改委办公地 22 号院。这地方离中南海一墙之隔，引发了之后的乌龙事件。

1988 年 9 月 11 日，《人民日报》头版发布了一条题为《中南海里购股票》的消息。

当天上午李鹏总理就问身边工作人员："谁在中南海里卖股票了？"这则消息虽然不实，但影响颇大。如果真是在中南海卖股票，那就意味着国家领导人也参与了股份经济活动，股票就不用再待在灰色地带了，全国将因此出现多少股份制企业！

9月15日，《人民日报》就发了更正，称报道失实。赵希友也因此被叫到北京写了一周的检查。

这一报道还被很多外媒转载，不过多是转载第一则，之后的更正报道倒是没多少人关心。有意思的是，赵希友还因此登上了美国《时代》周刊封面。

虽然闹了乌龙，但金杯的知名度在全国甚至全球都大涨，金杯也由此步入了发展的正轨。赵希友带领金杯不断改革的6年时间里，一共生产了147946辆汽车，是此前沈阳汽车20年汽车产量总和的6倍。金杯牌SY132轻型载重汽车和SY622C旅行汽车也逐渐被行业认可，还被评为优质产品。

此后不久，金杯汽车就步入"仰融时代"，仰融靠着资本运作，又进一步带领金杯汽车步入了发展快车道。

五菱汽车

1977 年，全国有 1.5 亿人口的口粮不足。1978 年，全国的粮食总产量是 3 亿吨，1958 年时这一数据是 2 亿吨，年平均增长数量只有 500 万吨。1978 年，全国有 139 万个生产队年人均分配在 50 元以下，大约有 2 亿多农民的温饱问题没有解决。

基于此，党的十一届三中全会上提出了改革经济体制的任务，要求全党必须集中精力把农业尽快搞上去。于是，此后各地开始实行联产承包责任制，包产到组、包产到户。

在此之前，1979 年国家计划收购和调拨的消费品和农用生产资料达 65 种，采取统购统销。拖拉机作为重要的农业生产工具，就在国家统一规划的大盘子里。短期看，这对拖拉机生产厂来说并不是什么坏事儿，每年按计划完成生产就好，国家负责统一销售。这样当然是有负面影响的，比如产品更新慢，生产效率低，企业发展全看国家计划，没有自主发展的可能性。

改革开放以后，实行承包责任制，也取消了拖拉机包销，很多拖拉机厂都面临着库存积压的问题，能否生存下来成了这些工厂亟须面对的问题。柳州拖拉机厂就是其中之一，截至 1980 年，这家工厂已经积压了 1713 台拖拉机，全年亏损。

这家工厂的前身是"大跃进"时期广西壮族自治区为了加快机械工业的发展，单独规划的柳州动力机械厂。1958 年 10 月 28 日，工厂正式动工。这家工厂是从柳州机械厂分出来的，广西是希望以柳州机械厂为基础，打造出广西动力机械的主要生产基地。柳州机械厂生产军品，柳州动力机械厂就生产发动机供应给船舶制造厂。

不过，此后国家经历了经济困难时期，柳州动力机械厂的产品销路受限。同时，为了响应中央"1980 年全国实现农业机械化"的号召，工厂开始试制转产拖拉机。

1964 年 9 月，拖拉机试制成功，柳州产的丰收牌拖拉机正式诞生。第二年定型，并且开始量产。1966 年 1 月，柳州动力机械厂改名为柳州拖拉机厂。

柳州丰收牌拖拉机

　　20 世纪 70 年代中期，柳州拖拉机厂发展迅速，年产量每年增加 40%。柳州拖拉机厂也发展成全国的八大拖拉机厂之一。

　　就在这时，改革开放打乱了柳州拖拉机厂的发展步伐，产品滞销让工厂必须改革，必须转型。经过调研，工厂初步掌握了市场的一些基本情况。比如，当时轻工和民用商品卖得不错。再比如国内汽车市场缺少微型车。1980 年，柳州拖拉机厂决定一方面转产万家牌缝纫机和 1515 型自动换梭棉织机，另一方面试制微型车。

万家牌缝纫机

　　柳州拖拉机厂自行引进了一辆日本微型车，开始了自行研究和试制。当时，之所以要制造缝纫机和棉织机，主要是为了缓解经济压力，有钱才能活下去，才能研究汽车。按照工厂自己的总结，叫"以杂养专"，说明当时工厂的主要方向还是制造微型汽车。

1982 年 1 月，柳州拖拉机厂试制出了第一辆微型车 LZ110，虽然是靠着比较原始的方式敲打出来的，但总算实现了从无到有。同年 9 月 13 日，广西壮族自治区人民政府就发出了《关于柳拖柳机联合建设微型汽车的通知》（柳机指柳州机械厂），决定柳州拖拉机厂转产微型汽车，预计 1985 年形成年产 1 万辆的生产能力。

1983 年 4 月 1 日，国家计委、经委计机字〔1983〕425 号文《关于微型汽车搞好定点的通知》，柳州拖拉机厂被国家计委和机械工业部指定为中国四大微车定点生产厂家之一。

1984 年 2 月 15 日，工厂更名为柳州微型汽车厂。同年 10 月，LZ110 微型货车通过国家技术鉴定，当年就销售 2300 多辆，这时候的 LZ110 已经开始叫"五菱牌"。

此后，柳州微型汽车厂便进入发展的快车道，五菱微型车成为国内首屈一指的产品。即便到现在，五菱微型车也依然在细分市场占据绝对的市场优势。

1985 年 5 月 10 日，柳州微型汽车厂举行更换厂名仪式

五菱汽车的标志，起初是使用万家牌缝纫机的"W"，之后改为宝石形的车标，还曾经在工商局注册了一个呈扇形打开的五个菱形的商标。现在使用的商标是由现任广西汽车集团党委书记、董事长韦宏文设计的。

当时，柳州微型汽车厂刚刚挂牌不久，招收了一批来自全国各地的年轻大学生，韦宏文就是其中之一。当时企业奋发向上、自强不息的氛围感染着这些年轻的员工们，他们都积极发挥自己的才能，希望能为企业做贡献。20 多岁的韦宏文根据自己的了解，对在用的五菱商标图案进行了重新设计，新商标沿用至今。当时厂里领导班子十分重视，还召开会议反复讨论，最终一致同意使用这个创意。

五菱品牌 Logo

　　新设计的图案由五个菱形组成"W"状，与"五"的拼音字母吻合，图案整体简洁大方，给人以强烈的"起飞、奋飞"印象。

　　1987年，Z1100VH厢式车下线时，正式启用了这个新五菱商标，并且一直沿用至今。从这一年起，柳州微型汽车每次行检结果都达到一等品，1990年，产品还被列为"免检产品"。

　　1988年6月15日，柳州微型汽车厂同香港桂龙公司、信翔公司签订协议，成立中外合资五菱汽车有限公司。"五菱"正式从品牌名升级为公司名。

　　1989年12月11日，柳州五菱汽车企业集团公司成立。

　　1996年2月28日，五菱汽车企业集团公司兼并柳州机械厂，随即成立柳州五菱汽车有限责任公司。

　　1999年7月13日，柳州五菱汽车股份有限公司挂牌成立。

柳州五菱汽车企业集团公司成立大会

开启合资时代

　　1983 年 5 月 5 日，北京汽车制造厂和美国汽车公司（AMC）在人民大会堂签署了合资协议，中国的第一家合资汽车企业正式成立，第一个合资品牌"北京吉普"由此诞生。因此，1983 年被认为是中国汽车工业开启合资时代的第一年。

　　其实，企业合资的大门早已打开。1978 年 12 月，党的十一届三中全会明确提出大力发展中国对外经济关系，实行对外开放政策，要求"在自力更生的基础上积极发展同世界各国平等互利的经济合作，努力采用世界先进技术和先进设备"。

　　对汽车工业的发展而言，更加具有标志性的事件是 1979 年 7 月 1 日，第五届全国人民代表大会第二次会议通过了《中华人民共和国中外合资经营企业法》（简称《合资企业法》）。《合资企业法》于同年 7 月 8 日正式施行，正式打开了对外国汽车企业开放合资的大门。

　　《合资企业法》对中国经济发展的推动意义自然不仅限于汽车工业。拿到合资企业营业执照的第一家合资企业是一家食品公司——1980 年 5 月 1 日由中国国际航空公司（前身为中国民航北京管理局）和香港中国航空食品有限公司（后期改称为香港北京航空食品有限公司）合资经营的北京航空食品有限公司，合资期限为 8 年，注册资本 588 万元。

　　绝大多数外商当时对在中国投资都持消极态度，立法在彼时显得尤为重要，只有法律才能向国外传递出明确的信号，才能表明中国开放和发展的决心和能力。

　　改革开放以前，我国虽然已经有不少成规模的汽车生产基地，但产品严重"偏科"。自新中国成立到 20 世纪 80 年代初，中国造的汽车多数都属于生产工具。换言之，载重汽车多，乘用车少，轿车尤其少。

　　20 世纪 70 年代末，中国在产的轿车只有红旗和上海牌，伴随着红旗牌汽车 1984

年停产,国产的轿车就只剩下上海牌一个独苗了。再加上外汇吃紧,轿车进口一事也十分受限。所以,国家决定搞轿车生产,以产代进。

自己搞,还是引进技术搞? 这在当时基本没有太多争议。一些国际交流活动已经让我们意识到我国汽车工业的落后和弊端。只有走出去看看才知道差距究竟有多大! 1977 年,日本 11 家汽车公司组团访问了中国,参观了一汽、上海轿车。带头的是时任三菱汽车的社长久保富夫,此次访问全程都由中汽公司总经理李刚陪同。此后,在久保富夫等人的协助下,李刚又带队到日本的 11 个汽车工厂考察。每个工厂都待上一两个星期,半年下来,李刚一行终于看到了汽车工业的世界水平。

1978 年,国家决定在上海建一条轿车组装线。当时的上海市副市长陈锦华和一机部副部长饶斌打了报告给中央,想利用外资改造上海牌轿车。一机部向当时国际著名汽车企业基本都发了邀请,福特、通用、日产、丰田、雷诺、雪铁龙、奔驰、大众等,都在被邀请之列。

1978 年 10 月 21 日,通用董事长汤姆斯·墨菲带着访问团来到中国。通用方在和中方讨论重型卡车技术引进项目时,墨菲向我方提出了一个问题:“你们为什么只同我们谈技术引进,而不谈合资经营(Joint Venture)? ”他用到了“Joint Venture”,我方只知道这个词组代表了共担风险的意思,但并不明白它的确切含义。墨菲让手下的工作人员详细地介绍了“Joint Venture”,意思就是双方共同投资、合资经营企业。墨菲还补充道:“合资经营就是把我们的钱包放在一起,合资共同办个企业,要赚一起赚,要赔一起赔,是一种互利的合作方式。再说得通俗一点,合资经营就好比‘结婚’,建立一个共同的‘家庭’。”

我方代表一方面觉得这很新鲜,另一方面也觉得这明显不合适——共产主义和资本主义怎么能够“结婚”呢? 参与谈判的李岚清就回忆说:他说的有道理,但情感上接受不了。

代表团如实把这一情况写进了简报,并上报给了国务院引进办公室。分管对外经贸的副总理谷牧看到简报后,认为很重要,立即批请中央政治局和国务院领导传阅。邓小平阅后不但画了圈,还在简报中美国通用汽车公司建议搞合资经营的内容旁,写下了“合资经营可以办”的重要批示。正是这一批示,让“合资经营”得到认可,从业者的思想也终于得到“解放”。

1978 年 11 月 9 日,时任国家计委副主任顾明同志请示时任国家副主席邓小平,轿车项目是否能中外合资经营。邓小平说："可以，不但轿车可以，重型汽车也可以嘛。"这算是得到了"轿车合资"的具体指示和批准。

为了完成改造上海轿车厂的任务，第一机械工业部组团，副部长饶斌带队，几乎走遍了当时世界上的各大汽车公司。

1979年3月21日，由饶斌带队，第一机械工业部赴美与通用汽车公司进行合资经营谈判。通用结合考察意见认为，中国还不需要轿车，也没有生产条件，否定了合作建议。其他公司对中国市场的整体判定也都不好，合作很难达成。只有德国大众，愿意接过中国抛出的橄榄枝。大众彼时在国际市场的影响力远不及通用、福特等车企，恰好正在开拓海外市场，希望在亚洲设立一个生产基地。彼此都有需求，大众自然不愿意放弃这样的机会，双方也很快就达成了合作意愿。起初规划的规模是15万辆，包括高尔夫、桑塔纳和商用车。这一合作随后也因为全球第二次石油危机缩水至3万辆的规模，只组装高尔夫。这是中国第一次在全球范围寻求发展汽车工业的合作伙伴。

《合资企业法》通过之后，虽然增加了外资来华的信心，也有不少合资企业成立，但汽车工业毕竟不同于其他工业，牵扯的产业链十分庞大，谁都拿不准到底能不能合，该怎么合。轿车的身份也很特殊，国家计委那时还是把它视作"非生产力"，没有大力发展的必要。这也是中国汽车工业长期"偏科"的重要原因之一。

在全球任何一个汽车工业较发达的国家，轿车都是产量占比最大的，一度可以占汽车生产总量的八成甚至更多。轿车的生产制造水平是一个国家汽车工业发达程度的重要参考依据。那时，我国汽车年产不到5000辆，相比一些大的汽车企业，数量太少，几乎不能构成可供参考的标准。

直到1982年6月，邓小平在中汽公司写的一份报告上明确批示了"轿车可以合资"，中国以发展轿车为核心的合资时代才终于再次迎来希望。

新一轮与外国车企的合资谈判再次开启，国家领导人的明确指导，加上立法保障和鼓励，中国轿车工业终于迎来了发展的机遇。一场持续至今，以市场换技术的大戏也由此拉开了帷幕……

北京 Jeep

诞生时间：1983 年 5 月 5 日

党的十一届三中全会明确了中国对外开放的立场，经济建设成为全党的工作重点。中国汽车工业的发展由此迎来了新的机遇。地域上，北京作为首都，总是能在第一时间获取政策信息，率先行动。

地理优势也的确为北京汽车工业的合资发展提供了便利，让中国的第一个合资汽车品牌诞生于北京。

依照规划，对外开放的主要格局是从沿海向内地，多层次发展。北京明显是在这一规划的初期计划之外的。不过，在 1979 年，北京就已经有一些合资项目进入谈判阶段了，多数都是饭店。北京长城饭店就是其中之一。

北京长城饭店

北京长城饭店 1981 年 3 月破土动工，1983 年 12 月 10 日建成营业，耗资 7500 美元。1984 年 4 月，时任美国总统里根访华，里根总统的答谢宴会就是在长城饭店举行的。这家饭店是中国最早的一批合资企业之一，由中国国际旅行社北京分社和美国伊沈建设发展有限公司合资建造和经营。这家美国伊沈建设发展有限公司是由著名的华人企业家沈坚白和他的朋友伊顿于 1979 年合作成立的，成立伊始就致力于在中国投资。

　　1973 年 3 月，沈坚白和他的夫人郭志娴女士应政府邀请访问过中国，当时中国还在"文革"时期，沈坚白也还没有自主创业。在祖国看到的种种，让他们感触颇多，也始终让沈坚白夫妇牵挂着。1976 年之后，他们又多次应邀来中国讲学。1978 年，当改革开放的消息传到美国时，他们第一时间选择了回祖国投资，助力祖国经济发展。

沈坚白先生及其夫人郭志娴女士

　　沈坚白夫妇除了自己掏钱投资之外，还积极帮中美企业牵线搭桥，北京 Jeep 就是这么诞生的。沈坚白在美国是知名人物，在美国与中国都有着极为广泛的人脉。

　　当时，美国汽车公司（AMC）的经营遇到危机，只有扩大市场才有可能自救。几乎没有什么汽车企业能在一开始就看好中国的对外开放，即便是 AMC 也只是把中国市场当作救命稻草。得知沈坚白在中国的影响，为了能进入中国市场，AMC 主动聘请沈坚白作为高级顾问，希望通过他寻求与中国合资合作的可能。

　　1979 年，沈坚白在北京讲学时，时任一机部副部长兼中汽公司总经理的饶斌也在台下听讲。两人探讨了合资的问题，沈坚白也是通过饶斌得知，中国正在寻求与世界知名汽车公司合作的机会。

　　沈坚白随即开始和一机部联系接洽，一机部安排北京汽车工业总公司负责对接。一机部在做这样的部署时就基本已经把这次机会交给北京汽车制造厂了。

对外开放的号角吹响之后，中央和北京市的相关主管部门都十分关注北京汽车制造厂的发展问题。从开始试制井冈山小轿车的北京第一汽车附件厂，再到合资前可以年产15000辆轻型越野车的北京汽车制造厂，北汽取得的成就是值得认可的。不过，产品过于单一，再加上长年按指标生产，不做技术改造，北京汽车制造厂在国内已经优势不再，更不用谈与国际汽车企业的差距了。

北京汽车制造厂借着改革开放的东风，制定了大胆的策略："引进技术、引进资金、引进产品，利用中外合资经营加快老企业发展。"

美国汽车公司在得到沈坚白的消息之后，自然也十分兴奋。在近乎空白的市场寻求生路，就好似一块从天而降的馅饼，AMC求之不得。

1979年1月16日，经沈坚白夫妇介绍，北京汽车制造厂与美国汽车公司（AMC）就合资经营问题进行了初次接触。

北汽和AMC的谈判持续了4年多，美方来华18次，中方赴美3次，中方向各级领导机关汇报500多次，中方谈判小组5次换人。1983年5月5日，北京汽车制造厂和美国汽车公司在人民大会堂签署了合资协议。北京汽车工业总公司总经理吴忠良和美国汽车公司董事长兼最高执行官铁伯特分别代表北京汽车制造厂和美国汽车公司在合同上签字，合同有效期20年。1983年6月1日，经国家对外经济贸易部批准合同生效。

1984年1月15日，双方合资成立了北京吉普汽车有限公司（Beijing JEEP Corporation，BJC），总投资5000万美元。北汽以厂房、设备和部分资金入股，占股68.65%；AMC以专业技术、工厂产权和1600万美元现金入股，占股31.35%。合资公司位于北京市朝阳区东三环南路垂杨柳，发动机制造部分设在北京内燃机总厂厂区内。

1984年1月15日，北京吉普汽车有限公司正式开业并举行了隆重的开业仪式。国务委员兼国家对外经济贸易部长陈慕华，国家经委副主任赵维臣，中国汽车工业公司董事长饶斌，对外经贸部副部长魏玉明，北京市副市长张彭等领导同志和国务院有关部委、北京市有关部门负责同志以及美国驻华使馆临时代办傅立民，法国雷诺汽车公司、美国友升公司的代表等各界来宾三百余人出席了隆重的开业仪式。上午九时许，由陈慕华女士上台为她自己题写的"北京吉普汽车有限公司"匾额揭幕，宣告了中国汽车工业第一家中外合资企业的诞生。

北京汽车制造厂与美国汽车公司签订合资合同　　　　　北京吉普开业揭牌

　　根据当时参与谈判初期工作的翻译"杭三八"的回忆，谈判工作就是"计划经济与市场经济之间不同观念的撞击"，中国文化和欧美文化之间的差异，常常令人困惑。谈判中，有关车型选择的问题，耗费了大量的时间。

　　北汽起初看好的车型和朝鲜战场上的美国 Jeep 造型十分相似，美方因为情感上接受不了，始终不同意。后来，北汽又看上了新上市的切诺基，但因为价格高，越野性能不能满足要求等原因，再次遭到美方的反对。

　　最终，北汽还是决定引进切诺基。这款车采用轿车底盘，四轮驱动，具备越野性能，空间宽敞，乘用舒适，在当时是十分先进的车型，也是美国都市 SUV 的鼻祖。刚开始，北京吉普以 CKD 的模式生产汽车，切诺基的汽车散件先从国外进口，计划逐步实现部分零部件的国产。

　　1985 年 9 月 26 日，第一辆北京 Jeep 品牌的汽车切诺基驶下生产线，第一台中外合资生产的汽车终于诞生。

北京吉普切诺基

从成立合资公司到产品下线，一年多的时间里出现了太多的插曲。1984 年 7 月，中方技术人员整合多年的技术积累，设计出了一种新的车型，希望美方的技术人员能够和他们在此基础上进行联合改进。合作初期，由于双方缺乏信任，各个环节的合作都推进得十分缓慢。在产品设计问题上，美方压根儿就瞧不上中方的产品，横挑鼻子竖挑眼，据传一共挑出了 200 个问题，基本把整个新车型的设计否定了个遍。双方合作开发新车的想法就这样被否定了，再加上新公司必须要尽快组装出新产品，这才最终确定了引进现有车型的思路。

北京吉普在产品投入生产之后，也一直磕磕绊绊，发展并不顺利。这跟中国第一次在汽车制造业尝试合资模式不无关系，缺乏经验让许多工作的开展都受到局限。AMC 当时的状况也并不乐观，公司本就在破产的边缘，在中国建立合资只是他们挣扎的一种具体体现。内忧外患使得 AMC 对待北京吉普项目的态度总是出现动摇，决策无法及时统一，让合资公司的发展并不顺利。

越南战争结束后，美军的订货大大减少，美国汽车公司顿时陷入困难境地。石油危机也使得生产大排量"油老虎"的美国汽车公司受到沉重打击。只可惜北京吉普项目耗费了太多时间，让 AMC 的这次自救行动以失败告终。1987 年 8 月 5 日，AMC 被克莱斯勒兼并。

1985 年底，北京吉普的生产刚开始没多久，因为外汇收入不足，AMC 发出的 1080 台 CKD 汽车散件不能入关，生产线不得不停工。类似的插曲还有很多，再加上 Jeep 品牌的经营权几易其主，北京 Jeep 也只能跟着遭殃，直到最后被抛弃。

长城汽车

1984 年，魏德良在河北保定市南大园乡创立了长城汽车制造厂（后更名为"长城工业公司"）。这一年被认定为长城汽车的元年。魏德良是魏建军的叔叔，这家公司也是在魏建军的父亲魏德义的帮助下成立起来的，是一家注册在保定市南大园乡的集体所有制企业，注册资本 80 万元，主要从事汽车改装业务。当时汽车行业的管理还是比较混乱的，很多工厂都从事改装或者组装汽车的业务。长城工业公司就是从事这类经营，主要产品是名为"长城"的轻型客车。

1984 年 10 月 20 日，中国共产党十二届三中全会通过了《中共中央关于经济体制改革的决定》，第一次明确提出，社会主义经济"是在公有制基础上的有计划的商品经济"，突破了把计划经济同商品经济对立起来的传统观念。在这一政策的指导下，全国各地出现创业潮。

魏德义是河北保定第一代民营企业家，1983 年（42 岁）从部队转业之后，在家乡保定创办了太行建筑设备厂。这家工厂在魏德义的经营下已经发展成现在有名的太行集团，专注于建筑供水取暖行业。资料显示，毛主席纪念堂、钓鱼台国宾馆、中央组织部、人民大会堂、首都时代广场等国家级重点工程项目都采用了太行集团的产品。

魏建军的早期成长受父亲事业的影响很大。魏建军出生于 1964 年，他父亲是1963 年入的伍，所以魏建军应该算是"军二代"，他成长的头 20 年，父亲都在部队上。魏建军高中毕业后，没有参加高考，先后在北京通县微电机厂和保定地毯厂工作过。

1986 年，太行厂的自动气压水装置获得了国家级的技术鉴定，并且参与了国际性展览。就在太行厂即将进入高速发展阶段时，魏德义把 22 岁的魏建军叫了回来，安排到了保定太行水泵厂担任厂长。并不是所有 22 岁的小伙子都能当上厂长的，这时候的魏建军已经被动地成为了"富二代"。

魏建军在年轻的时候还有一个外号——保定车神。他在 20 岁那年就拥有了自己人生中的第一台汽车——拉达 2107（LADA 2107）。这是一台从苏联进口的汽车，据说魏建军靠着它在保定机场还表演过漂移，也就有了"保定车神"的名号。

拉达 2107

1989 年，魏建军的叔叔魏德良因为车祸去世了，南大园乡政府派人接管了长城工业公司。没有魏德良的管理，长城工业公司很快就因为经营不佳陷入了亏损的困境。到 1990 年，公司的负债已经达到了 200 万元。

1990 年，全球汽车市场的整体情况并不乐观，全年的汽车产量是 4879.1 万辆，比上一年下降了 2%。这一年，我国的汽车产量为 50.92 万辆，其中轿车产量只有 4.24 万辆。

200 万元的债务对于一家汽车厂来说并不算很多，但南大园乡政府并没有可以让公司转亏为盈的信心，迫于无奈只能找人来承包。

魏建军接过叔叔的班，把公司承包了下来。他从 1990 年 7 月 1 日开始担任长城工业公司的总经理，当时他才 26 岁，公司只有 60 人，总资产也只有 300 万元。经验、资金、人手、技术……什么都没有。很多人看来，魏建军当初的行为就是有勇无谋之举，很多人都在怀疑这位年轻的经理能不能让公司走出困境。

1991 年 3 月 21 日，魏建军与南大园乡政府正式签订了 5 年的承包合同。事实证明，魏建军的能力很强。刚开始接手时，公司的主要业务还是改装车辆。魏建军很快就找到了门路，公司的运营状况逐渐好转。那时候的长城不光做普通的改装车，还改装一些定制的特种车辆，供应给冷冻厂或者石油公司。

长城做改装车时的 Logo

很显然，魏建军接手长城工业公司并不只是为了做高级一点的"二道贩子"，他有更大的追求。当时长城的产品主要都是在其他汽车基础之上改装轻型客货车，技术难度较低，发展空间十分狭窄。1993 年，他决定要制造自主品牌的汽车。

一开始，长城是以农用车起步，门槛比较低，好上手。不过正因为门槛低，市场太混乱，长城很快就停止了这一项目。之后，魏建军又尝试在长城工业公司做轿车。

当时，魏家的企业已经有一些储备了。比如他父亲魏德义在 1989 年投资成立的保定太行东伟汽车悬架有限公司，通过拆解进口车逆向研究，已经可以生产和制造汽车的前桥和悬架了。魏建军以这些为基础，通过采购底盘，于 1993 年拼装出了第一批"长城轿车"。这种生产方式和以前的"改装"模式没有本质上的区别，不过在整车设计上有了更多自主权。这批轿车定价 10 万元，被当时的营销总经理王凤英卖到了东北市场，短短半年就给长城带来了几百万的销售收入。

1994 年，为了进一步扩大长城轿车的产量和市场，长城工业公司也建设了一条流水生产线。正值此时，"94 版汽车产业政策"出台，轿车生产被严管，只有上了"目录"才能生产和销售。依据"政策"里的规定，长城轿车是肯定不可能拿到审批的，长城轿车也就成了"黑户"。

1995 年，长城轿车因为质量问题引发了纠纷，被曝光之后处境就更加艰难。魏建军不得不叫停轿车项目，去寻求其他的机会。这之后，魏建军分别去美国和泰国进行了市场考察，发现皮卡车型在两个地方都很受欢迎。而且，当时在保定就有一家皮卡制造厂——保汽田野皮卡厂，田野皮卡就是现成的学习样本。

　　回国后，魏建军做了市场调研，大致摸清楚了国内皮卡行业的情况。当时国内能生产皮卡的厂其实很多，但大多都是中小型的国有企业，产品价格高、质量差，而且技术落后，不能满足消费者的实际需求。当时正是民营经济飞速发展的时期，很多小型乡镇企业和个体商户都需要一台便宜又耐用、能拉还省油的汽车。而且当时国家对单位配车问题已经有了明确的指导意见，轿车的采购是受到限制的，那这些单位最终也只能选择皮卡车等替代车型。看准了长城在这一市场大有可为，魏建军迅速调整生产方向，开始生产皮卡。

　　为了能够尽快造出皮卡，魏建军开始带着人四处跑，找底盘、找车身、找技术、找合作伙伴。他专门从田野皮卡厂挖来了技术人员弥补技术短板。除此之外，他买了很多皮卡车做参考。经过对比，魏建军最终选择了丰田的海拉克斯皮卡（Hilux）做参考。

丰田海拉克斯皮卡（Hilux，1995）

　　长城当时参考的是第五代海拉克斯（1989—1998），外形紧凑而且皮实耐用。这款车当时有四种动力，分别为1.8升直列四缸发动机（2Y-U）、2.4升直列四缸汽油发动机（22R-E）、3.0升V6发动机（3VZ-E）和2.4升直列四缸柴油发动机（2L-Ⅱ）。相比美国的皮卡车而言，发动机的排量算很小了。丰田就是靠这款车，销量第一次超过了美国本土品牌皮卡。除长城以外，长丰扬子、中兴、黄海品牌也都逆向模仿过这款车型。

1995年，河北长城集团有限公司成立，接替了原来的长城工业公司。同年，魏建军与南大园乡政府续签了 5 年的承包合同。

1996 年 3 月 5 日，第一辆长城迪尔（Deer）皮卡下线。当时长城并不把这类车型叫作"皮卡"，而是叫"轿卡"。理由是很好推测的，长城迪尔的驾乘感受和微型载货汽车相差很大，反倒更像轿车，所以就起了"轿卡"这个名字。

第一辆长城迪尔下线

横幅上写有"长城迪尔轿卡"

当时市场上最受欢迎的皮卡车的价格都在 10 万元左右，而长城迪尔的定价是 7 万元左右，价格优势就十分明显。魏建军想要用价格优势来夺取国有企业的市场,通过低价高量的策略在市场上站稳脚跟。

　　而且长城迪尔有许多细分类型可以满足不同客户的需求,一共有七类,分别是标准型双排皮卡、双排座大皮卡、一排半皮卡、大单排皮卡、小单排皮卡、厢式皮卡和中双排皮卡。

1996 年,已停产的长城改装车和刚投产的长城轿卡(TGW 标)

　　魏建军的策略是成功的。1997 年,长城卖出了 1700 辆迪尔皮卡,建设了 200 家营销服务网络,在国内率先实行经销商代理模式。同年 10 月 12 日,第一批长城皮卡出口中东,开始进军海外市场。到 1998 年,长城皮卡产销超过了 8000 辆,在全国排第一。

在港口即将出口的长城皮卡

也是在 1998 年,河北省政府下达城镇集体企业尽快完成产权制度改革的决定。长城工业公司由承包经营转换为股东经营,魏建军获得了约 25% 的股权。长城工业公司也因此改制为长城汽车有限责任公司,注册资本增加至 3900 万元。

> 为感谢魏建军做出的特殊贡献,南大园乡政府将相当于长城工业公司权益净值中每年增长率 200% 以上的股本权益(占长城工业公司股本 19.87%)授予魏建军。 同时,按照承包协议,魏建军有权获得从 1994 年开始长城工业公司 10% 的除税利润,累计 214 万元,魏建军将这笔钱转为 5.48% 的股权。所以,魏建军一共获得了约 25% 的股权。

1999 年,南大园乡政府基金会坏账严重,乡政府决定向魏建军出让部分股权来换取现金。最终,魏建军以 800 万元买下长城汽车 21% 的股权。至此,魏建军持有长城汽车有限责任公司约 46% 的股权,成为公司最大的股东。集体所有制的长城汽车已经转型为私有企业,成为魏家家族企业中的一部分。

2001 年,魏建军和他家人共持有长城汽车的股份比例达到了 56%,魏建军进一步巩固了他在长城汽车的话语权。

同年 6 月 12 日,长城汽车有限责任公司改制成立长城汽车股份有限公司,注册资本达到 1.705 亿元。此后,长城汽车通过投资、收购、上市等方式不断扩大规模和影响力,先后又推出了皮卡、SUV 和轿车等各类车型,发布了哈弗、魏派(WEY)和欧拉等子品牌。

如今,长城已经成长为具有国际影响力的中国汽车企业。

> 长城汽车是全球知名的 SUV 和皮卡制造企业,已于 2003 年、2011 年分别在香港和内地上市,旗下拥有哈弗、WEY、欧拉和长城皮卡四个品牌,产品涵盖 SUV、轿车、皮卡三大品类,车型包括传统动力车型和新能源车型,具备发动机、变速器等核心零部件的自主配套能力。长城汽车在全球已形成 "11+5" 的生产布局,包括 11 大全工艺整车生产基地和 5 个 KD 工厂。

上海大众

在中国市场,提到合资品牌首先被提及的一定是上汽大众。时至今日,自主品牌凭借在SUV和新能源等细分市场的拼杀,赶上甚至超过了很多合资品牌,但上汽大众依然是国内卖得最好的汽车品牌。

在 2015 年 12 月 7 日以前,上汽大众都叫"上海大众",带有深深的地域烙印和时代烙印。最早在国内诞生的三大合资品牌有北京吉普、上海大众和广州标致,如今却只留下了上海大众。它虽然不是中国最早的合资品牌,却是历史最悠久、实力最强、生命力最旺盛的合资品牌。

上海大众的诞生和发展为中国汽车走合资道路提供了蓝本, 由此出现的中外合资股比 50∶50 的合作模式在全国推广开且被写进相关法规。

1994 年, 国家发改委发布《汽车产业发展政策》, 其中第四十八条明确规定, "汽车整车、专用汽车、农用运输车和摩托车中外合资生产企业的中方股份比例不得低于 50%"。直到 2017 年 4 月,《汽车产业中长期发展规划》提出, 有序放开合资企业股比限制, 这一规定才在时代变化中开始逐步被替换。

上海牌轿车取得成功之后,上海就一直是我国最大的轿车生产基地。为了解决当时国内缺少轿车的问题,国家计划改造上海牌轿车。彼时正好是改革开放的初始阶段,当时确立的主要思路就是引进外资和技术。

当然,当时之所以要大力发展我国的轿车产业,并不单纯是因为我国没有轿车,内需只是一方面,更重要的是希望引进先进的轿车生产线,再将生产的产品出口到国外,以此赚取外汇,恢复经济。

一机部在 1978 年向众多的知名汽车企业都发出过邀请,通用等企业也表达了初步的合作意愿，并做了互访考察，不过最后真正落地的只有上海大众。

　　1978 年，时任一机部部长的周子健曾带队前往德国专门拜访奔驰公司。当周子健到达德国看到满大街的大众甲壳虫和高尔夫之后，就专程去了沃尔夫斯堡的大众汽车集团。1978 年 11 月，双方达成了合作共识，并就大众汽车品牌车型在中国大陆市场进行本地化生产达成了一致意见。初步的规划产能是 15 万辆，包含了高尔夫、桑塔纳和商用车。

计划引进大众品牌车型的申请报告

　　自此历经长达 6 年的谈判之后，上海大众汽车有限公司（现上汽大众汽车有限公司）于 1984 年 10 月 10 日成立。

　　这期间由于多种因素的影响，双方的合作可谓一波三折。根据被誉为"上海桑塔纳之父"的蒋涛回忆，在 6 年过程中，光谈判就进行了 60 多次，其中和大众汽车就谈了 29 次。

　　1980 年，第二次石油危机爆发，大众的财务状况不景气，提出要终止谈判，退出项目。中央和上海政府的领导都明确表示，不能放弃。通过协商，产能规模从 15 万辆降到了 3 万辆。这样投资金额少，风险也小，大众面临的压力也就更小了。

　　大众答应这一项目的主要目的是希望在中国设立一个可以覆盖亚洲的生产基地，并以此为基础拓展海外市场。面对一个毫无参考的市场，大众汽车集团并没有一开始就完全信任自己的合作伙伴。

　　为了试探上海方面的诚意，大众突然提出先在中国组装一批 CKD 轿车。这就相当于设置了技术壁垒,中国的汽车厂只能做组装,却接触不到任何核心技术。上海方面为了表达诚意和决心,答应了大众的提议。1982 年,双方在没有正式合资成立公司的前提下,就在上海以 CKD 组装的形式,试探性地开始了合作。

能促成此事,要感谢时任大众汽车集团董事长卡尔·哈恩(Carl H Hahn,1926.7.1—),大家都叫他哈恩博士。

卡尔·哈恩(Carl H Hahn)

哈恩博士 1954 年入职大众汽车公司,1959—1964 年担任大众汽车美国公司的总裁。1973 年,哈恩博士离开大众,出任德国汉诺威大陆轮胎公司(Continental AG)的董事长。

1982 年,哈恩博士回归大众担任董事长,彼时大众和中国的合作还处在停滞状态。哈恩博士认为中国是世界上最有前途的市场,所以在上任两周之后,他就开始大力推进和中国的合作项目。不过,大众汽车集团的董事们并不看好这一合作,在董事会上有关中国市场的议题都会遭到反对。

正是在这样的背景下,哈恩博士和饶斌一起促成了在上海 CKD 组装桑塔纳的试验。

相关方案虽然已经立项,但毕竟还没有进入正式的合作阶段,所以一开始的组装都是在上海牌轿车的总装车间里开展的。没有专门的生产线,又缺少现代的生产技术,负责组装的工人们只能用传统的方法敲敲打打。螺丝拧不紧,就用锉刀锉,用锤子敲。连工人们也感叹:"那时候的车都是敲出来的!但德国车是造出来的!"

1983 年 4 月 11 日，第一辆大众品牌的桑塔纳轿车在上海组装成功。这台桑塔纳意义非凡。一方面，它让中国坚定了要合资引进技术的决心；另一方面，它让大众汽车看到了中国的能力和决心。它为双方的谈判扫清了最后的障碍。

在中国生产的第一辆大众汽车——桑塔纳轿车

1984 年 10 月 10 日，上海大众汽车有限公司（现上汽大众汽车有限公司）合资协议在北京人民大会堂签署。1985 年 3 月 21 日，上海大众汽车有限公司正式成立。同年，最早的一批桑塔纳正式投产，仍然以 CKD 的形式生产。据统计，上海大众1985 年一共卖出去了 1684 辆桑塔纳。

上海大众合营合同在北京人民大会堂签约

　　桑塔纳在当时被视为"中级轿车"，以现在的尺寸标准来看只能算是紧凑型车。它的长、宽、高分别为 4546mm、1690mm、1427mm，轴距达到 2548mm。动力方面，它搭载了一款 1.6L 直列 4 缸 8 气门化油器汽油发动机，最大功率为 87 马力/5200rpm，最大扭矩为 128（N·m）/3000rpm，匹配的是 4 挡手动变速箱。

　　当时桑塔纳的配置并不高，但作为合资轿车，其做工、用料、空间等各方面的表现都十分优异，在本就没什么轿车可选择的中国迅速火了起来。"上海大众"四个字在桑塔纳的尾部显得尤为别致，作为合资轿车品牌的名字，历经三十多年的传播之后，已经刻在了几代中国人的记忆里。

广州标致

诞生时间：1985 年 9 月 26 日

　　"10 月 10 日"这个日期对于中国的汽车合资事业来说，显得尤为有意义。

　　1984 年的 10 月 10 日，上海大众汽车有限公司合资协议正式签署，上海大众品牌正式诞生。两年后，1986 年 10 月 10 日，广州标致正式推出了广州标致 505 SW8，又一合资品牌的新车上市，这也是中国合资制造的第一款旅行车。

　　1985 年 3 月 15 日，广州市政府和法国标致汽车公司签订了成立合资公司广州标致汽车公司（The Guangzhou Peugeot Automobile Company）的合约，这是中国的第三个合资项目。

广州标致汽车公司签约仪式现场

　　广东地处沿海，对我国来说是海防前线。在改革开放以前，国家重要的经济建设项目都有意避开这里，钢铁、石化、汽车、机电等大型现代工业项目都没有安排到广东。所以在改革开放以前，广东一直没有成规模的汽车工业。

　　不过，新中国成立之后的几次汽车热也让广东出现了不少的小型汽车厂，其中的广州汽车厂还在一定时期内仿照解放牌生产过卡车,取名"红卫牌"。可惜因为产品质量问题多、档次不高,1979年就停产了。

改革开放以后,广东有沿海的地域优势,又毗邻香港和澳门地区,贸易十分活跃。伴随着上海产的桑塔纳流入市场,全国都出现了轿车热,富裕起来的广东人民自然比其他地方有着更大的需求。为了解决这些需求,市场出现了两种方案。一种就是购买走私车,所以东南沿海的轿车走私十分"出名"。国家在1984和1985年重拳出击,严管汽车走私,不少党政领导还受到了处分。另一种就是退而求其次,购买轻型载货汽车,也就是通俗理解的皮卡车。皮卡车既能载货,又能像轿车一样载人,对做生意的人来说反倒是更好的选择。

第二种方案并不算是真正的解决方案,只是市场局限导致的结果。这也充分反映出了市场对轿车的需求远超出了当时国家的计划产能,市场需求问题没有得到解决,各地的轿车热愈演愈烈。

广东等地的皮卡车卖得越来越好,直到供不应求。一般解决供不应求问题的办法就是增加进口,但进口多了又没外汇。所以,就有人想了办法:可以进口散件组装皮卡。

1985年,时任广东省省长梁灵光和广州市市长叶选平专程到北京找到国家计委和中汽公司,想争取一个一万辆皮卡散件进口项目,希望借此解决当地对皮卡和轿车的需求。当然,这也是为广州争取汽车生产项目,发展本地汽车工业。这一项目很快就被批准了,也是广州标致诞生的重要契机。

陈祖涛回忆道:"1985年,叶选平同志(时任广州市市长)到我这里来,希望搞个皮卡。我当时有顾虑,怕他搞小轿车,他说搞皮卡,量也不大,1万辆。作为汽车工业,1万辆是很小的规模。我当时犹豫,因为我没有权力批项目,权力在计委。叶选平说我们是老朋友,你就照顾广州吧。计委讲了,只要陈祖涛同意,签个字,他们就批准,所以我就签了。当时叶选平讲得很恳切,他说我们广东长期是在一线,任何工业项目没有我们的份,我们想搞工业啊,我的批量也不大。说了很多,所以最后批了。"

当时,广东进口的皮卡散件主要来源于法国,直接引进法国车企是最佳方案。后来通过香港商人何子栋的牵线搭桥,广州市政府和法国标致汽车公司开始了谈

判。最终，双方达成合作意向，成立合资公司，计划年产 1.5 万辆标致 504 皮卡车
（Peugeot 504 pickup），返销 0.5 万辆。

广州标致 504 皮卡

广州标致 505 SW8 旅行车

1985 年 3 月 8 日，国家计委批准广州标致合资可行性研究报告。3 月 15 日，中
法双方在广州花园大酒店签约。广州标致汽车公司正式成立的时间是 1985 年 9 月
26 日。

因为当时国家对轿车的生产依然采取的是"严格控制"的态度，广州标致只能
先绕道生产皮卡车。不过，很快广州标致也推出了轿车产品，并且以轿车为主力，
逐步发展成国家的"三小"轿车生产基地之一。

1986 年 10 月 10 日，广州标致投产广州标致 505 SW8 旅行车。当年 900 多辆车
销售一空，据说要想买到车是很难的。

1989 年 9 月 11 日，广州标致又投产了 505 SX 轿车，这款车的问世让广州标致
公司达到了巅峰。到 1991 年，广州标致在国内的市场占有率就达到了 16%，市场前
景一片光明。

据资料介绍，广州标致 505 都是采用了前中置 2.0 升纵置直列四缸发动
机，后轮驱动，前后配重非常完美。但凡当时比较过其他车型的人，都会
对 505 卓越的驾驶感受与乘坐感受赞不绝口。广州标致 505 的出现大大刺
激了消费者的购买欲望。

1991 年 11 月 16 日，首届世界女足赛在中国广州举办，处在发展巅峰
的广州标致曾赞助此次赛事，并敬赠了广州标致 505 系列车型。

广州标致的合资过程明显比北京吉普和上海大众进展得要快，也更加顺利一
些。不过，这也给广州标致的发展留下了诸多隐患。

　　广州标致汽车公司成立之初就有人指出过：这个企业是广州人得名，法国人得利。这家公司总投资额 8.5 亿法郎，注册资本为 3.25 亿法郎，并不是简单地由广州汽车制造厂和法国标致汽车公司合资，还有其他三个股东：中国国际信托投资公司、国际金融公司和法国巴黎国民银行。其中广州汽车制造厂持股 46%，法国标致汽车公司 22%，中国国际信托投资公司 20%，国际金融公司 8%，法国巴黎国民银行 4%。

　　法国标致汽车公司的 22% 是纯技术股，没有入股资金。法国三方的实际注资也只有 12%，但是却有 34% 的股比。虽然公司是由广州汽车制造厂和法国标致汽车公司共同管理，但法方却掌握了大部分的话语权。这也是为什么当广州标致 1997 年出现危机之后（年销量不足 1000 辆，公司累计亏损额达 29 亿元），法国标致会以 1 美元的价格把所持广州标致的股份卖给日本本田汽车公司。

　　而且，熟悉现代公司经营套路的法国标致，凭借着 22% 的干股，就在广州标致汽车公司里取得了总经理"一票否决权"，掌控着广州标致。根据中法双方协议，广州标致公司总经理由双方轮流担任。因为中方缺乏管理经验和技术，双方商定，前 8 年由法方担任总经理。广州标致董事会共有 11 个董事席位，按股比分配，中方共有 6 席，法方共有 5 席。按照董事会章程，要改变总经理的决定必须要四分之三的董事同意。这意味着，只要总经理做出决定，中方即使全部不同意也达不到四分之三。

　　这就意味着，法方掌握了财务、零部件采购和国产化认可的权力。中国汽车工业走合资道路的战略后来被评价为"用市场换技术"，换技术的直接表现就是提高国产化率。当决定权牢牢掌握在法国标致手里的时候，这一合资企业对中国来说就注定是赔本的买卖。实际上根据统计，到 1995 年，法国标致向广州标致出售了大约 33.3 亿法郎的 CKD 零部件，折合人民币近 50 亿元。通过这次合作，法国标致还成功地把已经淘汰的 504、505 焊装生产线卖给了合资公司。很明显，法国标致汽车公司已赚得盆满钵满。

　　中方失去了话语权导致广州标致的发展陷入了被动。而且，广汽这次合作的这家法国企业，向来傲慢和固执，听不进中方的意见。无法适应中国市场的变化，直接导致广州标致完全丧失了快速应对变化的能力。刚开始合作时计划推出的双排座版标致 504 皮卡车，足足延误了近两年时间才推出，等到上市销售时，市场需求已经发生了变化。

报废的广州标致 504 皮卡车尾部

1993 年下半年，汽车走私比较厉害，很多合资汽车都出现积压滞销的情况。广州标致底子薄，应变能力差，从 1994 年就开始出现亏损。到 1995 年时，已经成为全国工业的第二大亏损大户。

产品滞销，再加上车型老、产量低、质量不稳定、配件贵，等等，广州标致汽车公司的财务问题越来越严重。到 1997 年，广州标致的销量下滑到 1000 辆左右，累计负债达 29.6 亿元，而其资产是 26.3 亿元，已然资不抵债。

广州标致是我国第一家以失败告终的乘用车合资企业，也是离开得最早的合资汽车品牌。随着汽车的老化，车子要么被遗弃，要么报废，只有极少数会被爱车的人收藏，广州标致品牌出现在马路上的机会已经越来越少。

从进入中国，再到离开中国，标致用 12 年的时间给广汽好好上了一课。

天津夏利

诞生时间：1986 年 9 月 30 日

　　1987 年 5 月，在湖北十堰举行了"中国汽车战略研讨会"，国家经委、计委、科委的领导和众多汽车行业相关的专家、企业代表都参加了。这次研讨会主要解决两个问题：中国干不干轿车和怎么干。同年 8 月的北戴河会议，基本确定了中国轿车工业的最初架构，也就是"三大三小"。"三大"就是一汽、二汽和上汽的合资项目，"三小"就是北京吉普、天津夏利和广州标致三个地方项目。

　　不妨先回顾一下，在这之前，都有哪些铺垫。

　　1983 年 4 月，第一辆上海桑塔纳牌轿车在上海汽车厂组装成功；

　　1984 年 1 月，北京吉普汽车有限公司正式开业；

　　1985 年 3 月，上海大众汽车有限公司正式成立；

　　1986 年 9 月，以 CKD 方式生产的第一辆夏利轿车下线；

　　1986 年 10 月，广州标致正式推出了广州标致 505 SW8……

　　"三大"中的一汽和二汽是在北戴河会议之后才获得"准生证"，正式启动项目，而"三小"和上汽的轿车项目早已落地。这次北戴河会议还明确了各家企业的发展方向。一汽生产排气量 2.0 升以上的中高级轿车；上汽生产排气量 1.8～2.0 升的中级桑塔纳轿车；二汽生产排气量 1.3～1.6 升的普及型轿车；天津、北京、广州三个生产点从进口轿车散件组装开始，逐步实现国产化生产。

　　除这六家企业之外，国家严格控制轿车生产。1988 年国务院专门发出通知，对轿车生产实行严格控制，除已批准的六个轿车厂外，不再安排新的轿车生产点。"三大三小"的架构一直持续到世纪之交。

　　天津的汽车工业起步早，但底子薄，这次能够赶上全靠行动快、布局早。而且，天津夏利是这六个项目中唯一一个非合资生产的汽车。

改革开放以前，天津的汽车生产始终是在随大流，缺乏主心骨。试制过轿车，生产过轻型越野车、客车、卡车，还自己研制过转子发动机……尝试多，却都不成规模。改革开放以后，企业拥有了更多的自主权，生产什么对天津的汽车制造业来说极为重要。经过反复论证，天津汽车工业公司决定避开短板，寻求空白市场，着重发展小微型汽车。

1983 年 1 月 7 日，天津汽车工业公司成立了微型汽车建设工作领导小组，立即开展了针对小微型汽车的市场调查。同年 2 月，时任天津汽车工业公司总经理的纪学澂就带队到日本进行考察，把合作目标锁定在了日本大发和铃木两家公司身上。

当时，大发有一款车 Hijet 850，是日本典型的 K-Vans，也就是国内说的微型面包车（简称"微面"）。当时日本的微面几乎都是类似的设计，平头、短轴距、窄车身，跑起来十分灵活，而且内部空间很大。现在国内的很多面包车还在沿用类似的设计，走街串巷，发挥着得天独厚的优势。

大发 Hijet 850

之所以选择大发作为合作对象，是因为大发在产的还有一款微型轿车 Charade，和 Hijet 850 具有非常高的通用度。选择大发，不光可以引进实用性非常强的微面，还可以提早布局轿车生产，对天津汽车制造业来说的确是最优选项。

天津汽车和大发能够很快达成合作，还有一个非常重要的原因，就是大发方面的态度。大发并不像许多车企一样强势，过度强调自己在合作中的主动权，这让考察小组感受到了合作的诚意，并且可以保障合作中的主导地位。天津汽车工业公司和大发并没有选择"合资"的方式合作，而是直接进行"技术转让"。简而言之，这就好比一锤子买卖,天津买回两款车的所有技术,此后可以自主开发设计和生产。

1983 年,天津汽车工业公司上报了《微型载重汽车、微型旅行车设计制造技术及生产线关键设备技术引进项目建议书》,提出了 Hijet 850 和 Charade 轿车的引进方案。建议书很快就得到批复。

大发 Charade

1984 年 3 月 3 日,中日双方在人民大会堂正式签署了技术转让协议,天津汽车制造迈进新的阶段。1984 年 9 月 25 日,我国第一辆以 CKD 方式生产的微型面包车天津大发 TJ110 在市郊杨柳青镇的天津市汽车制造厂顺利开出生产线。1986 年 2 月 19 日,天津大发的灯具开始国产化。到 1987 年底,零部件的国产化已由 1984 年的 8% 上升到 85%,国产化率已经非常高了。也正是在这一年,天津出现了第一辆大发出租车。这款车被广泛应用到出租车行业,那个年代出租车基本都是黄色涂装,黄色的天津大发到处走街串巷,直接被称呼为"黄大发",还有人称呼这些车是"黄虫"。"面的"一词也是从那个时代开始流行开来的。

在天津大发 TJ110 的尾部,能够看到汉语拼音"TIANJIN HUALI",这是"天津华利"的全拼大写。因为这款车还有另一个名字,就是"华利",由时任天津市市长的李瑞环亲自命名。

微面主要满足的是运输需求,特别是客运需求。由于"黄大发"在马路上过于耀眼,它的形象已经成为一个城市在一个时代的符号记忆。

微型面包车虽然也是微型车,但天津最初的设想是引进微型轿车。所以在天

天津大发出租车

　　津大发制造成功之后不久，天津汽车工业公司就一直在谋划，再次以 CKD 的形式引入大发的 Charade。当 Charade 的国产化工作正在进行中时，邓小平同志于 1986 年 8 月参观了天津汽车制造厂，听说我国引进技术自行生产的新型轿车就要完工时非常高兴，鼓励道：要不断提高质量、发展更多品种，造出为老百姓着想的好车。

　　1986 年 9 月 30 日，以 CKD 方式生产的第一台 TJ730 成功下线。时任天津市市长的李瑞环把这款车命名为"夏利"，天津夏利由此诞生。

　　"夏利"和"华利"，两款车的名字连在一起就是"华夏得利"的寓意。

　　第一批出产的夏利 TJ730 的外形与大发 Charade 几乎完全一样，造型简洁、流畅。两厢版夏利搭载的是一台代号为 TJ376Q 的三缸 1.0 升发动机，最大输出功率 53 马力，最大扭矩 77 牛·米，是一台名副其实的微型车。

夏利 TJ7100

1988 年，天津微型车厂推出了夏利 TJ7100，这个看上去有些复杂的代号其实有着明确的含义，TJ 是天津拼音的首字母缩写，7 表示轿车，10 表示这台车是 1.0 升排量，而最后的一位数字如果是 0 就表示该车是化油器车型，如果是 1 就表示它是电喷车型。

夏利上市之后，大获成功。夏利最大的战果就是战胜了"黄大发"，把由"面的"占领的出租车市场几乎都夺了过来。凭借结实耐用、经济实惠、维修方便、养护成本低等优势，夏利迅速成为各市出租车市场的不二选择。

天津计委于 1987 年同意天津市汽车工业公司执行第二期微型汽车方案，并要求在 1989 年形成年产 1 万台夏利轿车的生产能力。1990 年 1 月，天津市汽车工业公司决定正式成立天津市微型汽车厂，天津夏利的大规模量产由此开始。

一汽大众

诞生时间：1991 年 2 月 6 日

汽车天生就是工具，任由汽车如何发展，它的这一基本属性是不会变的。改革开放以前，汽车作为工具被最大化地应用到了国防和生产建设领域。在那一时期，私人拥有汽车对绝大多数的中国公民而言是绝不可能实现的事。

能够使用汽车代步的几乎都是政府公务人员，而且必须有一定的级别。我国的公务用车制度是源自苏联实行的供给制，按干部级别配备公车。改革开放以前，进口的轿车加上国产的轿车，再加上一部分北京牌的吉普车，可供用作乘用车的数量非常有限。所以在公车制度建立之初，车辆配备控制得比较严格。1984 年以前，我国有规定，县团级以上干部官员才能使用轿车，县团级以下官员只能使用吉普车和自行车。

改革开放以后，我国经济迅速复苏。我国于 1984 年解除了对县团级以下干部的配车管控，公车数量开始陡然上升，还出现了大规模的"公车腐败"。当年，全国进口的轿车、面包车达 20 万辆，耗资近 20 亿美元，超过了前 30 年的总和。1985 年，进口汽车数量达到 34.5 万辆，其中以日本轿车为主。珠三角地区随处可见拆解走私入关之后的拼装车，海南岛出现了大量的走私轿车。1985 年底，中央还专门下达了查处海南走私轿车的禁令。

包括走私在内的这些进口车，和当时国内生产的红旗牌、上海牌和北京牌汽车形成了鲜明的对比。这无疑大大打击了中国汽车工业的自尊心。

1984 年还发生了另一件事，影响了一汽的发展，也为一汽和大众牵手合作埋下了伏笔。

1984 年 8 月 11 日，中央财经领导小组在北戴河召开扩大会议，这实际就是一次有关一汽发展自主权的会议。也是在这次会议上，生产了 25 年的红旗轿车被叫停了。

会议结束后第 5 天,1984 年 8 月 16 日,中央财经领导小组办公室印发以"绝密"字样标注的《中央财经领导小组会议纪要》(第十三期)。纪要指出:会议原则同意一汽关于开展竞争、搞活企业的设想和进一步扩大自主权的要求。明确给予一汽工厂发展、资金筹措、产品销售、技术引进和贸易等自主权。

获得"放权"后,一汽提出了年产 20 万辆的规划,但主管部门并没有通过。因为这 20 万辆的规划中除了 10 万辆中型卡车,7 万辆轻型卡车和 1 万辆重型卡车之外,还有 2 万辆中高级轿车。轿车的审批在当时基本属于禁忌,再加上一汽刚被停了红旗,又想立马新的轿车项目,明显不现实。后来一汽把规划中的细节改成了卡车 10 万辆,轻型车 10 万辆,"偷换概念",把轿车藏在了轻型车的名下,获得了批准。

1984 年 10 月 2 日,一汽上报了《关于一汽自筹资金进行工厂改造,争取在 "七五" 期间形成 20 万辆生产能力的报告》。

1985 年 6 月,耿昭杰任一汽总厂厂长。耿昭杰是地道的"一汽人",大学毕业就一直在一汽工作。耿昭杰在光荣退休后说过:"我有两个梦想,一个是一汽换型改造,这个梦想基本实现了;另一个是轿车梦,这个梦只实现了一半。"一汽轿车生产一直是耿昭杰的祈愿和牵挂。掌舵一汽之后,耿昭杰一直也在布局轿车生产,致力于恢复红旗轿车。

耿昭杰

在相同时期,进口轿车对中国汽车市场的冲击越发激烈。即便国家有心调控,也无法逆势而为,很多阻碍是客观存在的。比如,国内缺轿车,缺乘用车。为此,到1986 年时,中央也开始有要恢复生产红旗轿车的打算。

耿昭杰上任之后，收购了美国克莱斯勒汽车公司在墨西哥的一条年产 30 万台 2.2 升萨蒂诺 488 发动机的生产线。这条生产线是克莱斯勒在 20 世纪 70 年代石油危机时期找大众引进的，之后就一直闲置。这款发动机帮助克莱斯勒渡过了石油危机，主要配装在紧凑型汽车上，既可以匹配轻型卡车，又能装在轿车上。对当时的一汽来说，自然是个不错的选择。如果一汽要在此时自主重新开发一款能跟上时代的发动机，再建立匹配的生产线和厂房，最起码要耗费三到五年时间。一汽是等不了的，直接买一款发动机和一条生产线回来，确实是短期内性价比最高的选择。1987 年 8 月，一汽和克莱斯勒正式签订了购买 488 发动机生产线的合同。

其实，在洽谈生产线的引进问题的同时，和 488 发动机匹配的还有一条轿车生产线，主要生产道奇 600（Dodge 600），也即将被克莱斯勒淘汰。一汽是有心想要把这条生产线也直接买回来的，但克莱斯勒抱着吃定一汽的态度，故意涨价，让这笔买卖只能一直被搁置。根据原一汽汽车研究所副总工程师、底盘技术专家华福林的回忆，其实在正式签订购买 488 发动机生产线合同一年之前，一汽就已经基于道奇 600 开发出了小红旗车型的样车 CA750F。

克莱斯勒当时承诺，一年后再将道奇 600 的整车给一汽。当时道奇车在美国卖得很好，还没有退下来，克莱斯勒方面就说再拖一年。1987 年 9 月的时候，我们又去了一次，希望能够在车型、车身技术转让等方面合作。克莱斯勒方面觉得一汽既然已经引进了 488 发动机的生产线，也就只能引进道奇的车身，就恶意地单方面在道奇 600 生产线上提高售价，要价 1760 万美元。

1987 年 8 月 12 日，中央领导在北戴河听取了时任中国汽车工业联合会理事长陈祖涛关于发展轿车的汇报。国务院办公厅拟定了那次会议的纪要，第四条是："今后轿车生产主要依靠一汽、二汽，此外，上海大众公司首先要把国产化搞上去。在全国范围内不再安排新的轿车生产点。"

这次会议纪要中提到的一汽、二汽和上海大众，正是中国轿车工业"三大三小"格局时期中的"三大"。

这次会议明确指出一汽可以生产轿车，而且是主要的生产基地。得益于此前一步步紧锣密鼓的推进，一汽得到"准生证"的时候已经有了清晰的发展思路：先建一个年产 3 万辆的先导厂，替代进口；从中高级起步，向下发展，再建一个年产 15 万辆的轻型轿车厂，最终实现 30 万辆的产能。

　　正值此时，大众董事长哈恩博士得到了一汽要建设一个 15 万辆轿车的项目，他亲自给耿昭杰厂长写了一封信。不到 24 小时，一汽就向哈恩博士发出了访问一汽的邀请。

　　1987 年 9 月，在哈恩的指示下，奥迪公司的生产董事赫尔曼·施蒂毕希（Hermann Stübig）和德国大众总部的代表海因茨·鲍尔（Heinz Bauer）动身前往长春进行首次考察。施蒂毕希和鲍尔的汇报令哈恩眼前一亮，哈恩决定尽快亲自实地走一趟。

一汽厂长耿昭杰（左）与大众董事长哈恩博士（右）

一汽大众奥迪 30 周年的庆典上，
83 岁的耿昭杰与 92 岁的哈恩博士再次握手

1987 年的法兰克福车展刚一结束，哈恩就带团队出访中国。耿昭杰和哈恩一见面，就开始合作会谈，一如早有默契一样。

哈恩在参观完一汽的工厂之后，感叹："我怎么没有早一点发现中国有如此大的汽车厂。"他当即提议，把奥迪的生产从上海搬到一汽来。

1985 年，大众和上海汽车公司曾达成协议，以 SKD（半散装件）方式在上海生产奥迪 100。此后的两年时间里，上海大众一共组装了 100 辆奥迪 100。

奥迪 100

耿昭杰自然满心欢喜，他正在为跟克莱斯勒那边的合作发愁。耿昭杰还给哈恩留了个"作业"。他坦诚地告诉哈恩，他们已经购买了克莱斯勒的 488 发动机，希望能把一汽产的 488 发动机放进奥迪 100 里。

从合作的角度来看，这是一个极"刁难"的要求。哈恩却答道："请四周以后到沃尔夫斯堡来，我会给你满意的答复。"当哈恩发出这一邀请时，他坚信一汽和大众的合作已经八九不离十了。其实哈恩早就了解过，这条 488 发动机的生产线其实是此前大众卖给克莱斯勒的，用的正是奥迪的技术，要达到耿厂长的要求一点都不难。

一个月后，在沃尔夫斯堡，大众果然把一辆搭载了克莱斯勒 488 发动机的奥迪 100 展现在了耿昭杰面前，连一汽厂标的图案都镶在前脸上了。

一方是诚意十足的大众，另一方是傲慢无礼的克莱斯勒，中方的决定自然毫无悬念。

1988 年，一汽和大众约定，前期一汽以许可证方式生产 3 万台奥迪 100 车型作为"先导工程"。如果1991年双方继续签订15万辆高尔夫轿车长期项目,奥迪方面可免收1900万马克的奥迪100车型技术转让费。2100万马克的模具先付1000万马克,其余算作今后建立合资企业的投资。根据一汽与大众签署的技术转让协议,一汽以许可证和CKD组装方式生产奥迪100,期限为6年。

1989年4月21日,奥迪100轿车总装线建成投产,德国大众汽车集团董事长哈恩博士专程前来剪彩。8月1日,第一辆奥迪100轿车下线。

1990年,中共中央政治局做出决定:严格控制进口小轿车,政治局、书记处成员和国务院常务会议组成人员,一律使用国产汽车。

细数当时整个中国的轿车产品,只有奥迪100够档次。奥迪之所以给中国百姓留下"官车"的印象,就是从这时候开始的。

奥迪100在中国的成功,就像是催化剂,让一汽和大众的合作进展更加高效。双方在1990年又达成新的协议:一汽购买14500辆奥迪散件,大众把在美国威斯特摩兰(Westmoreland)的一套年产30万辆高尔夫的全套设备无偿赠送给一汽。后来这些设备又作为一汽投资的一部分进入双方的合资企业。

1990年11月20日,一汽和大众在人民大会堂签订了合资生产高尔夫和捷达轿车的15万辆合资项目。

一汽—大众汽车有限公司合资合同签字仪式现场

1991年2月6日,一汽大众汽车有限公司正式成立,一汽占股60%,大众占股40%。同年12月5日,第一辆捷达A2轿车在一汽轿车厂组装下线。

东风雪铁龙

诞生时间：1992 年 5 月 18 日

20 世纪 80 年代末 90 年代初，东欧剧变、苏联解体。从 1989 年下半年开始，西方多国对中国实施了一系列制裁措施，其中就包括停止两国之间的商务往来。法国也在其中，原计划于 6 月 6 日签订的二汽雪铁龙项目也因此搁置。

其实二汽和一汽一样，在 1987 年 8 月的北戴河会议上争取到了生产轿车的批示，是国家选定的全国三大轿车生产基地之一。二汽对发展轿车的规划是生产市场容量最大的普通型轿车，发动机排量在 1.3 升到 1.6 升之间，今后可成为公务用车的主力车型。一期计划年产 15 万辆，二期计划年产 30 万辆。

直到 1992 年 9 月 1 日第一辆富康轿车在襄樊东风试装厂下线，二汽用了整整 5 年时间，才实现轿车的量产。另外"两大"早已捷足先登，广州标致已经投产 505 SW8 和 505 SX，一汽大众也已经在生产销售奥迪 100 和捷达了。

1992 年第一批第一辆富康轿车下线的场景

二汽虽然也算是早做了谋划，但显然是赶了个晚集。开篇提到的国际环境问题的确是最重要的影响因素，在这之前的筹备工作也并不容易。

二汽要生产轿车的信息传递出去之后，世界上的不少汽车公司都有意愿。1987—1989 年期间，二汽先后与国外 14 家汽车公司进行了多达 78 次的合作谈判，并且先后派出 11 个代表团出访，接待了 48 个代表团来厂访问交流。

起初和二汽达成合作意向的是富士重工业株式会社和通用，而且是十分罕见的中、日、美三国公司一起合作。

日本富士重工业株式会社就是斯巴鲁汽车公司的前身，当时主要的产品方向就是二汽要求的小排量普通轿车。富士重工认准这是一次机会，就主动提出希望和二汽一起建设年产 30 万辆微型汽车的合资公司。富士重工的请求是通过国内的高层领导传递到二汽的，对二汽来说，跟富士重工的接触和谈判是无法回避的。

与此同时，二汽也在和通用沟通合作事宜。当时通用在全球汽车企业中排名第一，旗下经营着众多品牌。通用在那一时期一直都不看好在中国发展轿车，合作的意愿并不像其他企业那么强烈。通用依据二汽的技术指标要求，提出可以让欧宝品牌参与这次合作，车型可以参考欧宝卡蒂特。

欧宝卡蒂特轿车

富士重工主动提出可以拿自己的发动机来匹配欧宝的车，三方以此为基础，开始了合作会谈。1987 年 10 月 3 日，中、美、日三方签署了合作协议。同年 12 月，中、美、日三方在中国开展了联合选址工作，最终通用和富士重工没能满足二汽的条件，三方合作不得不暂时终止了。

正在此时，法国雪铁龙向二汽提出了十分具有合作诚意的条件，成功地做了"搅局者"。二汽之所以接下雪铁龙的橄榄枝，也是有专门考虑的。就在大约 10 年前，中国刚想要发展轿车工业时，派出了使团在全球各国寻求合作，获得的回应寥寥无几。那时，国外车企只愿意卖车到中国，但不愿意到中国投资，通用就在其中。而这次的三方合作中，通用的态度依然傲慢，涉及技术转让、投资、产品出口销售等问题，通用始终没有明确表态。面对这样的合作形式，二汽不得不防。

当三方谈判推进迟缓的时候，二汽和雪铁龙的谈判却进展迅速。1988 年 1 月 16 日，在国家计委批复了二汽合资轿车项目建议书后，二汽与法国雪铁龙公司就开始了合资谈判。在谈判中，法国政府给予了充分的支持，不光承诺提供政府贷款，还先赠款 2000 万法郎，资助项目的可行性研究。半年之后，1988 年 7 月，二汽与雪铁龙就签订了 30 万辆轿车合资项目的协议书。

与此同时，中、日、美的三方合作也在缓慢推进。1988 年 10 月 7 日，在瑞士的苏黎世通用公司欧洲总部，三方正式坐在一起启动会谈。

会谈还没有结束，尴尬的一幕却发生了。10 月 13 日，欧洲《金融时报》刊登消息：中国二汽准备筹建中国最大的轿车厂，正在通用与雪铁龙之间接触。这边正谈着呢，不知哪儿却冒出个雪铁龙，傲慢的通用肯定是不乐意做 Plan B 的。通用代表拿着报纸找到二汽的谈判代表，当面要求二汽解释是否确有其事，还质问道："你们与雪铁龙的合作已经到了什么程度？……"

通用代表还提出："为了三方的商业利益，中、美、日三方之间需要共同签署一份保密协议，内容为：鉴于三方已经开始商讨合作，通用公司已经让二汽观看和了解了通用的生产和发展规划，因此在选择合作伙伴上，通用应该有优先权。在可行性研究期间，二汽不能再同其他公司开展同样的工作。"

二汽的代表沉着地指出："去年 10 月 3 日，中、美、日三方签署的合作协议中已经有明确规定，二汽一直模范地遵守这一条款，目前的工作是过去工作的继续，因此没有必要再签署什么保密协议。关于优先权问题。二汽最早选择通用和富士作为合作研究的伙伴，但由于通用在产品上的障碍，整个工作推迟了 8 个月，二汽在此期间寻找新的合作伙伴是理所当然的，这并不违背协议精神。请记住，任何一方都无权禁止另一方同其他公司接触。对于中、美、日三方的合作研究项目，二汽将会全力以赴地完成。至于优先权问题，合作关系是否确定要看研究的结果而不能成为前提。"

即便是这样,三方在这次会谈的最后还是一致认可了三方合作的可行性,特别是富士重工的发动机匹配欧宝产品的问题,现场还达成了必须在 1989 年 2 月底完成整个项目可行性研究的一致意见。

这次会谈的最终结果,应该只是最大程度地照顾了彼此的体面,离达成最终的合作已经越来越远。

另一边,二汽和雪铁龙的合作进展依然顺风顺水。1988 年 12 月 16 日,二汽厂长陈清泰与法国雪铁龙公司执行总裁哈维诺在巴黎共同签署了《中国第二汽车制造厂-法国雪铁龙汽车公司合资建设 30 万辆轿车厂联合可行性研究报告》。这份报告明确了很多合作细节,比如确定了产品为雪铁龙公司计划 1991 年投产的 ZX 系列普通型轿车;合资公司的股份分配是中方 70%,法方 30%;30 万辆轿车项目的建设资金为 53.1 亿元,外加利息和流动资金 8.3 亿元;还有技术转让问题……

> 雪铁龙公司向合资企业提供未来型产品,提供动态技术、开发技术和计算机应用技术,并与二汽合作,在两厢车型基础上为合资企业开发三厢车型。双方同意由二汽接受雪铁龙的技术转让,并协助合资企业消化吸收。
> 法方同意免费为合资企业进行 3000 人/月的劳务培训。

1988 年底,中国政府批准了二汽和雪铁龙的合作。1989 上半年,双方就像热恋中的情侣一样,联系十分密切,合作谈判紧锣密鼓。1989 年 1—5 月,二汽与法国雪铁龙公司先后在北京、十堰与巴黎进行了四轮商务谈判。按照这样的进度推进下去,1991 年就可以在中国同步法国推出雪铁龙 ZX 车型。

就在此时,政治风波逼迫二汽雪铁龙项目紧急刹车,签约被搁置,一搁就是一年半的时间。1990 年 12 月 19 日,第二汽车制造厂厂长陈清泰和法国雪铁龙汽车公司董事长卡尔维终于在法国巴黎坐在一起,签订了二汽雪铁龙轿车项目的合资合同,双方将一起成立合资公司——神龙汽车有限公司。

1992 年 5 月 18—19 日,神龙汽车有限公司的第一次董事会在北京召开,宣布正式成立神龙汽车有限公司,决定了正副总经理和部门经理的任命,并确定使用"富康"作为在中国生产的法国雪铁龙 ZX 车型的中文名字。

1992 年 9 月 4 日,"二汽"更名为东风汽车公司。

1993 年 2 月,神龙汽车公司在襄樊(今襄阳)的机加工厂和武汉工厂均全面开工兴建。二汽期盼已久的轿车项目终于正式落地,此时的二汽也已经更名为东风。

陈清泰与卡尔维签订合资协议现场

神龙汽车有限公司召开第一次董事会

1993 年 2 月 26 日，神龙公司开工典礼奠基仪式

新名字和新产品,让在市场经济中焕然一新的二汽,乘着"东风",勇立潮头。

1992 年 9 月 1 日,神龙利用进口散件组装了第一辆富康轿车。第二年,用从法国奥尔耐总装厂进口的部件组装了第一批 1.75 万台的国产雪铁龙 ZX 车型——神龙富康。

神龙富康汽车

1998 年,武汉发大水,富康是唯一能涉水行驶的轿车,被称为"第一漂";

1998 年 6 月 18 日,公司在清华大学成功进行了富康轿车安全性检测碰撞试验,被誉"中华第一撞";

1999 年 1 月 1 日,北京市副市长汪光焘为率先通过尾气排放检测的神龙富康 988(第一辆绿色环保车)贴上了绿色环保标签,被记为"第一贴"。

"第一漂"富康

伴随着新车取得诸多荣誉,产品开始热销,神龙富康的名字很快传遍了全中国。2000 年 3 月 28 日,"富康"及其图形商标被认定为"湖北省著名商标"。2002 年 3 月 8 日,富康(轿车)又被国家工商管理总局认定并授予中国驰名商标称号。很长的时间里,富康就是神龙汽车的标志符号,大家都知道这是东风和法国雪铁龙一起制造的先进产品。

东风汽车公司与法国 PSA 标致雪铁龙集团扩大合作的合资合同
在北京人民大会堂签字

2002 年 10 月 25 日,东风汽车公司与法国标致雪铁龙集团(PSA)的扩大合资合同签字仪式在北京人民大会堂举行,合资公司名称维持神龙汽车不变,实行东风雪铁龙与东风标致双品牌战略。东风与 PSA 的合作不仅意味着将与雪铁龙开展更加深入的合作,更意味着标致将重返中国。神龙汽车自此有东风雪铁龙和东风标致两大品牌。为了便于区分,富康依然是神龙富康,但也是"东风雪铁龙富康",富康成为东风雪铁龙在中国推出的第一款产品。

长安铃木

诞生时间：1993 年 5 月

1994 年 3 月 12 日，国务院发布了《国务院关于印发〈汽车工业产业政策〉的通知》(国发〔1994〕17 号)。这是中华人民共和国成立以来中国第一部汽车产业政策，对中国汽车产业的发展具有重大意义且影响深远。1994 年版《汽车工业产业政策》(以下简称《政策》)有非常多具体明确的规定，切实解决了中国汽车工业当时的发展方向问题。

《人民日报》当时的相关报道

比如《政策》第三十二条规定：生产汽车、摩托车整车和发动机产品的中外合资、合作企业的中方所占股份比例不得低于 50%。这一规定一直影响着合资车企在中国的经营模式，按照目前的政策，乘用车汽车企业所受的影响将一直持续到 2022 年。

《政策》第四十三条规定：汽车工业企业不得以半散件（SKD）和全散件（CKD）方式进口散件组装生产。这直接打消了很多小型企业想要借助散件进口生产乘用车的想法,也给已有的合资品牌加上了"紧箍咒",加快了产品的国产化进程。

《政策》第四十七条还规定:国家鼓励个人购买汽车,并将根据汽车工业的发展和市场消费结构的变化适时制定具体政策。这是中华人民共和国成立以来,国家第一次在政策层面允许老百姓拥有车。这一规定的落实遇到重重阻碍,甚至一度成为一纸空文,特别是有很多基层干部直接持反对意见。但这时国家在政策层面公开表示,汽车将不再是生产资源,而是商品,老百姓可以选购的商品。

国家对轿车、轻型车的审批也做了明确限制。《政策》第五十八条明确规定,1995 年底前,国家不再批准新的轿车、轻型车整车项目。国家清晰地向全国的汽车类企业传达出信号:自政策发布后的未来一年多时间里,不会再批准新的轿车和轻型车项目。

1987 年 8 月的北戴河会议之后,明明已经有了相关规定,除"三大三小"之外,不再审批新的轿车生产项目,但还是有地方和部门擅自同外商洽谈引进轿车制造技术和装配生产线,假借各种名义发展轿车制造。为此,国务院 1988 年 12 月 14 日专门下发了《国务院关于严格控制轿车生产点的通知》(国发〔1988〕82 号),明确指出了已经审批的六家汽车企业,并强调"未经国务院批准,各地区、各部门和企业不得擅自安排轿车生产点……"

国务院关于严格控制轿车生产点的通知

国发〔1988〕82 号

各省、自治区、直辖市人民政府,国务院各部委、各直属机构:

一九八七年十月三十一日《国务院关于进一步严格控制轿车进口的通知》(国发〔1987〕97 号)明确规定,除已经国务院批准的轿车生产点以外,在全国范围内不再安排新的轿车生产点。但近来有的地方和部门仍擅自同外商洽谈引进轿车制造技术和装配生产线,有的假借微型汽车、轻型汽车和旅行车的名义发展轿车,有的盲目发展某几种轿车零部件,有的以各种方式进口轿车零部件,拼装轿车。为了防止轿车工业一哄而起,盲目发展,造成大的损失,以促进我国轿车工业的健康发展,现通知如下:

一、未经国务院批准,各地区、各部门和企业不得擅自安排轿车生产点;不得安排轿车的技术改造、基本建设项目(包括限额以下项目);不得同外商洽谈引进轿车整车设计制造技术和生产装配线；不得进口散件组装轿车；不得建立轿车中外合资、合作企业。对违反上述规定的，要追究有关领导的责任。

二、对未经国务院批准已经投资建设的轿车项目，一律作为计划外项目清理、停建，检查清理的情况于明年一月底专题报告国家计委。

三、为了防止变相上轿车项目，吉普车、微型车、超微型汽车项目（不分限额上、限额下项目）一律报国家计委审批。

四、各地区、各部门可以积极配合一汽、二汽、上海等轿车生产基地，按照高起点、大批量、专业化的原则，重点发展零部件生产及相关工业，加速提高轿车生产的国产化水平，并采取多种方式扩大汽车零部件出口；也可以向三个轿车生产基地投资，在以后的轿车生产中，可以协商按投资比例分享利益和产品。

五、对国务院批准的三个轿车生产基地和天津、北京、广州三个生产点进口的汽车散件，实行差别税率，根据国产化率高税率低、国产化率低税率高的原则，制订进口散件的税收办法。在国家批准的建设期限内，按合同规定国产化计划进度进口散件组装轿车的，关税可适当调减；不按期实现国产化计划的要提高税率。实现的国产化率，由中国汽车工业联合会确认。具体调减关税办法由海关总署、财政部、国家计委联合制定。此外，合资企业向国内用户收取的外汇必须与合同中规定的国产化计划相一致，进口散件总量严格控制在合同规定的范围内。

六、严禁以维修配件名义，进口关键总成和零部件在国内拼装轿车。今后进口维修备品配件，要与中国汽车工业联合会组织的进口汽车维修配件国产化工作结合起来，每年年底由中汽联编制下一年度进口汽车维修配件计划，经国家计委会同国务院机电设备进口审查办公室统一审批进口，不再零星审批。如果发现仍然以维修配件名义，进口关键总成和零部件在国内拼装轿车，除照章征税外，还要依照《中华人民共和国海关法》的规定严肃处理。

国　务　院

一九八八年十二月十四日

1989 年 3 月发布的《产业政策要点》中，把已经批准的轿车项目列为国家重点支持项目。已经获得审批的六个项目的确获得了更多的资源，也改变了中国汽车工业格局。看着这些乘用车生产企业发展得红红火火，各地也纷纷效仿，即便是已经在通知中明文禁止了，还是有不少企业铤而走险，顶风作案。

这和市场需求是有一定关系的，几个大项目很难在短时间满足旺盛的市场需求。中央三令五申要求汽车产业要全国一盘棋，严禁小项目上马，不少地方却充耳不闻，暗地里"开花"。

正是在这样的背景下，当时的中国汽车工业联合会提交了一份建议报告，表示除了继续控制进口轿车，适当增加进口苏联及东欧国家的轿车数量外，建议增加轻微面包车的生产。报告认为，用轻型面包车代替部分公务用车是可行的。天津大发、柳州五菱、昌河铃木、哈飞松花江、长安铃木等汽车品牌都是在这样的政策基础上发展起来的。

哈飞松花江（仿制铃木 Carry）

其中，长安铃木相对特殊一些，它不光可以生产面包车，也获得了生产轿车的批准。长安铃木的轿车出现在 94 版《政策》发布之前，这也是为什么在《政策》里没有再明确说明"6 家"轿车生产企业。

长安能争取到生产轿车的"特批"还有另外一个重要的背景——军工。党的十一届三中全会后邓小平同志提出"国防工业要以民养军，军民结合"。1979 年 4 月，中央又提出"军民结合、平战结合、以军为主、以民养军"的十六字方针，鼓励军工企业利用富余生产力生产民用产品。

　　自 1980 年开始,各地的军转民工作逐步展开,许多军工厂都转型制造汽车或者摩托车。军工企业转型制造汽车是很合适的,毕竟拥有较高的科技制造水平,软硬件都是现成的。但要完成产品转型,还要进行市场化探索,这并不是一件容易的事。首先得要有和市场同步的产品,这恰巧是"与世隔绝"的军工企业最欠缺的。这时候,国家牵头到世界各地去寻求技术引进的合作。一来二去,碰了一鼻子灰,唯有铃木一开始就提供了大量的帮助。而且,铃木的技术覆盖了汽车和摩托车两个细分品类,帮助众多军工企业实现了产品和生产的转型。长安就是其中之一,当时还叫国营长安机器制造厂。长安厂在军转民之前就是生产汽车的,比如长江牌 46 型越野车就是长安厂早期的产品。除此之外,还有哈飞、昌河、轻骑、江南、东安……铃木带动了很多企业的发展。

第一批长安牌微型载重汽车下线

　　20 世纪 80 年代初,长安厂和日本铃木公司正式签订技术贸易合作协定书,进行微型汽车和发动机项目的合作。1981 年,长安厂开始以铃木第七代 Carry 微型商用车 ST90K 为基础开发新车。1984 年 11 月 15 日,第一批长安牌 SC112 微型厢式货车和 SC110 微型载重汽车正式下线。之后陆续发展出 SC1011/1011C/1011C1 单排座单厢微卡、SC1011A/1011A1/1011B 双排座双厢微卡、SC6320/6331 微型面包车、SC1010/SC1010X 邮政专用车或公安专用车等。

　　20 世纪 80 年代中期,微型卡车和微型面包车开始在国内火了起来。据不完全统计,在天津、柳州、吉林、重庆等地有十几个厂家分别引进大发、三菱或者铃木的技术，开始制造微型卡车或者面包车。火归火，但各厂水平参差不齐，出现了极为严重的"散、乱、低、差"现象。

为了保持竞争优势，像长安、昌河一类已经可以批量生产的企业，就抓紧开发衍生车型，利用产品进化来稳定竞争力。为了让竞争力得到进一步的稳固，长安还做了一个大胆的实践——制造轿车。

这是明知不可为而为之。国家已经有了明确的指导意见，但长安还是结合市场需求，把轿车造了出来。1991年，长安从铃木购买了500套铃木第二代Alto汽车的散件，到中国之后就音译为"奥拓"。

长安生产线上的第二代铃木Alto

"Alto"取自意大利语，意思是有才能的、优秀的。

零件是买了，车也组装了，但是没有轿车生产资质，就意味着无法投产，无法向市场销售。幸运的是，长安在向中央汇报情况时，提出请时任国务院副总理邹家华体验一下奥拓。他操控自如地开着奥拓在院子里转了几圈，满意地说："这是很好的家庭轿车嘛，可以生产！"

长安厂就这样开始生产奥拓微型轿车了，第一批以进口散件的方式生产，第一批生产的500辆奥拓为长安厂的下一步发展奠定了基础。

1992年，国家正式批准长安为开发生产微型轿车的生产基地之一。之所以是"之一"，是因为按照中国兵器工业总公司的统一部署，还有另外三家具有军工背景的企业也要生产奥拓，组装需要的零配件由"兵总"统一分配，覆盖件由长安厂统一供应。其他三家分别是吉林江北、湘潭江南和西安秦川。

　　这相当于给长安安排了三个竞争对手，都还是自家兄弟。不过这三家的奥拓后来都卖得不怎么样，逐渐也就被淘汰了。江北奥拓一直不挣钱，一直撑到"兵总"在 1999 年分家之后就停产了；秦川奥拓在进入 21 世纪之后就被替换成福莱尔；江南奥拓算苦苦支撑了多年，到 2006 年 8 月也全线停产了。

江南奥拓

　　开始生产轿车之初，长安就有更长远的打算。1993 年 5 月，长安与日本铃木、日商岩井合资成立了重庆长安铃木汽车有限公司，中方持股 51%，合同期 30 年。以奥拓为基础的长安铃木合资公司由此诞生，长安铃木品牌也在中国落地生根。

　　合资公司 1993 年 6 月奠基，1994 年 6 月开始建线，到 1995 年 9 月，冲压、焊接、涂装、总装四大生产线以及检测线相继建成投产，形成了年产 5 万辆轿车的生产能力。

　　1995 年 3 月，总装线试制出第一辆 0.8 升排量的奥拓 SC7080 商品车，4 月投入批量生产。到 1995 年 11 月时，长安铃木奥拓的国产化率已达到 60%。

　　2018 年 6 月 15 日，北汽昌河官网发布了《关于原江西昌河铃木汽车有限责任公司变更为江西昌河汽车有限责任公司全资子公司的公告》，意味着昌河铃木正式解散。同年 9 月 4 日，长安汽车与日本铃木和铃木中国达成协议，以 1 元人民币现金收购日本铃木及铃木中国分别持有的长安铃木 40% 的股权及 10% 的股权，收购完成后，长安汽车持有长安铃木 100% 的股权。

　　至此，曾经在中国遍地开花的铃木品牌全面退出中国市场。

贵州云雀

诞生时间：1992 年

　　长安赶上了"军转民"的大潮，再加上自身条件好，幸运地拿到了奥拓这张轿车"准生证"。这对长安的发展是有决定性意义的，如果当时国家把军工企业纳入严控的企业范围内，长安现在就不一定在造汽车了。

　　和长安同等幸运的还有一家企业——中国航空航天工业部的贵州航空工业基地，也叫"〇一一基地"，也就是后来的中国贵州航空工业集团（简称"贵航"）。

　　贵航也是"三线建设"的产物。1964 年 11 月 23 日，国务院批准成立贵州地区的建设筹备处，到 20 世纪 70 年代初期，建设已经初具规模，建成了 45 个相关企事业单位，延绵 400 多公里分布在贵州的 3 地州 11 个县市。

　　1970 年 9 月 18 日，贵航自行研制的第一架飞机试飞成功，开启了贵州的航空制造新篇章。从 1965 年开始，贵航按照航空工业部的部署，开始生产歼-7 战斗机。

　　进入 20 世纪 80 年代，改革开放的春风也吹进了贵州的群山。在"军转民"的号召下，三线建设中诞生的军工企业都开始把目光转向更广阔的世界。贵航经过研究，确立了"工艺相近、技术相通、结构相似"的基本原则，开始投身汽车制造工业。贵航起初集中做汽车零部件的开发、研制和生产，给全国的汽车企业做生产配套。汽车零配件逐渐成为贵航民用产品中的主要组成之一，这也为贵航转型制造汽车打下了基础。

　　1987 年，贵航开始谋划转型，其主管单位中国航空工业部给贵航争取到了轿车生产项目。当时贵航内部对造不造汽车的问题是存在很大分歧的，最终还是同意造汽车的一方占据了上风。

　　1988 年，贵航正式开始启动轿车项目，开始向外界寻求合作。经过多方沟通之后，同样有着飞机制造背景的日本富士重工成为贵航的合作伙伴。结合国内当时的市场需求，贵航看上了富士重工当时生产的微型汽车斯巴鲁 REX（SUBARU REX）。

斯巴鲁 REX 车型

1989 年，贵航决定向富士重工引进斯巴鲁 REX 的生产技术。贵航的初衷是希望富士重工能够帮助贵航开发设计"贵航牌"汽车，不过这样的设想对刚刚实现跨界不久的贵航来说，实现难度实在太大。

说是"引进技术"，实际后来也就是购买散件之后在国内组装，然后贴牌销售。要实现国产，光靠花钱是很难达成的。贵航起初准备直接把贴牌之后的斯巴鲁 REX 称为"贵航牌"，后来又改成了"云雀"。

1992 年，贵航开始组装贵州云雀微型轿车。1993 年，贵航在贵州安顺成立了双阳飞机制造厂汽车分厂，专门生产云雀轿车。通过改造，原来的地方变成了用于汽车制造的专用厂房，附近的飞机跑道直接变成了测试汽车用的跑道。

云雀微型轿车长宽高分别为 3365 mm、1420 mm、1350 mm，轴距 2255 mm，前后轮距分别为 1220 mm、1220 mm；两缸水冷置顶凸轮轴发动机，排量 544 mL，最大功率 21.8 kW/5500 rpm，最大扭矩 24.5（N·m）/4000 rpm，前轮驱动配四挡手动变速器；悬挂系统，前为麦弗逊式独立悬挂，后为斜摆臂充气减震式独立悬挂；前盘后鼓液压真空助力刹车，最小转弯半径 4.8 m。

贵航赶在 1994 年《汽车工业产业政策》发布之前拿到了轿车生产的资质，名正言顺地成为国家批准的微型汽车生产基地。当时国内除了"三大三小"之外，还有

"两微"，说的就是长安铃木奥拓和贵州云雀。

贵州云雀的 Logo

奥拓和云雀几乎是同时期上市的微型轿车，都采用源自日系汽车的技术，两者是竞品关系。在日本市场，两款车的原型车也是竞品关系，两者的销量比是 1∶5，富士重工的斯巴鲁 REX 要更抢手一些。在中国市场，却反了过来，比值成了 30∶1，奥拓更受欢迎。即便是这样，当时全国的微型汽车主要由这两个品牌提供，所以云雀还是获得了不少的市场份额。

在大厂小厂此消彼长的时候，国家层面的认可也给贵航发展汽车制造业提供了相对优越的环境。1995 年，贵航将汽车厂更名为贵航集团汽车总厂。

云雀的经营状况一直不理想，贵航和富士重工都在决策上出了不少问题。开始采用 CKD 方式生产的时候，云雀很快获得了市场认可，地方政府也有意扶持，比如采购云雀轿车作为出租车等。1992 年，贵阳市出租车管理处在得知第一批云雀轿车下线之后，就联系了贵航，希望能采购一部分云雀轿车投放到贵阳做出租车。这应该是一个打开本地市场的绝佳机会，毕竟是在省会城市，带动整个贵州的出租车市场是十分容易的。但当时汽车厂的管理者居然拒绝了，理由是要优先满足企业内部需要。市场是不会等待的，很快贵州省就出现了很多奥拓出租车。

贵航决策错误，再加上富士重工毫无长远眼光或者压根儿就没看上中国市场，直接导致云雀的生产在 94 版《汽车工业产业政策》发布之后陷入被动。政策第四十三条规定：汽车工业企业不得以半散件（SKD）和全散件（CKD）方式进口散件组装生产。这相当于直接掐住了贵州云雀的命脉，不提高国产化率就只能放弃来之不易的生产资质。

为了突破这一困境，唯一的办法就是实现零部件的国产，贵航不得不提出全面国产化的思路。可是配件的生产也是需要技术的，贵航恰巧没有过硬的技术。也就是说，在毫无准备的情况下，云雀是被贵航硬着头皮"国产"出来的。也因此，安顺出现了很多微型汽车的配件厂。可想而知，这样急匆匆上马的方案，不可能达到理想的效果。造出的纯国产云雀，质量问题严重，将此前积累下来的皮实、稳定的口碑付之一炬。

贵航在此时还做了一个更加致命的错误决定，就是降价，想要通过低价来换取市场。低价和劣质不应该完全画等号，低价的确可以在短期获得市场，劣质却可能永久失去市场。当低价和劣质成为云雀的标签时，说明市场已不再给云雀留任何情面和空间。从1992年到1998年，贵航集团汽车总厂净亏损在7亿元人民币以上。

只有合资才能救贵州云雀。贵州云雀生死存亡之际，富士重工权衡再三，决定出手挽救自家产品在中国市场的命运。富士重工决定效仿其他品牌，和贵航合资经营贵州云雀，也权当是开辟新的市场。

富士重工对待这次合作，并没有表现出十足的魄力和信心，它找来了日本丸红株式会社（Marubeni Corporation）和新加坡的陈唱公司共同加入。

丸红株式会社是日本五大综合商社之一，公司总部设在东京和大阪，主营业务为各类进出口贸易和投资。丸红株式会社在改革开放之后一直致力于在中国的投资，贵州云雀就是其中一个项目。

新加坡陈唱公司，也就是现在的陈唱国际有限公司，和富士重工的关系一直十分密切，在富士重工的境外合作项目里基本都能看到这家公司持有股份。

1998年3月，中外合资的贵航云雀有限公司成立。新公司成立之后，贵航云雀希望能用优质的产品抢夺中国的微型车市场。新云雀放弃了之前老车型上的EK23两缸发动机，换用了斯巴鲁Vivio（SUBARU Vivio）上搭载的EN07四缸电喷发动机。

这次合作，各方共同投资资金为4.5亿元人民币，这个数额虽然不算很大，但是对于建造一家已经有一定规模的微型汽车生产厂来说，应该是够用的。双方都满怀信心，希望用优质的产品打入中国市场。为了挑战奥拓在微型汽车领域的霸主地位，云雀放弃了陈旧的EK23型两缸发动机，转而采用当时仍在富士重工Vivio上使用的EN07型四缸电喷发动机，排量660毫升。在对整车的外观做了改进之后，推出了号称"风之翼"的云雀WOW。

Subaru Vivio

斯巴鲁 Vivio（日语：スバル・ヴィヴィオ）是日本富士 1992 年到 1998
年间研发制造的轻型车，是斯巴鲁 Rex 的后继车型。 车名源于英语中的
"vivid"，表示色彩鲜艳之意；又因为这款车的发动机排气量是 660 毫升，以
罗马数字书写就是 "ⅥⅦ0"，与 "vivio" 近似，所以这款车的名字就叫 Vivio。

云雀 WOW

云雀 WOW 在许多地方要比奥拓同时期的都市贝贝优异，比如底盘的质感和
操控感受。不过，消费者心中对云雀品牌的认知还始终停留在工艺不佳、质量不好
上，即便产品在品质上略胜一筹，但消费者根深蒂固的认知难以改变，产品的销量
依然无法赶上奥拓。再加上奥拓懂得投其所好，配备电动车窗、大包围等，都是看
得见的优势，消费者在选择时自然不会有太多的犹豫。

合资三年之后，斯巴鲁终于还是在 2001 年放弃了云雀项目。此后，贵航云雀有
限公司最有价值的资产就是它的壳资源。2004 年，青年汽车集团有限公司入股贵

航云雀,与贵州航空工业(集团)有限责任公司共同组建贵州贵航青年莲花汽车有限公司。青年汽车以此拿到了轿车生产目录,投产青年莲花。

　　青年汽车集团有限公司是2001年1月9日成立的,法定代表人是庞青年,这家公司的经营范围包含国产汽车及零部件的销售,但是不包含小轿车。青年汽车通过入股贵航云雀,拿到了轿车生产资质。

　　2007年,贵州贵航青年云雀汽车有限公司更名为贵航青年莲花汽车有限公司,"云雀"逐渐淡出公众视野。

　　多年以后,青年莲花失败,青年汽车黯然退场。贵航青年莲花汽车有限公司也于2015年11月重组。两年多之后,这家公司又再次启用"云雀"。2018年3月,云雀汽车首款车型"全界Q1"上市,同年6月正式销售。

云雀汽车全界 Q1

　　云雀依然是贵州的云雀,复活之后的命运又会如何呢?

一汽大众奥迪

诞生时间：1995 年 12 月 8 日

　　1989 年 8 月 1 日，从一汽大众的奥迪总装线上驶下的奥迪 100 并不算是真正的国产奥迪，严格意义上来说属于半散件生产。当时引进的是奥迪的第三代奥迪 100（C3），有第三代 C 级轿车的意思。

　　一汽和大众签署的技术转让协议有效期是 6 年。6 年后的 1995 年，一汽产的奥迪 100 的国产化率已经达到了 82%。

　　1993 年，借着国产奥迪发展的契机，一汽恢复了红旗牌轿车的生产。3 月 22 日下线的第一辆红旗牌高级轿车，被浙江省新昌县农民企业家王文千买走，红旗牌高级轿车第一次走向市场，走进普通人家。此次复产的红旗也被叫作"小红旗"。

　　一汽经过大干"三车一机"和"决战红旗工程"，相继开发出了小红旗皮卡 CA1201U3、小红旗轿车 CA7221 和 CA7221L、CA7226L、CA7228L 等多种小红旗加长车以及变种产品。

小红旗皮卡 CA1201U3

小红旗 CA7226L

　　当 1995 年奥迪 100 的生产许可到期之后，一汽就将奥迪 100 的技术全部应用到了小红旗上。截至 1997 年，一汽一共生产了 2.3 万辆小红旗，国产化率达到 93%。

　　1994 年的汽车行业政策严格控制了进口散件生产的模式，正好 1995 年生产许可到期，奥迪想要继续在中国市场销售，就得改变合作方式。

　　1995 年，奥迪在全球市场的销售状况出现了好转，不过离奔驰和宝马还是有大段的距离。此时的奥迪正是需要稳扎稳打的时候，提高自己的品牌形象尤为重要。可奥迪还是在这个节骨眼儿上选择了一个冒险却有意义的计划。

　　当一汽在生产奥迪 100 时，奥迪方面虽然提供了技术和设计，但对生产管理毫无话语权。零配件在逐步国产化的时候，出现了很多问题，品控很难得到保障。这和一汽当时各类储备都十分有限有关，而且机械加工水平低的问题在短时间内是无法解决的。所以，奥迪方面只能看着国产化率越来越高的奥迪 100 故障率居高不下，产品越来越糟糕。奥迪高层甚至直言"一塌糊涂"。

奥迪 100

无论是放任奥迪100口碑越来越差直到损害品牌声誉，还是因授权到期放弃中国市场，都是奥迪方面不愿意看到的。所以，新一轮的合作谈判被提上了日程，大众的董事长费迪南德·皮耶希（Ferdinand Piech）、奥迪公司的总裁戴默尔和一汽厂长耿昭杰密集地展开了谈判。

谈判的最终结论就是合资公司一汽大众继续生产奥迪轿车，奥迪也加入合资公司。1995年11月13日，一汽、大众公司和奥迪公司三方在北京共同草签了奥迪加入一汽大众的协议。同年12月8日，一汽、大众和奥迪三方在北京签订合同，一汽大众公司的股比改成了：一汽60%，大众30%，奥迪10%。一汽大众同时生产和销售大众和奥迪两个品牌的产品。

奥迪进入一汽大众之后要做的第一件事就是重新规划产品。奥迪获得了奥迪品牌在中国的话语权，意味着奥迪也必须对产品在中国市场的表现负直接责任。这和散件进口生产时期不一样，那时候只管卖技术和零部件，其他的一概不用管，也管不着。合资之后，奥迪就必须对它的国际品牌形象负责任。

当时奥迪100（C3）的换代产品C4已经快到产品的末期了，而且1994年就更名为奥迪A6了。奥迪当时正在研发新一代的奥迪A6（C5），预计1999年上市。一汽大众的股东经过商讨决定中国市场和国际市场直接同步，在1999年同步销售奥迪A6（C5）。

奥迪A6（C5）

1996年1月，合资双方签署了联合开发奥迪A6（C5）的协议。当时，中方提了一个要求，就是要开发加长版的A6。奥迪的工程师起初不能理解这一要求，因为他们觉得 A6 作为 C 级车,空间已经足够大了,为什么还要多此一举呢? 这主要和使用场景有关。欧美地区,购买 C 级轿车的用户有 9 成都是自己买自己开,对后排空间的要求并没有那么大。但在中国地区,奥迪 A6 一类豪华轿车基本都是领导的座驾,领导一般又都是坐在后排,自然对后排空间的舒适性要求更高。经过一系列的调研之后,奥迪最终同意,为中国市场开发加长版的奥迪 A6(C5)。

奥迪负责开发,一汽奥迪支付开发费用,加长版的知识产权归属一汽大众。专属中国市场的加长版车型从这时候开始就注定会成为中国市场的一种“流行时尚”。

整个开发过程历时三年多,在这期间,一汽大众并没有让奥迪品牌在中国停产,而是对老款的奥迪 100(C3)进行升级和改造。新车换装了新的 2.6 升 V6 发动机,命名为奥迪 200,继续生产和销售。奥迪 200 在国际上绝不算是领先的产品,但在当时的中国市场是国产高档公务用车的唯一选择。

奥迪 200

奥迪 200 的外观和奥迪 100 几乎一样,只是车身后柱和长度略有变化。

1998 年 6 月 23 日,一汽大众还向市场推出了 1.8T 奥迪 200,搭载涡轮增压发动机,成为最早搭载涡轮增压的国产汽车。

1999 年 9 月 6 日,代号 4Y8 的国产奥迪 A6 在一汽大众的长春工厂正式下线。相比海外版的奥迪 A6,加长版整车长度增加了约 100 毫米,轴距加长了 90 毫米。奥迪 A6 在投入市场之后获得了巨大的成功,在被换代产品取代之前的 5 年多时间里,中国市场一共销售了 20 多万辆奥迪 A6。奥迪在中国市场的高端定位牢牢地树立了起来,在国际上的影响力越来越大。加长版的奥迪 A6 成为中国市场的标杆型产品。

　　奥迪 A6(C5)的成功与奥迪对中国市场的尊重休戚相关。有关车型加长一事，奥迪采用了严谨的态度。加长并不是简单地拉长，而是结合车辆的性能、安全、美学等诸多因素，专门开展的加长设计。而且，当时奥迪方面并没有因为这款车只投放到中国市场就降低生产的质量，而是严把质量关，绝不放水，甚至帮助一汽大众形成了一套完整、严谨的生产流程和标准。

　　此后，国产轿车的品质和产量都产生了质的变化。奥迪也因此获得了中国市场的信赖和巨大利润。以市场换技术，在一汽和奥迪的合资中被展现得淋漓尽致。这是中国汽车工业在合资时代的缩影，是一个值得纪念的阶段。

上海通用

合资公司诞生时间：1997 年 3 月 25 日
上汽通用别克：1998 年 12 月 17 日
上汽通用凯迪拉克：2004 年 6 月 7 日
上海通用雪佛兰：2005 年 1 月 18 日

"如果不是开放，我们生产汽车还会像过去一样用锤子敲敲打打，现在大不相同了，这是质的变化。质的变化反映在各个领域，不只是汽车这个行业。"这是 1991 年 2 月 6 日，邓小平在视察上海大众汽车时说的话。

1991 年 2 月 6 日，邓小平视察上海大众汽车

当时，上海大众的桑塔纳轿车在国内已经十分有名，年产量已经达到 6 万辆，国产化率也从起初的 2.7% 提高到了 60%。邓小平现场详细地询问了桑塔纳的型号、性能、原材料国产化和出口的问题。邓小平说道："我看你们的车间很空，生产

线布置得很稀，说明你们还有潜力。我看你们可以生产一百万辆。"这对上汽人来说是一种莫大的鼓舞。

上海的轿车生产起步早，发展也快，很快就成为国内最大的轿车生产基地。1993年，上海大众的年产量达到 10 万辆。这不仅仅是一个纪录，也预示着上海的轿车生产即将迈上一个新的台阶。

不过当时国际和国内的诸多因素，都制约着上海轿车工业的发展。另外，国内的竞争变得越来越激烈，一汽和二汽都是"国家队"，资源肯定比"地方队"的上汽要好。而且，两个国家队的合资项目相继上马，上海想要保住在国内轿车生产领域的领先地位就必须更进一步。

奥迪本来是在上海组装，当大众和一汽接触之后就毫无保留地把奥迪的生产重心转移到了长春。先来后到从来不是竞争中的关键，实力才是。到手的中高级轿车就这么眼睁睁被一汽抢走了，上汽也不再是大众汽车在中国市场唯一的合作伙伴，技术和产品的主导权还都在大众手里。上汽逐渐意识到，要改变自己在合资生产问题上的被动局面，启动新的合资项目是必由之路。

上海市委、市政府经过考虑，决定在汽车合资领域创造竞争机制，再找一家合作伙伴，而且要主攻中高级轿车，要强化自主开发，不能受制于人。

再组建一个合资企业在当时并不容易，94 版《汽车工业产业政策》已经明确说明，1995 年底前，国家不再批准新的轿车、轻型车整车项目。严管归严管，上海看到的却是严管中的期限。虽然暂时申请不下来，提前准备总是可以的，况且洽谈合资汽车项目本就是一个需要费时费力才能落实的事情。

1994 年 3—4 月，时任上海市副市长蒋以任带着上海汽车工业总公司的董事长陆吉安和上海市政府相关部门的员工组团出访了韩国、日本、美国、德国、法国、意大利和加拿大 7 个国家的十多家跨国汽车企业。

其中，福特和通用十分积极，而且提出的方案都比较符合上汽的合作要求。这些要求具体包括新建一个中外合资企业，双方股权各占 50%；生产纲领第一期年产 10 万~15 万辆中高级轿车；工厂建在浦东，建厂时间在 1996 年；1998 年建成投产，起步国产化率为 50%；实行外汇总体平衡；同时建立一个合资的技术开发中心，首期目标是车身开发；等等。

1994 年 6 月，两家公司都在洽谈中提出了合作意向，洽谈内容已经涵盖了产品、规模、投资、股比、技术开发、CKD 价格、国产化和外汇平衡等诸多问题。

上海专门组织人员对通用和福特的方案做了对比,最终结论是通用的方案要优于福特。价格上,虽然双方的报价都是 1 亿多美元,也都被砍到了 5000 万美元,但通用的报价里有两款车型,福特只有一款,总体来看,通用的性价比更高;具体车型上,当时双方提供的中高级轿车分别是别克世纪和福特金牛座,世纪的造型更稳重,更适合作公务用车。而且,相比来说,通用的零部件体系更完整,更有利于未来解决合资企业产品国产化的问题。除此之外,通用还同意除了工厂以外,再建一个合资的研发基地。最终,上汽选择了通用。

方案确定之后,时任上海市委书记吴邦国同志在会见通用公司的代表时就表达了确定合作的意向。

1994 年 7 月,时任上海市委副书记、市长黄菊带队到北京做了汇报,正式提出了要在上海成立第二家合资汽车企业的计划。国务院居然同意了,不过所需要的资金完全由上海自己解决。

根据上海通用项目亲历者,也是原上海汽车工业(集团)总公司总裁、董事长陈祥麟的口述:1995 年 7 月,邹家华和吴邦国两位副总理主持召开上汽与美国汽车公司合资建设轿车项目汇报会,肯定上海轿车工业发展取得很大成绩,规模成本和管理在全国处于领先地位,有条件进一步发展新车型,符合汽车产业政策;同意上汽与美国汽车公司合资建设生产中高级轿车项目,填补国内空白;要求抓紧前期工作,继续进行比较,尽早组织审批立项。

获得了中央的应允,就相当于解决了国内最大的问题,接下来只要等中央的正式批复就可以了,最重要的是还得跟通用落实合作,防止通用突生变故。这在二汽和雪铁龙的合作中是有先例的,不能再次陷入被动。

1995 年 10 月 31 日,上汽和通用在美国底特律的通用总部大楼签订了技术转让和合资意向书。基础协议的签订意味着双方合作的事基本就定了。

不过,正是这次草签协议,引发了不少波澜。当时国务院还没有正式地批准这一项目,而且有明文规定在"1995 年底前",不可能批复。在没有批复的情况下,上海却擅自签订"协议"。中央的问责没几天就下发到了上海市委。

不过基础协议并不是正式的合作协议,双方在签订的时候也早已约定好:这个协议是约束两家企业的，如果政府批准了就按这个协议来办，如果政府没批准那就作废。上海方面经过了多番解释之后，中央才没有对此提出更多异议。

不过，基础协议风波还是影响到了上海通用项目的审批。1996年春节，国务院领导到上海时提出中央已经同意上海与日本 NEC 合作总投资 10 亿美元的微电子项目，也就是"909"项目，上海新的汽车项目就不要上线了。

此后，上海市委、市政府经过多方沟通，通过各种渠道做工作，力争保住上海通用项目。终于，在 1996 年 10 月，国务院通过了项目的可行性报告。

1997 年 3 月 25 日，上汽集团与美国通用公司正式在北京人民大会堂签订了合资协议，时任国务院总理李鹏与美国副总统戈尔出席了签约仪式。上海通用总投资额超过 15 亿美元，上汽和通用双方各占 50% 的股份。

1997 年 6 月 12 日，上海通用汽车有限公司成立。同一天，通用汽车与上海汽车工业（集团）总公司共同成立了泛亚汽车技术中心有限公司，这是国内第一家中外合资汽车设计开发中心。

1998 年 12 月 17 日，第一辆上汽通用别克新世纪下线，一辆全新的合资品牌汽车诞生在中华大地。

第一辆上汽通用别克新世纪下线

自此以后，上汽和通用开展了更多深入合作，从单一品牌到多品牌，从产品设计到零配件制造，从国内到国外，双方的合作几乎涵盖了汽车全产业链。上海通用之后于 2004 年和 2005 年分别引进和发布了通用的凯迪拉克和雪佛兰品牌，产品覆盖了经济型轿车和豪华轿车。

上汽如愿以偿,变被动为主动,在中国汽车市场占据了无可撼动的地位。

2002年12月,上海通用汽车、上汽集团和通用汽车中国公司联合重组了山东大宇整车项目;2004年3月,上海通用汽车、上汽集团和通用汽车中国公司又联合重组了沈阳金杯通用汽车有限公司和山东大宇汽车发动机有限公司。2004年6月7日,上海通用发布了豪华品牌凯迪拉克;2005年1月18日,上海通用又发布了雪佛兰品牌,正式开启上海通用"多品牌元年"。

2004年6月7日晚,凯迪拉克在紫禁城太庙举行了隆重的首发仪式

广州本田

诞生时间：1998 年 7 月 1 日

1998 年 3 月 29 日，时任国务院总理朱镕基在"两会"新闻发布会上宣布："住房的建设将要成为中国经济新的增长点，我们必须把现行的福利分房政策改为货币化、商品化的住房政策，让人民群众自己买房子。整个房改方案已酝酿三年多，我们准备今年下半年出台新的政策，停止福利分房，住房分配一律改为商品化。"

这是我国房地产历史上的分水岭，被称为"98 房改"。这标志着在中国实行了近 40 年的福利分房制度将退出历史舞台，百姓住房将"市场化"。

同年 7 月 3 日，国务院进一步细化方案，以"取消福利分房，实现居民住宅货币化、私有化"为核心，宣布从 1998 年下半年开始停止住房实物分配，逐步实行住房分配货币化。

受"98 房改"影响最大的就是公务员，他们必须搬出机关宿舍，自行购房。这时候，许多人的住房都离单位较远，汽车逐渐成为工作通勤的刚性需求。也是在 1998 年，国家启动部分中央机关的车改试点，并同时在浙江、江苏、北京、湖南、重庆等地试点，公务员私下使用公车的现象被大力度限制。也正因为这样，私家车市场被逐步激活，私人购买汽车的热潮逐渐出现。

一方面，已经上马的合资乘用车项目迎来了发展的黄金时期；另一方面，这也加速了新项目的上马和"水土不服"项目的淘汰。竞争越来越激烈，中国汽车消费的市场化特征越来越明显。

就是在 1998 年，广州标致黯然离场，广州本田接替上马。1998 年 7 月 1 日，在广州标致留下的旧厂房里，广州本田汽车有限公司正式成立。

其实在 1997 年，广汽、东风和本田在就这一项目进行谈判时，因为合作模式的问题已经陷入胶着状态,各方都不愿让步,谈判进展十分缓慢。就是在"98房改"等一系列政策的刺激之下,多方特别是本田方面,不愿意放弃市场机遇,加速了谈判的进展。

改革开放以后,除了各类轿车合资项目纷纷上马之外,摩托车的合资生产也是热门。摩托车价格更低,机动性更好,使用场景更符合当时中国的国情,所以合资摩托车制造厂成为投资的热点。本田起初在中国的合资项目就是制造摩托车。1992年,广州摩托集团公司和日本本田技研工业株式会社共同投资成立了五羊-本田摩托(广州)有限公司。中国的摩托车市场是极庞大的市场,对本田来说是极具吸引力的。本田的业务范围早已不仅仅是摩托车,无论是有意还是巧合,合资五羊-本田的另一重要成果就是向中国市场投放了一支"先遣部队"。

1990年代初,日本本田已经在美国市场站稳了脚跟,于是迅速将注意力投向了正在改变中的中国市场。1993年,门胁轰二——后来广州本田的首任总经理——受命到中国开展汽车业务。

广州本田的首任总经理门胁轰二

1994年,门胁轰二为了考察在中国生产本田汽车的可行性问题,曾经到广州标致的工厂参观过。他回忆说:"广州标致工厂年产能3万台,组装生产线相对较新,给我留下的印象说实话并不坏。"这也是后来广州本田项目能够顺利开展的一个重要因素。

1994 年开始，由于国产化等问题的影响，广州标致开始出现严重的亏损，债台高筑。到 1997 年，广州标致累计亏损已达 29.6 亿元，一旦破产，广州市政府的信誉也会受到巨大的影响。

1996 年 4 月 27 日，广州市痛定思痛，决定"更换合作伙伴，让标致退出广州"。

能够接替标致拿到中国市场"三大三小"的名额之一，对很多汽车来说，还是极具吸引力的。奔驰、宝马、菲亚特、福特、马自达等车企都表达过接替标致和广州合作的意愿，但是合作的前提就是得面对近 30 亿元的债务，实在没多少企业愿意背锅。最后，通用欧宝和韩国现代两家企业，愿意做深度谈判。

此时，半路杀出了程咬金，也就是本田，而且是和东风一起。1997 年 1 月开始，本田也成为替换标致的候选企业之一。本田的加入，某种意义来说，的确是东风牵的线。

东风在第一次成立合资公司时遇到不少波折，二汽雪铁龙项目受国际环境等因素的影响，进展迟缓。当时的东风迫于无奈只能一边努力推进，一边尝试寻找新的合作伙伴。本田就是东风经过各方考察之后想要合作的目标之一。

东风和本田在当时是有合作基础的。1994 年底，双方就在广东惠州合资成立了东风本田汽车零部件有限公司，双方也有意一起合作整车项目。

得知广州标致即将退市和广州市的态度之后，东风汽车有意借此机会，和本田联合收购广州标致。国家也希望由东风出面重组身陷困境的广汽。

本田当时对这一项目感兴趣，一方面是本田已经在中国进行过多年考察，有意开展整车项目；另一方面，本田在广州已经有五羊-本田摩托项目，相关的本田系列的部件是现成的，可以很快达到 40% 的国产化率标准。

1994 版《汽车工业产业政策》第四十四条规定：国家根据汽车工业产品的国产化率，制定进口关税的优惠税率。凡达到下列国产化标准的，可享受不同的优惠税率：

1. 引进 M 类（载客车）整车技术的产品国产化率达到百分之四十、百分之六十、百分之八十。

2. 引进 N 类（载货车）、L 类（摩托车）整车技术的产品国产化率达到百分之五十、百分之七十、百分之九十。

3. 引进汽车、摩托车总成及关键零部件技术的产品国产化率达到百分之五十、百分之七十、百分之九十。

1997年春，东风、广汽和本田开始了谈判。东风的目标是和本田一起收购广州标致，广州方面却并不希望被动地放弃汽车制造产业，坚持要"自行解决"。广州的态度很坚决，合作可以，出售绝对不可能。当时的客观条件是东风虽然是中央扶持的大型国有企业，但是资金并不充裕。而广州作为改革开放的前线，可以快速引进外资，也就是缺的不是钱。再加上强硬的态度，谈判的主动权逐渐就被广州方面掌握了。

期间，三方讨论过一个方案：本田出资50%，广汽和东风一起出资50%。但这50%如何划分又成了大难题，双方各出25%的方法看似合理，但双方都无法接受。

时任国家计划委员会副主任曾培炎提出了一个方案：成立一家整车制造公司和一家发动机制造公司，由广汽和东风分别与本田合资运营。广汽和东风倒是没什么太大意见，但本田表示了反对。本田认为：发动机和车辆组装应该一体化运营，这是汽车制造的基本原则。就这样，整个谈判陷入了胶着状态。

就在此时，"98房改"等一系列政策消息的出现，让本田不得不考虑加快推进项目的进展。本田最终愿意妥协，接受成立两家合资公司的方案，但条件是两家公司的总经理都由本田指派。本田起初想指派一人身兼两家公司的总经理，但出于政策限制，最终本田还是向两家合资公司分别派出了一位总经理。

1997年11月13日，广汽、东风和本田在东京签署了《广州汽车项目的基础协议》。

1998年5月7日，广汽本田汽车有限公司合同章程签字仪式在广州花园酒店举行，标志着广州轿车项目将由"一个项目、两家公司、三方股东"构成。

本田以1法郎象征性地购买了标致在广州标致中的股权，同时承担了16.3亿元的债务。1998年7月1日，广州本田汽车有限公司正式成立。同一天，东风本田发动机有限公司也在广州成立，负责向广州本田提供配套产品。

1999年3月26日，第一辆2.3升雅阁从广州本田的生产线下线。合资品牌广州本田驶入中国的大街小巷。

广州本田的生产线下线的第一辆 2.3 升雅阁

　　国产雅阁是第六代雅阁，定价为 29.8 万元，比进口雅阁 43 万元的价格要便宜很多。国产雅阁搭载了 2.3 升 VTEC 发动机、五连杆双横臂独立后悬挂、程序控制燃油喷射系统、全自动空调、智能防盗启动锁止系统等先进技术。雅阁一上市就十分抢手，1999 年生产了 1 万辆，远远没有满足市场需求，本田的加价新闻也就是从那时候开始的。

第六代雅阁

　　投产以来，"广本"的发动机常年由"东本"的发动机公司负责配套，直到 2015 年 9 月 21 日广汽本田第三工厂投产时，首个"广本"的发动机工厂也正式投产，结束了"广本"一直依赖"东本"发动机的局面。

吉利汽车

诞生时间：1998 年 8 月 8 日

2001 年 11 月 10 日下午,世界贸易组织(World Trade Organization ,WTO)第四届部长级会议在卡塔尔首都多哈以全体协商一致的方式，审议并通过了中国加入世贸组织的决定。一个月以后，中国正式成为 WTO 的第 143 个成员。自此以后，中国汽车制造业特别是乘用车制造业,步入了飞速发展时代,"井喷"一词常常被用来描述中国汽车市场的变化。

2002 年，中国轿车产量由 2001 年的 70 万辆增长到 110 万辆。

2001 年 10 月 31 日,也就是中国获批加入WTO 的 10 天前,有关轿车生产的门槛发生了变化,中国民营企业生产的轿车第一次进入了国家官方认可的生产"目录"。国家经贸委在这一天颁布了《车辆生产企业及产品(第六批)(国家经贸委公告 2001 年第21 号)》,在第一部分汽车生产企业的类别中,浙江豪情汽车制造有限公司生产的"吉利牌 JL6360 型"轻型客车出现在了序号第 36 的位置。这是吉利汽车掌门人李书福多年来的梦想,吉利汽车从那时候开始才算获得了生产轿车的资质,浙江豪情汽车制造有限公司(可被看作吉利汽车集团的前身)也成为获得汽车生产资质的民营企业。

用李书福自己的话来说,这是他争取了多年才等来的"失败的机会"。就算是"失败的机会",对李书福来说也一直是求之而不得。

从 1993 年左右开始,李书福就想要造汽车,而且一直在探索。哪怕政策不允许,哪怕没有任何技术,哪怕得不到支持,他都固执地在往这个目标奋斗。他的固执让他成了国内有名的"汽车狂人"。

1999 年 12 月中旬,时任国家卫计委主任的曾培炎到台州考察非国有投资,其中有一站就是李书福的摩托车制造厂。当时,吉利牌摩托车已经非常有知名度,一年可以有三四十万辆的产销量。其实,那时候李书福已经利用"曲线救国"的思路在临海的汽车厂制造出了吉利豪情 6360，但因为那时候吉利汽车都是借着客车的名头生产出来的，所以还不敢大张旗鼓地让领导去视察。

就是曾培炎视察摩托车厂的时候，李书福大胆地向领导提出了自己制造汽车的梦想。曾培炎虽然没有现场直接说不，但委婉地向李书福表达了自己的反对态度。李书福此前已经碰壁无数，现场也顾不得更多，继续争取说道："能不能给我一次失败的机会，让我们尝试一下！"

曾培炎当时兴许是被他的执着打动了，听完之后回复了一句："我不反对你们造车。"正是这句话，让李书福的意志更加坚定了。

《中国企业家》杂志此后还做了一期封面报道，标题很大，就叫"请给我一次失败的机会"。这件事产生了很大的社会影响，引起了更多的人对中国民营企业造车的关注。

李书福 1963 年出生于浙江台州的一个普通的农村家庭，成长在中国经济浪潮汹涌的时代。年轻时候，他和很多同龄人都有"读书无用"的观念。中学毕业，李书福就辍学投身商海。

李书福

1982 年，19 岁的李书福靠着 120 元买了台小相机，骑个破自行车满街给人照相，算是做起了小本生意。半年后，他赚了 1000 多块钱，随后还开起了照相馆。冲洗照片的过程中，李书福发现从废弃物中可以提取高纯度的银。于是，他把台州所有的冲洗液都买下来提炼银，然后再拿到杭州去卖。

1984 年，李书福发现，鞋厂的工人居然都可以自己制作冰箱的一种零配件，他回家之后跟着做。

1985 年前后，民营经济还没有获得正式承认，电冰箱这种国家统一配售的商品还都是由国营厂生产。不过，李书福已经发现了电冰箱的巨大商机，又决定生产电冰箱。1986 年，李书福组建了黄岩县北极花电冰箱厂，生产北极花电冰箱。事实证明，北极花冰箱是成功的，工厂的年营业额达到四五千万元。

1989 年，李书福和几个合伙人就把工厂全部无偿送给了乡政府。离开北极花的李书福先后到深圳、上海和哈尔滨学习。到 1991 年底，他察觉到国家政策对乡镇企业的态度发生了转变，就收拾行囊，再次返乡创业。

这次是做装修材料铝塑板。1991 年，李书福创办了浙江台州吉利装潢材料厂，开始启用"吉利"二字做品牌名。铝塑板的生意成了李书福的聚宝盆，工厂一年的利润近一亿元。

李书福自己回忆说，我每次做什么，马上就有人跟着学，搞低水平竞争。所以我就想，如果做汽车，别人要学就难了。

1993 年，恰逢已经有了基础的财富积累，李书福就开始筹划进军汽车制造业了。有了想法之后，李书福直接去找市里和省里的相关部门，相关部门都告诉他：不可能！最严重也是最直接的问题就是根本没法立项，国家不可能批准。

既然汽车不行，能不能退而求其次，先制造摩托车呢？那时候，想要以民营资本建厂生产摩托车也是没有立项的可能的。所以，李书福索性不再考虑自己建厂的事儿，而是直接买下了一家濒临倒闭的摩托车厂。1993 年，李书福以数千万元的价格收购了浙江临海一家有生产权的国有邮政摩托车厂。

起初，李书福用工厂现成的品牌生产跨式摩托车，但是卖得不好。一次偶然的机会，他关注到国内的踏板摩托车很多都是台湾产的，大陆还没有人能够生产。经过一年多的研究和开发，在引进了雅马哈发动机之后，第一款大陆产的踏板摩托车被李书福抢先造出来了。产品先进，自然很火，卖得也好，一年能有三四十万辆的销量。

没过多久，李书福又兼并了临海鹿城摩托车厂，并且以此为契机，把"吉利"品牌导入摩托车。

1999 年，吉利摩托车产销 43 万辆，实现产值 15 亿元，吉利集团也因此赢得了"踏板摩托车王国"的美誉。

对李书福来说,造摩托车只不过是为造汽车所实行的缓兵之计,都是在为那个更大的梦想打基础。

正式从摩托车制造向汽车制造进军的时候,李书福兜里只有 1 个亿。姑且先不管政策上是否允许,想用 1 个亿投资造汽车,怎么看都是天方夜谭。按照 1994 年的政策,如果是地方政府要进入汽车产业,准入投资门槛是 15 亿元,还得是国家批准的项目。

除了钱,人才、技术、场地、产品、资质……一大堆的问题都摆在李书福的面前。

场地的问题,李书福是最先解决的。1996 年,他以造摩托车的名义向临海市申请了一块地皮。当时吉利摩托车每年的产量都有几十万辆,用扩大产能的理由是说得通的。临海市政府在城东开发区以 500 元/亩的单价给李书福批了 800 亩地。

然后就是人才的问题,只有人才才能解决技术的问题。李书福把摩托车公司的人都筛了一个遍,也只找到 3 个有过汽车改装经验的员工。就是靠着这支简陋的队伍,李书福带着他们开始做技术攻关。起初,李书福想从制造豪华车开始。

1997 年,李书福买了两台刚刚换代的奔驰 E 级车,拆散了测绘仿制。他又买了一汽红旗轿车的底盘,其实就是奥迪 100 的底盘,包括前后桥、发动机和变速箱。奔驰 E 级车的外观,再加上红旗的底盘,李书福的第一辆车就这么"拼装"出来了,被命名为吉利一号。

吉利一号

李书福开着吉利一号在台州临海市区转了一圈,引起巨大的轰动。李书福还在《台州日报》做过广告,还有人来询价。李书福回忆说,当时,很多人要买他的车,要不是主管部门不同意,他马上可以大批量生产。

　　好不容易造出来的轿车却没办法投入生产，让李书福意识到必须要解决这个问题，必须要让自己的汽车上国家"目录"。李书福说，他当时知道上轿车目录肯定是没指望了，但是客车目录还是有可能的。他就找来了汽车产品目录，一页一页翻。他发现有一家生产"6"字头客车的德阳汽车厂停产了，但是目录还保留着。

　　李书福便找了过去谈合作，这是四川德阳监狱下属的一个汽车厂，监狱长就是厂长。当时这家工厂确实已经停产了，但保留有汽车生产目录，可以生产"6"字头的轻型客车。经过协商，李书福以2400万元的投资换取了这家工厂70%的股份，与德阳监狱合资成立了四川吉利波音汽车有限公司。

　　原来的工厂在监狱，进出不方便，办事效率低。1997年3月，公司就在临海建立了分厂，当年就建设完工。这样，生产厂和生产线的问题也顺利解决了。

　　接下来，就是要解决产品的问题。其实吉利波音在生产什么车的问题上并没有太多选择，只能在客车的范围内，当时只能打"擦边球"，生产两厢车。于是，以夏利为原型，又参考了当时市面上的安驰（江淮当年生产的小型车）和中华子弹头（1994—1998年生产），逆向开发出了吉利的第一款量产车——豪情6360。

　　1998年8月8日，吉利波音汽车有限公司生产的第一辆豪情6360正式下线。这款车的前脸有些像奔驰，车型模仿的是夏利的车身和底盘，发动机是天津丰田发动机公司为夏利配置的丰田8A发动机。

豪情6360车型下线

　　李书福无比开心，专门备了100桌酒宴，发了700多张请柬，邀请了各级官员。

但大多数人都不敢去。好在,当时浙江省的副省长叶荣宝去了,这位副省长一直都想在浙江建立整车制造厂。

然而,之后的几年并不太顺利。技术不成熟导致 1998 年生产的 100 多辆豪情出现了很严重的质量问题,连最基础的防水问题都没有解决。这批车最终也没卖出去,而是直接销毁了。美国的波音公司也找到国家经贸委投诉,不允许李书福的公司用带"波音"的名字。

李书福自然不会被这些问题难住。他买下了德阳监狱在公司里的股份,将公司的名字更名为浙江吉利汽车。他还收购了宁波汽车拖拉机厂的壳资源,并且在宁波又投资建了一个汽车厂。

1999 年 8 月 18 日,宁波工厂正式动工。2000 年,宁波美日在宁波下线。

正是李书福的执着和坚持,让吉利汽车在中国入世前夜获得了国家认可,成为第一个获得生产轿车资质的民营企业。虽然在之后的很多年里,吉利汽车依然在品质问题上被诟病,但它却率先搭上了中国入世之后的发展快车。

时至今日,以吉利汽车为基础的吉利控股集团已经被李书福这个"狂人"带出了国门,旗下的产品已经驶入国际舞台,开始与国外的汽车集团正面交锋。

南京菲亚特

诞生时间：1999 年 4 月

　　十一届三中全会后，中国继续坚决执行独立自主的和平外交政策。同时，基于国际新的形势和国内社会主义建设的需要，对外交方针政策做了必要的调整。到 1989 年 9 月，与中国建交的国家达 135 个，中国平等互利的外交政策和为建立国际和平秩序所做的努力，为改革开放和现代化建设创造了有利的国际环境。

　　正是因为有了良好的国际环境，才让很多汽车企业的转型有了更多的主动权。南汽在寻求国际合作，引进技术，布局进一步发展方向的过程就是典型的例子。

　　凭借着跃进 NJ131，南汽在全国汽车企业中的排名迅速上升。1986 年，南汽在全国工业企业的排名是第 39 位，在汽车企业中仅次于一汽和二汽，排名第三。当时在全国流行两条广告语，"路遥知马力，日久见跃进""跃进 131，走遍天涯和海角"，充分说明了南汽的跃进牌汽车在全国的影响力。

　　改革开放为南汽打开了一扇大门，跃进牌汽车正在热销之时，南汽已经开始布局下一步的发展。此时，全国各大汽车企业已经走出去寻求技术合作来提升自己的竞争实力，南汽自然也不甘落后。当时，国内的汽车工业整体"缺重少轻无轿车"，重点引进的项目主要集中在轻型车和中型车上。南汽当时的主要精力放在生产轻型载货汽车上，技术引进的主要注意力也在这方面。

　　正是因为已经有了相对开放的外交环境，南汽在启动国际合作时才能获得十分有利的合作条件。当时和南汽进行轻型载货汽车合作谈判的有三家企业——日本五十铃、美国福特和意大利菲亚特集团旗下的依维柯。

　　依维柯开出来的合作条件非常有诱惑力：（1）中国和意大利的产品同步开发，同步上市；（2）意方负责 15 年技术跟踪，在这期间开发的新技术无偿转让给中方；（3）所有技术文件，包括标准都要出让给中方；（4）意方向中方提供 2.1 亿美元混合贷款,其中1.1亿美元为意大利政府贷款,利率为1.4%,贷款期限14年,用于购买机器设备,意大利没有的可以向其他国家购买,1亿美元为商业贷款,利率为7.9%,用于购买汽车CKD零部件;(5)意方免费为中方培训300~400人。

　　当时依维柯轻卡的成本要比五十铃高一倍,但中方最终还是选择了依维柯。1985年3月,南汽和菲亚特子公司依维柯签署合同,引进S系列轻型汽车到国内生产。1986年9月12日,中意双方在北京达成协议,宣布《轻型汽车许可证转让和技术援助合同》全面生效。

1986年9月12日, 中意政府签订合作协议, 拉开合作帷幕

　　1991年8月18日,第一台依维柯A4010下线。1993年,国产化的依维柯轻客正式下线。1994年11月,依维柯轻型汽车引进项目通过国家验收。1995年12月,中意合资公司南京依维柯汽车有限公司正式成立,项目总投资达37亿元,是当时中意两国间最大的合作项目。

　　南京依维柯的成功为南汽和依维柯的母公司菲亚特的进一步合作打好了基础,也为南汽进军乘用车市场做好了铺垫。

　　1999年4月,南汽与菲亚特扩大合作,合资组建了南京菲亚特汽车有限公司,双方各持股50%,总资产30亿元。这一年正值菲亚特品牌诞生100周年,也是菲亚特进军中国乘用车市场的开局之年。

　　2002年1月,菲亚特在中国市场推出第一款轿车派力奥(Palio),起售价格6万元。当时派力奥的主要竞争车型是起售价格10万元左右的大众Polo,由于价格优势十分明显,派力奥很快就受到了市场的青睐。

菲亚特派力奥（Palio）

南京菲亚特迎来了短暂的辉煌，继派力奥之后，先后分别推出了西耶那（Siena）、周末风（Palio Weekend）和派朗（Perla），其中派朗还只能算是西耶那的一款加长版的衍生车型，前三款车型起初的销量表现都还不错。

旅行车周末风（Palio Weekend）

但从 2003 年开始，南京菲亚特的销量开始出现下滑，而且是逐年下滑。2004年，南京菲亚特只在中国生产了 3 万辆，年亏损近 3 亿元，也就是说平均一台车亏损1 万元。到 2005 年，南京菲亚特的月平均亏损达到 3000 万元左右。

之所以会出现这种状况，有多种原因。其一，领导班子更换且人事动荡；其二，南汽和菲亚特在经营理念上出现冲突，新领导上任之后要打价格战，而菲亚特方面希望能够继续塑造品牌形象，反对降价；其三，南汽一度将重心投入并购 MG-Rover的项目上，菲亚特被冷落，关键是许多南京菲亚特的员工纷纷跳槽或者被挖去南汽名爵项目上；其四，菲亚特在中国寻求第二合作伙伴，致使南汽和菲亚特的关系进一步恶化，直至无法修复；其五，竞争品牌和产品变多，市场竞争变得越发激烈；其六，产品覆盖范围窄，市场发展本身所受局限比较大，无法在市场需求发生变化时迅速调整生产战略。

多种原因的共同影响，使得南京菲亚特的四款产品都陷入销售困局，到 2006 年，西耶那、周末风就相继停产。再加上菲亚特在欧洲等市场的表现也不理想，双方都对南京菲亚特项目不再抱有信心和期待。

2007 年 12 月，南京菲亚特宣布破产，菲亚特象征性地以 1 欧元的价格将其所持有的南京菲亚特全部股份转让给了南汽。

当时，菲亚特与其他中国汽车企业的合资谈判又没有实质性进展，菲亚特品牌中国乘用车市场的第一次探索画上了句号。当然，这也顶多只能算是菲亚特的战略性撤退，菲亚特只是结束了跟南汽的合作，并不是要放弃中国市场。

2010 年 3 月 9 日，广州汽车集团股份有限公司和菲亚特集团汽车股份公司以 50：50 的股比共同投资成立了广汽菲亚特汽车有限公司，首期总投资约为 70 亿元人民币，注册资本为 18 亿元人民币。菲亚特再次以合资品牌的身份回归中国市场，并在八年之后又再度离开。

奇瑞汽车

诞生时间：1999 年 12 月 18 日

2000 年 6 月 9 日，公安部交通管理局发布了《关于禁止给奇瑞牌轿车办理注册登记的通知》，并且抄送全国各省市。文件明确提出，经向国家计委和国家机械工业局了解，安徽的"奇瑞"车既未经过国家计委批准立项，也未列入《全国汽车、民用改装车和摩托车生产企业及产品目录（总目录）》。根据国务院和相关部委规定，不得给"奇瑞"车办理注册登记。

同年 12 月 7 日，《中国青年报》还刊发了题为《成都出现怪事：禁上牌照的轿车居然可以上市销售》的报道。

报道中写道：

今年 8 月，当一款名叫"奇瑞"、价格为 10 万元的轿车大量出现在成都街头时，顿时吸引了众多市民的目光。而铺天盖地的"购买奇瑞，一步到位"的广告，更使许多消费者纷纷购买。据了解，"奇瑞"轿车在成都市已卖出百余辆。

就在"奇瑞"轿车在成都"热销"的时候，一些消费者提出了疑问。

一位姓陈的消费者告诉记者，不久前，她被展示的几辆漂亮的"奇瑞"轿车吸引了。汽车营销人员告诉她："车是由美国福特公司引进的车型，排气量 1.6 升，普通型 87980 元，真皮豪华型 10 万元。"

"车既然这么好，怎么会卖得这么便宜？"陈女士问。

"这是为顾客着想，汽车国产化的结果。"

但由于车卖得太便宜了，陈女士怀疑其中可能存在一些问题，犹豫再三，终于没有买。

此后，在成都家用汽车展上，"奇瑞"又成为亮点。当记者以购买者身份向一名现场销售负责人了解汽车情况时，这位负责人称：汽车是安徽某公司生产的，年产量达 5 万辆，汽车底盘是捷达的，外形是法拉利的设计师设计的。

在销售现场，记者发现一个很奇怪的现象：所有卖出的汽车都现场办牌照，牌照挂着"皖 B-07×××"。销售人员对提出疑问的消费者称，保证能把车籍转到成都，并可代办年审，一步到位。

当时的奇瑞汽车就跟时下很多地方的低速电动车一样，属于黑户汽车产品。虽然生产地的政府为了扶植本地企业，会"开绿灯"，特别允许这些产品在本地市场销售。但如果超出这一范围销售，就会引发很多问题，处境反倒会更加被动。这些低速电动车企业还没有被动到奇瑞这种地步，公安部交管局直接发通知，点名明文禁止，这无异于是在公告：奇瑞轿车都是非法产品。事实的确如此，奇瑞汽车在那个时候就是"黑户"产品，是上不了牌，也上不了路的。

即便是在这样的情况下，还是有不少人买奇瑞轿车，一方面说明市场监管有漏洞，另一方面也说明奇瑞轿车确实有市场。当时国内汽车市场最活跃的就是"老三样儿"：捷达、桑塔纳和富康。捷达和桑塔纳价格偏高，基本在 12 万元以上。富康是两厢车，掀背造型，当时国内对这种"时尚"的接受程度并不高。再就是夏利、奥拓这类小微车型，价格低但空间太小。奇瑞这时候制造的车型奇瑞风云定价 8.8 万元，搭载 1.6 升自然吸气发动机，恰巧满足了很多人想要低价购买三厢车的想法。

奇瑞风云车型

奇瑞风云采用大众捷达的底盘、西雅特 Toledo 车身，搭载一台 1.6 升自然吸气发动机，最大功率 94 马力，最大扭矩 132 牛·米，最高时速 173 公里，平均百公里油耗 6.3 升。

西雅特 Toledo

　　奇瑞风云还是黑户身份的时候,因为在安徽本地受扶持保护,所以被指定为芜湖的出租车专用车,除此之外就是在成都卖了一百多台。这时候,成都已经显现出作为中国家庭轿车先驱城市的特质了。

　　改革开放以后,有一个词总是被提到——"计划经济的活化石",一般用来形容某个产业过度依赖国家计划,脱离市场,经济效率低下,中国的汽车工业也曾在20世纪90年代末被这样形容过。1997年国务院24号令明确指出,今后全国上下,无论何种资本结构,都不得再批准汽车项目。

　　这给已建的众多合资项目提供了争夺市场的好机会,却给很多正在筹备成立的自主汽车企业当头一棒。不过,这也是迫于无奈。当时中国已经注册的汽车厂多达120家,比全球汽车厂的总数还要多。但是,其中八成的汽车厂年产不到1万辆,还有十多家年产在个位数。这些企业却可以靠着壳资源过得丰衣足食。现实就是政策保护了这些体制内的"劣币"企业,却又让很多体制之外有潜力的企业寸步难行。

　　奇瑞汽车就是这些有潜力的企业之一。当时"奇瑞"二字还没在企业名称里,生产奇瑞汽车的是安徽省汽车零部件公司。这家公司由隶属安徽地方财政的安徽省投资公司、安徽省担保公司、芜湖市建设投资公司和芜湖市开发技术投资公司于1997年1月8日一起出资成立。用"零部件公司"的名字,就是因为当时国家对轿车项目限制太严。这个项目的启动要更早。当时这个项目的内部代号是"951工程",据说是"国家九五期间安徽头号工程"的简称,也侧面说明安徽省和芜湖市对这一项目的重视程度非同一般。

　　改革开放以后,全国有许多地方都想制造汽车,也在尝试各种办法造汽车,芜湖也是其中之一。"大跃进"时期，芜湖也造出过"江南牌"三轮汽车和"鸠江牌"轿车。虽然都只是昙花一现，却在芜湖埋下了汽车制造的种子。20世纪80年代开始，芜湖的汽车工业再次有了复苏的迹象。

1991年6月，淮河、长江支流滁河、洞庭湖的澧水和安徽的水阳江都发生了特大洪水，全国有18个省市区遭受洪涝灾害，安徽就是其中之一。灾后，安徽为了改变落后的现状，决定寻求新的支柱性产业。此时，芜湖提出了要建"汽车城"的计划，安徽省不仅同意了，还大力支持。

芜湖起初的尝试也是制造微型汽车，于1992年10月成立了芜湖特种车辆厂，后来更名安徽通宝汽车制造有限公司。安徽通宝汽车实际是由芜湖新芜区政府出面和军工单位五七二〇厂合资成立的，也算是有军工背景。轿车生产的审批虽然管得严，但可以申请生产国家客车目录中以"6"开头的产品。各类微型车都在这个名录下，非体制内的汽车企业多数也都凭这个开始生产乘用车的。

然而，通宝汽车的底子太差，产品落后，质量差，很快就被淘汰了。不过，通宝汽车前后一共生产的4000多辆汽车实现了几个亿的产值，这让安徽省政府坚定了要发展汽车制造业的决心。这也是为什么安徽在那个时期明明没有条件，却也要创造条件造奇瑞汽车。

1995年，芜湖市政府汽车项目的相关工作人员在欧洲考察时得到消息，福特在英国的一条发动机生产线要出售。芜湖市政府决定抓住这个机会把汽车项目干起来，于是就有了"951工程"。"951工程"正好顶着零配件企业的名号，收购这些设备不但顺理成章，还能为制造汽车铺好路。

不过，就算制造发动机的设备可以买回来，但离造车还有十万八千里。造车还需要技术，需要人才，这些在芜湖都是稀缺资源。为了解决芜湖市这些棘手的问题，安徽省政府安排了当时芜湖市市长助理詹夏来全面负责。

技术和人才的问题归根到底还是人的问题，詹夏来开始在老乡上寻找突破口。当时行业内最有代表的安徽老乡就是一汽的董事长兼总经理耿昭杰，他是巢湖人。在"951工程"之前，芜湖市政府也曾经为了生产汽车的事向耿昭杰寻求过帮助。1995年，詹夏来又因为"951工程"到一汽去学习参观，其实是为了过去挖人。耿昭杰把另一位安徽巢湖老乡介绍给了詹夏来，他就是时任一汽大众捷达总装车间主任尹同跃，也就是后来奇瑞汽车的董事长。

詹夏来和尹同跃聊起了芜湖要造汽车的事，问他工厂该怎么建。尹同跃坦诚地说出自己的想法，聊到后来变得越来越激动，仿佛芜湖的新工厂已经近在眼前。最后，詹夏来对尹同跃说："小老乡，跟我回家乡主持汽车厂筹建工作吧！"

按照尹同跃自己的说法，"冲动地下了决心，带上几个志同道合的同事投奔了奇瑞"。1996年，尹同跃辞去了在一汽的工作，暂别妻儿回到安徽，在芜湖开发区的小草屋里，开始了制造自主汽车的旅程。

最初和尹同跃到芜湖的一共有八位，后来被称作是奇瑞早期技术上的"八大金刚"。靠着"拿来主义"，这支队伍到1997年时发展到50多人，人才的问题就这样一点一点被化解。

1997年1月8日，安徽省汽车零部件公司成立，这一天被认定为是奇瑞汽车的起点。

在此之前，那条英国的发动机生产线就被买回来了，并且已经在安装了。不过，起初负责安装的是一家英国公司，工人们干活散漫，效率低下。关键，这些英国人态度十分傲慢，经常喝酒滋事。尹同跃实在看不下去了，就提出赶走英国人，自己干！

尹同跃带着员工每周工作7天，每天15个小时，终于在1999年4月造出了第一台发动机。1999年5月8日，公司还举办了第一台发动机下线的庆典仪式。

1999年5月8日，奇瑞公司第一台发动机下线庆典

"951工程"的目标一开始就是制造汽车，所以很多跟整车制造有关的工作在发动机生产线的在建过程中就已经启动了。尹同跃在捷达的总装车间工作过，对捷达再熟悉不过了。所以奇瑞第一款车型的底盘主要是模仿捷达，车身设计主要是

模仿西雅特品牌的 A 级车 Toledo。制造车身模具的相关工作于 1998 年 2 月 14 日就启动了，奇瑞请了台湾的一家模具公司——台湾福臻公司开发模具。为了保证工作进度，奇瑞专门请了一位一汽退休下来的老工程师去台湾监工。

1991 款西雅特 Toledo

1999 年 12 月 18 日，第一辆奇瑞风云轿车在芜湖下线。起初，安徽汽车零部件有限公司准备把新车的品牌定为"九华"（安徽有九华山），但因为是地名，被工商部门驳回了。"奇瑞"这个品牌名是尹同跃提议的，意为"出奇不意，带着瑞气"，同样也代表着希望。

定"奇瑞"这个品牌名在当时是引起过很大争议的。一部分人认为奇瑞这个名字很好，完全能表达当时人们的喜悦心情，而以安徽省老干部为主的反对派则坚决反对，他们认为"奇瑞"与大军阀"段祺瑞"的名字存在谐音，容易混淆。就在两方争执不下的时候，詹夏来最终拍板，就用"奇瑞"二字注册商标。

为了让企业名称变得更洋气、更国际化，奇瑞还在此后起了个英文名"CHERY"，从发音上来看，"CHERY"是"奇瑞"的音译，除此之外，它还是英文单词"CHEERY"去掉一个"E"而来，表达企业努力追求、永不满足的经营理念，同时也暗含着奇瑞不盲目崇外，励志开创国际化自主品牌的决心。

奇瑞汽车 Logo

因为没有"身份证"，奇瑞汽车只能小范围推广，销量十分有限。伴随着 2000 年公安部通报全国禁止给奇瑞登记，奇瑞的新车只能在厂区里堆着。

为了解决身份问题，奇瑞也想了不少办法。比如，品牌名还没定的时候，安徽汽车零部件有限公司想通过收购来获得汽车的"准生证"，还能顺便解决起名的问题。在合肥有一家中华钢玻璃厂，有生产中华牌汽车的资质，和安徽汽车零部件有限公司进行过洽谈。不过这家工厂提出的条件太过苛刻，要求每生产一台汽车就要给中华厂分一定比例的钱，还得现结。安徽汽车零部件有限公司只能放弃合作，另求他法。直到后来汽车完全没法卖了，奇瑞不得不集中精力解决身份问题。当时可供选择的方法并不多，这时候想要通过收购的方式重新贴牌已经不大现实了。办法只有两个：要么向主管部门解释并征求谅解，过后再补办；要么就和国内大型汽车厂合资，变相获得许可证。补办的事不太现实，有错在先是一方面，另一方面政策严管也是事实。综合来看，如果能和一汽、东风或者上汽联姻，将是最明智且最省事的办法。

奇瑞跟一汽虽然有些渊源，但一汽对奇瑞的管理经营模式存在疑虑，拒绝了合作；东风的主营业务是商用车，乘用车项目神龙已经够忙活了，压根儿就没跟奇瑞谈；上汽一开始态度也十分坚决——白给也不要。对当时的奇瑞来说，真算是到了绝境了。

对奇瑞来说，眼前就算无路可走也要硬着头皮开出一条路。最后，上汽终于答应解救奇瑞，奇瑞向上汽转让 20% 的股份，成为上汽集团旗下的新品牌。2001 年 1 月，安徽省汽车零部件有限公司正式更名为上汽集团奇瑞汽车有限公司。

尹同跃曾经向记者李安定说过，能和上汽合作，"是靠在上海工作的新

四军老领导出了大力"。上海是华东野战军解放的，上海市最早的领导是新四军班底。许多老领导感念新四军在皖南根据地那些年，吃安徽粮喝安徽水的养育之恩。出于对老根据地的回报之情，他们牵线搭桥，让奇瑞得到了上汽集团很大帮助。

为了"准生证"，奇瑞付出了20%的股份，按注册资本来算就是3.5亿元。上汽对奇瑞提出了"四不原则"，即不投资、不参与管理、不承担风险、不分红。这么看，似乎是上汽占便宜了，奇瑞实则也是只赚不赔。

获得"7"字头轿车生产许可自然是最大的收获，"上汽奇瑞"的品牌名号也是价值连城。在当时的市场上，"上汽"与"奇瑞"的知名度反差极大，上汽无意间为奇瑞汽车做了背书，消费者都以为自己买的是上汽生产制造的新品牌。

此后，因为种种经营上的冲突与矛盾，上汽和奇瑞"分手"，上汽返还了奇瑞20%的股份。2003年8月，双方签署了协议，并且规定了保密期。之后，上汽集团奇瑞汽车有限公司更名为奇瑞汽车有限公司，并且于2004年9月10日正式获得国家发改委批复，离开上汽之后依然取得了轿车生产资质。

2003年6月开始，一直有上汽撤股奇瑞的消息传出，因为企业的保密，公众始终没有确切消息。直到2004年9月23日，国家发展改革委员会发布公告称，批准上汽集团奇瑞汽车有限公司已列入《车辆生产企业及产品公告》的所有产品，企业名称由"上汽集团奇瑞汽车有限公司"更改为"奇瑞汽车有限公司"，世界制造厂识别代号由"LSJ"更改为"LVV"。在《车辆生产企业及产品（第七十九批）》中，相关细节就已更改。奇瑞汽车继承上汽奇瑞的轿车生产目录后正式获得轿车生产资格，而上汽集团与奇瑞汽车的合作随之正式宣告终结。

华晨中华

诞生时间:2000 年 12 月 16 日

2000 年 12 月 16 日,中华轿车在沈阳下线,这是中国第一款完全掌握知识产权的汽车。"中华"是当时的华晨中国汽车控股有限公司(简称"华晨中国")推出的轿车品牌,1997 年启动项目,2002 年 8 月 1 日正式上市销售。

当时华晨中国的掌舵人是汽车业有名的神秘金融大鳄仰融。他是安徽人,当过兵,西南财经大学的金融学博士,曾经在《福布斯》中国富豪榜排第三位(2001 年度)。他主导操盘,让华晨中国成为中国第一家海外上市公司。他也是第一个在国外起诉中国地方政府的原告方。

仰融

2003 年 8 月 7 日,仰融在美国华盛顿联邦法院以个人名义起诉了辽宁省政府。北京时间 8 月 8 日凌晨 5 点(当地时间 8 月 7 日下午),美国华盛顿哥伦比亚特区联邦地区法院立案受理。

起因是 2002 年,华晨被划归给辽宁省,政府和仰融在做产权明晰时出现纠纷。仰融起初在国内以企业名义提起上诉,2002 年 10 月 14 日,北京市高级人民法院经济庭受理了华博财务公司起诉中国金融教育基金会一案。但 4 天后，10 月 18 日，辽宁省检察院以涉嫌经济犯罪为名批准逮捕仰融。本着"先刑事后民事"的原则，北京高院把此案移交给了辽宁省公安厅调查。

仰融出走美国，又于 2003 年在美国提起了诉讼。此后，辽宁省政府积极出庭应诉，请求美法院驳回仰融的诉讼请求。美国哥伦比亚地区法院审理后认为，辽宁省政府征收华晨中国的股份是主权行为，辽宁省政府享有豁免。地区法院根据美国《联邦民事诉讼规则》在 2005 年做出判决，驳回仰融的起诉。仰融随后提出上诉，对地区法院拒绝适用商业行为例外提出质疑。

美国上诉法院哥伦比亚特区巡回法庭在 2006 年 7 月 7 日就仰融的上诉做出判决，维持地区法院因缺乏标的管辖权而驳回起诉。

仰融对中华轿车寄予厚望，产品下线时还一片欣欣向荣，可到上市时，仰融已与华晨几近分道扬镳。

1990 年，仰融认识了当时沈阳金杯汽车股份有限公司的董事长赵希友。赵希友当时还有一小部分沈阳金杯的股票没有卖出去。仰融以每股 1 元的价格买下剩下的所有股票，一共 4600 万股。

这些股票对仰融来说有两大意义：一是投资，只要以后沈阳金杯能够上市，他的股票就能增值变现；二是入行，他借此机会正式进入了汽车产业。

当时金杯已经和丰田汽车谈成了一个合作项目，双方开展技术合作，由金杯在中国使用丰田的技术生产海狮面包车。1989 年 11 月，金杯和丰田就已经签署了合作合同。金杯当时资金不够，还需要融资才能正式启动项目。仰融借此机会，以他在香港的华博财务公司和沈阳金杯合资成立了沈阳金杯客车制造有限公司。起初，沈阳金杯客车的股权构成是沈阳金杯汽车 60%，华博财务 25%，还有一家公司海南华银国际信托投资公司占 15%。华博财务随后又收购了海南华银的股权，使得沈阳金杯客车的股权结构变为 60 : 40。

仰融自此开始了一系列高端操作，利用金融资本在汽车业大展拳脚，给全行业都上演了一出大戏。最精彩的一幕应该就是 1992 年 10 月 9 日，让华晨中国汽车控股有限公司（上市后的代码是 CBA）在纽约证券交易所挂牌上市。CBA 成为社会主义国家在纽约上市的第一支股票。

1992 年 6 月，仰融在海外成立了一家公司——华晨中国汽车控股有限公司，香港华博财务公司 100%持股。之后以股权置换的方式,沈阳金杯汽车用所持金杯客车的 11%的股权换取了华晨中国21.57%的股份,仰融也由此将在金杯客车的持股提升到51%。

这样的股权结构,意味着公司的大股东是注册地在香港的私人企业。此后,华晨中国、中国人民银行教育司、中国金融学院、华银信托发起成立了中国金融教育发展基金会(以下简称"基金会"),注册资金210万元,华晨中国出资200万元,人行教育司拨款10万元。1992年9月,华博将其在华晨中国的股份转让给了基金会。华晨中国再将控股权以"捐赠"的方式转给基金会。

基金会其实是一个非政府组织,不承担风险,也不享受收益,华晨中国的所有股权和股票收益都归国家国有资产管理局。从性质上来说,此时的华晨中国就已经是一家国有企业了。受国资局委托,仰融继续负责管理和经营华晨中国,可以全权管理、控制和支配基金会在华晨中国的股份。

没人真正理解仰融为什么这么做,他自己的解答是:年轻气盛,一心报国,不求所有,但求所在。

一个月之后,华晨中国成功在纽约上市,第一次为中国汽车工业接通了金融管道。这让华晨有了足够的资本造汽车,也有了足够的底气。

1997年,第10000辆金杯海狮下线,金杯品牌轻型客车产销量首次跃居全国第一。到2002年金杯品牌全年产销海狮轻型客车双双突破65000辆,连续六年在全国市场上保持第一。2003年,沈阳金杯客车制造有限公司正式更名为华晨金杯汽车有限公司。

第一台金杯海狮下线

　　1997 年 6 月，华晨正式启动了开发"中华"轿车的项目。仰融的思维和当时国内的绝大多数汽车企业的管理者都不一样，他开发轿车的理念是"中华在我心中，世界为我所用"。

　　仰融花钱从不心疼，比如为了轿车的设计，他花了 6200 万美元邀请意大利的设计大师乔治·亚罗（Giorgetto Giugiaro）主持设计工作。再比如，在沈阳的工厂里，他采购的设备也都是世界一流的，如库卡公司的焊接线、杜尔公司的涂装线、申克公司的总装线，和当时上汽的合资企业找的是相同的供应商。中华轿车的重要的总成件和配件也都找的是国际著名的汽车厂商作为供货商。

中华轿车

　　第一款中华轿车长 4.88 米，风阻系数 0.293，在当时的自主轿车竞争序列中的确实力不凡，相比合资品牌又有明显的性价比优势。

　　而且能用"中华"作为品牌名称，本身就是一种成就。我国冠有"中华"牌名的产品，如中华牌香烟、中华牌牙膏，都是响当当的中国名牌产品。一般产品未必敢轻易使用"中华"商标。

　　虽然华晨拥有中华轿车的全部知识产权，但毕竟都是靠资本运作换来的，所以当时有很多人调侃，华晨有产权没知识。这样的质疑是有一定根据的，从汽车工业的长期投资角度来说，的确不是长远之计。

　　仰融也曾经提到过对中华轿车的产品规划：中华车的第二代、第三代都有了，中华的下一代敢于跟国际上同等级的名车竞争。继续在汽车制造业中大展拳脚的豪情和决心已跃然而出。

　　2001 年前后，仰融还在谋划和英国汽车品牌罗孚的合作。只可惜，风云突变，仰融出走之后,罗孚项目最终流产。

　　2002 年 10 月,新组建的华晨中国董事会不再支付仰融工资,并于次月解除了其经理职务,终止其劳动合同。辽宁省政府还成立了华晨汽车集团控股有限公司(新华晨),任命省政府官员作为新公司的管理人员。

　　大约两个月后,新华晨以市场价格的 6% 即 1800 万美元收购了名义上由基金会为华博托管的华晨中国的股份。新华晨与华晨中国董事会对剩余的华晨中国的股份,包括纽约证交所交易的股份进行了要约收购,导致 2002 年 12 月 18—19 日华晨中国的股票在纽约证交所停牌。

长安福特

诞生时间：2001 年 4 月 25 日

　　1913 年，福特的 T 型车被卖到中国，开始了福特和中国的故事。1924 年，孙中山先生给福特汽车的创始人亨利·福特先生写了一封信，邀请福特帮助中国建立汽车工业。可惜，福特并没有回应，福特汽车也只是被卖到中国。这种状况一直持续了很久，久到福特的竞争对手都已经在中国合资建厂，它依然只是被卖到中国而已。

　　福特并非是高冷，或者是不重视中国市场，一切都是造化弄人，缘分始终没到而已。

　　改革开放之初，福特就主动向中国市场示好，而且是最早向中国市场示好的汽车企业。1978 年 6 月，亨利·福特先生的孙子亨利·福特二世就曾经访问中国，并且受到了邓小平同志的接见。福特二世表达了福特"有兴趣加入中华人民共和国汽车工业的发展进程"的想法。同年 11 月，福特就在美国密歇根州的迪尔波恩（Dearborn）成立了中国事务办公室，专门研究在中国建立一家合资企业生产重型卡车的可能性。

　　1979 年 2 月 1 日，邓小平同志在福特二世的陪同下，参观了福特公司的亚特兰大总装厂。当年，中国就进口了 750 辆福特的 F 系列卡车。这也是新中国成立后中国第一次进口福特。

　　为了进入中国市场，福特一直非常积极。福特在研究和中国汽车企业合资的可能性问题时，先后和东风、沈阳松辽汽车、湘潭江南汽车等有过接触，但始终没有达成合作。1992 年，福特还专门在北京设立了代表处。

　　与此同时，大众、标致、通用等汽车企业都拿到了合资项目，对福特还是造成了不小压力的。福特对自己在华的合资要求很高，始终坚持占股 50%，这也是上汽选择通用而非福特的重要原因之一。

　　此后,福特不得不调整自己在中国的发展策略,将重心先集中在零配件企业的合资上。1994 年,福特在上海设立代表处。同年,就成立了三家合资类配件公司,分别是与上海耀华玻璃厂合资组建的上海福耀玻璃有限公司,生产汽车玻璃和建筑玻璃;与上海汽车工业(集团)总公司合资的上海延锋汽车饰件公司,生产塑料汽车部件;与上海自动化仪表股份有限公司合资组建上海福电汽车电子有限公司。

　　1995 年,福特合资整车项目的事出现了转机。当时,江铃汽车想要跟通用汽车合资,但是通用控股的五十铃早已跟江铃汽车有一个合资项目了。五十铃知道之后极力反对,通用也就拒绝了江铃。而当时上汽和通用正是"热恋期",上汽又刚好拒绝了福特,上汽索性做次"红娘",介绍江铃和福特洽谈合作。

　　没想到,上汽"做媒",还真促成了江铃和福特的合作。1995 年,福特在北京成立了福特汽车(中国)有限公司。同年 8 月,福特中国购买了江铃汽车 19.96%的 B股,实现了与整车企业合资的目标。

江铃与福特合作签约现场

　　通过购买 B 股来合资,是因为当时江铃发行的 B 股数量远超过 A 股,且价格较高,在市场上少有人问津,所以江铃希望把大部分 B 股卖给战略投资者。

　　同年,福特还与一汽合资成立了联合铝制散热器有限公司,生产铝制散热器,继续在零配件产业布局。此后,福特一直没有放弃在中国汽车零配件市场的拓展,相继成立了很多其他合资零配件企业。

　　到 1997 年，福特中国又增持了江铃汽车的股份，占股达到 29.96%。两家公司正式联合开发的第一款汽车全顺（Transit）于同年 12 月 2 日在江西南昌的总装线下线。江铃福特品牌的商务车驶进中国汽车市场，江铃福特也成为福特在中国的第一个合资汽车项目。

江铃福特第一辆全顺（Transit）车型下线

　　江铃福特全顺起初的定价偏高，在 28 万元左右。而同类型的车型定价都在 14 万元左右，价格差过大，所以全顺起初卖得非常吃力。这款车是把江铃的动力总成与福特欧洲版全顺的车体结合在一起的产物，设计等各方面在当时的市场中的确具有优势，所以全顺的销售情况慢慢也有了好转。

　　2013 年，全顺的年销量达到 6.8 万辆，在同类产品中销量第一。同年，福特再增持江铃 2% 的股权，以 32% 的股比成为江铃汽车的最大股东。

　　虽然福特在中国的合资产品终于落地了，但福特始终还有一个心结，就是希望能够在中国市场投产轿车。全顺属于商务车，市场局限性比较大。福特是全球第一个采用流水线生产方式量产汽车的企业，对家用汽车市场的理解比任何一个品牌都更深刻。1999 年，福特在整个亚太地区的市场占有率是 5%，福特希望到 2005 年时，这个数字能够变成 10%。福特对在中国扩大合资有着强烈的意愿。

　　一方面，福特在发展江铃福特上持续发力；另一方面，福特的注意力始终没有离开过乘用车市场，确切地说，当时是轿车市场。

　　终于，福特遇见了长安。长安在与铃木的合资中尝到了甜头，也加快了寻求其他成熟品牌合作的步伐。"一个想娶,一个愿嫁",双方都对跟彼此的合作抱有极大的兴趣,可以说是一拍即合。

2000年11月,福特汽车公司与长安汽车集团在北京签署了合资协议。

2001年4月25日,长安福特汽车有限公司正式成立,长安汽车股份有限公司和美国福特汽车公司共同出资9800万美元,各持股50%,合资期限为50年。长安福特品牌也由此正式诞生。

　　双方当时约定的产品规划,并不局限于福特品牌的汽车,还包含福特已经完全掌握的沃尔沃和控股的马自达。

14个月之后,长安福特的第一家整车工厂在重庆完工。2003年1月18日,长安福特嘉年华作为福特在中国投产的第一款轿车正式下线。这是一款三厢版嘉年华,外观源自专为印度市场打造的福特Ikon,底盘源自第五代福特嘉年华。

长安福特第一款轿车嘉年华

东风悦达·起亚

诞生时间：2001 年 11 月 27 日

1991 年，江苏盐城汽车总厂（其前身是新四军三师修械所）和不少有军工背景的汽车厂一样，面临着转型失败带来的破产危机。这家工厂上一年已经和盐城拖拉机厂分家，没有产品可产可卖，如何发展成了急需解决的问题。盐城汽车总厂当时的所有家当加起来就是总价值不到 50 万元的设备、172 亩茅草地和 110 名员工，还有 250 万元的债务。按照盐城当地说法，这家工厂就是一家无投入、无产品、无装备、无技术、无人才、无市场的"六无"企业。

1991 年 2 月，经盐城市委、市政府决定，将盐城汽车总厂划归给刚刚成立的悦达实业集团。换个说法，就是授命让悦达来解决盐城汽车总厂的危机。

悦达是江苏盐城本地发展起来的一家规模较大的企业，创立于 1979 年，也是在改革开放的春风里一步步壮大起来的。悦达一开始的业务是由以创始人胡友林为首的五人调煤小组开拓出来的倒煤。他们到山西找煤炭，然后运回盐城，解决了盐城缺乏煤炭的困境。

悦达集团在接手盐城汽车项目之后，先是利用资本运作给汽车厂补血，紧接着便是寻求和确定发展方向。当时盐城的工业基础十分薄弱，已有的工厂规模都很小。要推动盐城走向工业化，就必须有一个支柱产业。盐城此前一直也没有方向，索性就把汽车作为突破口。

悦达前期花了不少钱，交了很多"学费"，亏损也不少。在胡友林的带领下，悦达逐步确定了必须主动与国内外大型汽车生产企业结盟的发展战略。

从此时起，悦达集团一边以发行股票、投资基础设施建设等方法积聚资本，一边开始寻求跟国内外大型汽车生产企业合作的机会。

1991 年，悦达尝试和印度尼西亚的一家汽车公司合资，准备组建悦达汽车公司。当时已经办理了合资企业的全部批准手续,但因为政策原因,合资受阻。1993年 8 月,江苏悦达股份有限公司成立,公开向社会发行股票。1993 年底,悦达合并了亏损累计达 945 万元的盐城市拖拉机厂。

通过长时间的调研,悦达最终看中了韩国的起亚汽车公司,当时起亚已经是世界知名的汽车生产企业。悦达看中了起亚的微型轿车普莱特(Pride),车型、款式、技术参数都是最符合悦达当时的需求的。胡友林通过多种渠道、多种方式频频向起亚表达合作的意向。

起亚起初并没有在意悦达的邀请,毕竟悦达是一个完全没有名气的企业,而且还位于经济欠发达的盐城。此后,时任国务院副总理邹家华在出访韩国之际坚持参观起亚,并对起亚与悦达的合作表示了关注,才最终促成了起亚与悦达的合作。

1996 年 10 月,双方正式签订了技术合作协议,悦达成功引进了起亚普莱特(Pride)全套的生产技术,悦达牌汽车得以诞生,代号 YQZ6370。

起亚普莱特(Pride)

起亚之所以接受与悦达的合作,还有一个重要原因,就是起亚当时正面临经营上的困境。1994 年开始,起亚的经营就出现了问题,在韩国和北美两个最大的市场都出现了销量下滑。与此同时,起亚还在转型投资。1996 年,起亚购买了英国莲花(Lotus)的一款跑车 Elan 的生产权,可经济不景气,只生产了几台,项目就终止了。正面临的经营困境,让起亚不得不向外寻求发展机遇,悦达此时抛出的橄榄枝自然是个不错的选择。

Lotus Elan（1994）

1997 年,起亚孤注一掷,加大了海外投资,仅在欧洲就设立了 26 家汽车进口公司,28 家子公司。急剧扩张使得起亚债台高筑,加上随之而来的金融风暴,韩国陷入金融危机,起亚变得越发困难。

而在此期间,悦达始终没有放弃和起亚进一步合作的计划。公司的巨变让这个计划成为一个不错的投资项目,双方的合作终于可以更进一步。1998 年 5 月,江苏悦达股份有限公司与现代汽车公司签订了合资合同。1999 年 4 月, 盐城悦达起亚汽车有限公司正式挂牌成立,总投资 2980 万美元,注册资本 1500 万美元,双方股权比例为悦达 70%,起亚 30%。

在网上还留有这样一份公告。

江苏悦达股份有限公司于 1999 年 12 月 22 日召开三届十一次董事会,会议审议通过了如下决议:

同意公司与韩国现代集团起亚自动车株式会社共同出资,举办合资公司——盐城悦达起亚汽车有限公司。该合资项目总投资为 2980 万美元,注册资本为 1500 万美元,中方投资 1050 万美元,占注册资本的 70%,韩方出资 450 万美元,占注册资本的 30%。中方以江苏悦达盐城汽车总厂评估后的部分资产（1050 万美元）注入合资公司中,剩余资产以租赁的形式供合资公司有偿使用。

会议还就公司汽车产业的未来发展进行了讨论, 认为汽车项目现已进入批量生产阶段,实现了由投入期到产出期的重大转变,形成了年产 2.5 万台的生产能力。

在中国的合资公司成立之前, 也就是签订合资合同 5 个月后——1998 年10 月——起亚被现代汽车集团并购,一切资产都划归现代所有,起亚品牌的经营权也是如此。

起亚此时的变故对双方的合作造成了巨大的影响，公司虽然成立，但项目推进基本都被搁置。现代对悦达的态度和起亚起初的态度是一样的，不屑居多。不过，经过近8个月的会谈和磋商，现代汽车集团看到了中国市场的无限可能，终于同意继续合作。

原中共中央政治局常委、原全国政协主席李瑞环访问韩国时，专程考察了现代汽车集团，对双方达成合作起到了极大的推动作用。

2000年1月26日，悦达集团与现代汽车集团在人民大会堂签署了扩大汽车项目合资合作协议。同年10月，公司股权结构调整为悦达50%，起亚30%，现代20%。

悦达的布局并没有止于此，掌门人胡友林很清楚地知道，挂靠国内的大汽车集团才是对悦达起亚来说最稳妥的发展方向，而且这也符合挂靠的政策指导方向。在江苏、湖北两省领导机关、中央领导同志以及高层相关部门的关心支持下，历经一年多的谈判、协商，东风汽车公司应邀加入了这一合资项目。

2001年11月27日，东风、悦达、起亚三方在北京签署合作协议。悦达汽车项目终于实现了加盟国内大型汽车集团的构想。2002年3月22日，国家经贸委正式批复同意悦达起亚汽车有限公司加盟东风汽车公司。3月29日，东风、悦达、起亚重组合资合同签约仪式在南京金陵饭店举行，注册资本7000万美元，核定总投资额9800万美元，韩国起亚自动车株式会社出资3500万美元，占公司注册资本的50%。东风、悦达、起亚的股比是25：25：50，中国第一次出现了"中·中·外"的合资模式。

东风、悦达、起亚重组合资合同签约仪式

2002 年 8 月 28 日，东风悦达起亚汽车有限公司正式揭牌成立，并顺利召开第一届董事会第一次会议。

2002 年 11 月 18 日，东风悦达·起亚千里马正式下线，开启了起亚的中国之旅，也开启了悦达集团汽车制造的新征程。

合资时代的百花齐放

中国加入 WTO 时，许多中国汽车企业并不开心，担心进口汽车会严重冲击国内的汽车产业。也是因为这一点，在我国加入世贸组织的谈判中，开放汽车市场是谈得最艰苦的内容之一。

长城汽车董事长魏建军就曾经坦言："2001 年，一讲 WTO 就觉得中国的汽车工业要崩溃。那个时候我们也是刚刚涉足整车业务，因为以前我们是改装公司，所以说那时候对我们的压力非常大。"

这样的担心是有一定道理的。虽然在改革开放以后，国内不少汽车企业都和国际汽车企业开展了合作，但整体的汽车工业发展水平较发达国家还是有很大一段距离的。而且，有许多民营汽车企业才刚刚起步，基础薄弱，缺乏成熟的技术和产品，担心在所难免。

事实证明，中国加入 WTO 不仅没有让汽车工业"崩溃"，反倒越来越壮大。按照《中国加入世界贸易组织议定书》的规定，我国将于 2005 年起取消汽车及其关键件的进口配额、许可证管理。也就是说，从加入 WTO 开始，中国有三年时间作为缓冲，调整状态，迎接挑战。这三年被称为"三年保护期"，给众多中国汽车企业争取到了宝贵的自救时间。

这三年里，中国市场的进口汽车逐步呈现出一些新的特征，主要包括：（1）档次越来越高，平均进口单价超过 3 万美元；（2）排量越来越大；（3）基本上是国内不能生产的车型。进口轿车的整体数量也在增长，2003 年进口整车（含整套散件）数量相比 2001 年增加了 10 万辆。不过，进口轿车在新增轿车中的占比却一直在下降。2001 年的占比是 6%，到 2005 年占比数据变为 5%。

中国加入 WTO 对中国汽车工业的刺激是非常大的，从轿车销量数据的变化就能看到明显的特征。2001 年，中国的轿车产量是 70 万辆。2003 年，中国的轿车产量超过了 200 万辆，同时汽车的总产量也第一次超过了 400 万辆。

中国在加入 WTO 以后，汽车工业能够有这么高的增速，得益于自主车企抓住机遇，奋发自救。另一个重要的原因，就是各国的汽车公司都集中火力，开始向更加开放的中国市场大规模"进军"。也因为这个原因，中国市场上开始密集地出现各类全新的合资汽车品牌。

北京现代

诞生时间:2002 年 4 月 29 日

2001 年 3 月 15 日,第九届全国人民代表大会第四次会议批准通过了《中华人民共和国国民经济和社会发展第十个五年计划纲要》。约两万字的纲要中,有八个字对中国汽车工业的发展起到了至关重要的作用:"鼓励轿车进入家庭。"

虽然 94 版《汽车工业产业政策》就已经认可了普通老百姓购买汽车的权利,但"鼓励"意味着中国将同发达国家一样,将乘用车作为重要的工业产业来大力发展,始终严管的轿车生产资质也将会逐步放开,各类汽车企业的"黑户"轿车产品终于看到可以获得合法身份的希望了……

基于此,"吉利牌 JL6360 型"出现在了年底颁布的《车辆生产企业及产品(第六批)(国家经贸委公告 2001 年第 21 号)》上,民营企业造的汽车终于得到了政府的认可。已有的轿车产品也不再只关注公务用车市场,而是将私家车视作必争之地。有人总结过,2001 年是"中国家庭轿车的起步年"。

2001 年也是中国的入世之年,对中国汽车的影响不可谓不大。一方面许多跨国公司会把中国作为全球扩张的战略重点,对中国市场的投资规模会更大,覆盖面会更广。整车的进口关税会越来越低,逐步放开进口车市场;零配件的关税也会大幅度下降,进一步丰富企业在中国的生产模式。另一方面,中国低廉的技术人力资本可以得到最大化利用,中国车企也可以走向世界,在全球范围内优化资源配置。合资企业的审批权限会逐渐放开,多种多样的合资模式逐渐被允许。

这意味着"无形的手"会逐步放下对中国汽车工业的保护,给予企业更多自主发展的权利。相比于国际汽车工业的发展水平,中国的汽车工业还算稚嫩,此后将不得不面对众多国际大牌企业的冲击,在逆境中让自己成长并且发展壮大。

就在这一年,长安福特汽车有限公司签约成立,正式落脚重庆;宝马选定了华晨作为在中国的合作伙伴，继奥迪之后第二个国际知名的豪华汽车品牌即将实现国产。

2001年12月11日，中国正式加入世界贸易组织。几个月后，中国加入WTO之后的第一个中外合资项目获得审批。2002年4月29日，北京汽车工业控股有限责任公司与韩国现代自动车株式会社签署战略合作协议。同年10月18日，北京现代汽车有限公司挂牌成立。

为了抓住中国市场在入世之初的发展机会，北京现代以"速度"制胜。公司成立一个月之后，北京现代第一工厂的第一款车型索纳塔（Sonata）就驶下了生产线。2002年12月23日，索纳塔的新车发布会在北京饭店举办。北京汽车工业也步入了可以自产轿车的时代。一年后，2003年12月28日，北京现代又推出了伊兰特（Elantra）。一年两款新车，迅速在两大重要的细分市场完成布局。

北京现代第一款索纳塔（Sonata）

现代和中国的故事可以从1998年讲起，现代汽车公司和起亚汽车公司在这一年签订股权转让协定，起亚因为1997年的亚洲金融风暴无法偿还债务，在韩国政府的协调下被现代收购。当时，起亚已经和中国江苏盐城的悦达集团展开了合作，悦达正在以轻型客车的名义生产悦达牌YQZ6370，也就是起亚的微型普莱特（Pride）。现代通过收购起亚间接和中国有了合作。

这一年，现代汽车在韩国的销量严重下滑，在韩国的日子过得十分艰难。但是，现代汽车的出口量却在增加。一降一增，帮助现代汽车渡过了难关。与此同时，现代还收购了起亚等公司，规模反倒进一步增大。

此后，现代更加注重国际市场的发展，开发新产品，赞助国际体育赛事，也因此，其国际市场的认可度变得更高。伴随着韩国本土经济形势的好转，韩国国内的销售情况也变得良好。这些都让韩国现代在新千年有了进一步向国际进军的底气和魄力。

2000 年 1 月 26 日,江苏悦达集团与韩国现代汽车公司在北京人民大会堂签署扩大汽车项目合资合作协议;2001 年 7 月,现代汽车在印度金奈的工厂正式投产;与此同时,现代汽车土耳其分公司开始批量生产 H-1 商用车。不仅如此,现代还在进一步扩大市场,其中就包括和北京汽车的合作。

2001 年 10 月 17 日,时任北京市委书记贾庆林会见了现代汽车集团会长郑梦九,正式揭开了北京汽车与韩国现代的合作序幕。2002 年 4 月 29 日,北京汽车工业控股有限责任公司与韩国现代自动车株式会社在北京签署战略合作协议书,双方共同确定了年底出车的目标。

2002 年 4 月 29 日,北汽和现代签约现场

当时,现代汽车还和中国银行建立了高达 5 亿美元的信用额度。现代汽车 2.43 亿美元,起亚汽车 2.07 亿美元,还有 5000 万美元给现代的零配件供应公司——现代摩比斯(HYUNDAI MOBIS)。

之后,北京现代汽车有限公司便成立了,这也是现代在中国投资的第二个汽车项目。北汽和现代的股比为 50:50,计划年产能力 10 万辆,并计划在 2005 年将产能提高到 20 万辆。

2003 年,北京现代对北京市生产总值的贡献率达到 8%,对北京市规模以上企业工业增加值的贡献率达到 21.8%。其中,索纳塔轿车销量达到 52000 辆,在 B 级车市场占有率达到 10%,创下汽车市场投产第一年产销总量的奇迹。

一汽丰田

诞生时间：2002 年 8 月 29 日

　　2002 年 8 月 29 日，一汽集团与丰田汽车公司在北京人民大会堂签署了战略合作协议，一汽丰田诞生。

　　丰田刚进入中国市场时，主要是以整车方式进口。一直到 20 世纪 90 年代初期，丰田都坚持在中国市场"只卖汽车不卖技术"。在 1994 年以前，丰田的确在中国占据了大量的市场份额，占所有进口车的比例达到 40%。但随着我国对进口汽车的管控和国产轿车的兴起，到 1999 年时，我国进口的丰田汽车已经由 18 万辆的年进口量下降到 1 万辆。丰田这时候才意识到，必须在中国市场转型，"只卖汽车"是行不通的。

　　丰田的转型是十分高效的，因为有资本。资本不是单指"钱"，而是丰田早在 1998 年就持有的大发汽车 51.2% 的股份，利用大发介入和天津汽车的合作顺理成章。2000 年 6 月，丰田与天津夏利成立合资公司，天津丰田成立。

　　2002 年，天津丰田推出了专门为中国市场开发的一款新车丰田 T1。天津丰田 T1 是丰田在中国量产的第一款汽车，之后更名为威驰（Vios）。同年 10 月，威驰正式在天津下线。为了提高知名度，天津丰田还专门请吴彦祖做威驰的代言人。

天津丰田威驰（Vios）

加入世贸组织之初,中国的整车厂有一百多家。其中多数车企都缺乏竞争力,经营每况愈下,这些车企逐渐成为地方财政的包袱。由此也就出现了中国车企与中国车企间的兼并重组。天汽就在其中,一汽的介入让丰田在中国市场如获至宝。

2002年6月14日,一汽集团和天汽集团在人民大会堂签署了重组协议,一汽集团持有天津夏利50.98%的股权。重组之后的公司叫天津一汽夏利汽车股份有限公司,并入一汽集团。

2002年8月29日,丰田与一汽在北京人民大会堂签署全面合作协议,股比50∶50,丰田全线进入中国。"全面合作"是指一汽丰田将成为丰田在中国的唯一一家合资公司,此前的"天津丰田",以及丰田与四川旅行车制造厂合资的"四川丰田"都将由一汽收编,自此中国市场只有"一汽丰田"。

2002年8月29日,一汽与丰田签约现场

这其实是丰田故意为之,因为当时一个品牌只允许在中国有两家合资公司。这一波操作之后,丰田不光和实力强大的一汽合资成功,还腾出了一个名额,可以寻求下一个合作伙伴。

东风标致

2002 年是神龙汽车公司成立的第十年，神龙于 5 月 17 日举办了纪念成立十周年的活动。同年 10 月 25 日，东风汽车公司与法国 PSA 集团签订了扩大合作的合资合同，将把标致品牌引入中国，东风标致由此诞生。

2002 年 10 月 25 日，东风与 PSA 签约现场

这次的协议中，双方约定：

1.在神龙公司已引进的 ZX 系列共用平台的基础上，再引进一个全新的共用平台。在两个共用平台上，既生产雪铁龙系列产品，也同时生产标致系列产品。新产品标致 307 将于 2004 年投放中国市场，双方承诺每年将推出标致、雪铁龙新车型，到 2004 年生产的车型将达到 6 个，并随后引进另一个 PSA 标致雪铁龙集团的小型轿车生产平台。

2.成立合资公司的产品研发中心。

3.实现增资,调整双方股比,东风和PSA为合资公司增资10亿元,使合资公司的注册资本增加到70亿元,东风公司与PSA集团所持股份相同,各为32%,中法银行的股份下降到36%。双方也明确,2003年底以前,将以股份回购的方式,最终形成50:50的股比。

4. 神龙汽车有限公司中文名不变,英文名称变更为"DONGFENG PEUGEOT CITROEN AUTOMOBILE",简称"DPCA"。公司下设一个工业事业部和负责标致品牌与雪铁龙品牌的两个商务部。

5. 实施可持续发展战略,计划三年左右年产销突破15万辆,继而向年产销30万辆目标推进,占有15%的市场份额。

标致品牌终于在和广汽分手五年之后,重返中国市场。东风标致引入的第一款车型是标致307,在2002年欧洲年度风云车中排第一。从2001年发布之后,标致307先后推出了307 3P(三门版)、307 5P(五门版)、307 SW(旅行版)、307 Break(掀背版)、307 CC(硬顶敞篷跑车版)和307 WRC(世界拉力锦标赛赛车)。这些版本都不是标致在中国市场下线的版本,在中国下线的东风标致307是三厢版——307 4P。

东风标致307

截至2003年10月,标致307的全球累计销量已经超过130万辆,它是当时世界保有量仅次于第四代高尔夫的车型。截至2004年,标致307的全球累计销量已经超过200万辆。这也是两大汽车集团选择将新款标致307作为第一款"东风标致"产品的重要原因。

2004年4月21日,东风标致307在武汉正式下线。两厢版东风标致307也于2008年2月20日在中国正式上市。

比亚迪汽车

诞生时间：2003 年 1 月 13 日

21 世纪第二个十年，汽车行业最火的话题就是跨界造车，互联网企业开始造车，房地产企业开始造车，家电企业也开始造车……汽车制造业成了全中国最火热的投资行业之一。其实这并不是什么新鲜现象，本质上汽车制造企业也就两种：一种是一开始就制造汽车的，像奔驰、福特、一汽、奇瑞等；另一种就是其他行业转型制造汽车的，比如标致、马自达等。不同的历史时期，当汽车消费成为热点时，总会有各类企业看到商机，并且投身其中。

中国迎来投资热，主要是源于国家对新能源汽车的大力推广。各项补贴政策为企业发展提供了十分优厚的条件，传统燃油汽车制造企业在转型的同时，众多其他行业的资本也开始涌入其中，出现了大量的新能源汽车投资项目。

提到因为"新能源"而转型制造汽车的话题，就绕不开比亚迪，它是中国第一个以制造电动新能源汽车为目标而由其他行业跨界进入汽车制造业的企业。

比亚迪一开始是一个电池品牌，起源于王传福于 1995 年 2 月 10 日成立的比亚迪科技有限公司。在此之前，王传福供职于有色金属研究院，1993 年受命担任过深圳一家电池公司的总经理。

那个年代，最热门和流行的通信工具还是大哥大和寻呼机（BP 机），数字产品刚刚开始兴起。使用这些产品都有一个刚性需求，就是更换续航电池。大哥大的价格十分昂贵，平均每台价格在 2 万元左右。电池的价格自然也十分昂贵，一块电池动辄上千元。

在电池行业工作的王传福十分明白这些电池的实际价值，成本可能也就 300 元左右。在改革开放的浪潮中，越来越多的人先富了起来，对数码产品的需求也越来越旺盛，电池自然也就越发紧俏。深圳、香港、台湾等地都出现了代工生产镍铬充电电池的企业。王传福发现了商机,便辞去了"体制内"的工作,下海创业。

王传福

王传福于 1995 年拿到了一笔 250 万元的投资,便成立了比亚迪科技有限公司,开始生产电池。1995 年 12 月,比亚迪就拿到了来自三洋的手机电池订单。三洋是日本品牌,旗下有各类电器产品,当时在广东有好几家合资厂,电池生产也是三洋在中国的重要业务之一。比亚迪当时毫无名气,但是有自己的技术优势,能够有效控制成本,起步时作为三洋的代工厂是最佳的选择。

1997 年的金融风暴席卷了东南亚、香港和台湾等地,菲律宾、泰国等地的金融体系被冲击得体无完肤。此时的许多日系电池厂受到了严重的打击,损失惨重。比亚迪的代工生意虽然因此受到了不少影响,不过很多的大牌手机厂都在这时候看中了低成本的比亚迪电池。比亚迪的产品也由此悄无声息地步入了国际市场。

对比亚迪来说,能够控制成本也是其技术优势的一种体现,更重要的是比亚迪可通过技术创新使得电池的性能得到提高。优质低价的电池才能真正受到国际市场的认可。此后 3 年,比亚迪的镍镉电池发展迅速,一度占领了全球 40%的市场份额。

此后,比亚迪又先后拿到了摩托罗拉和诺基亚的合作订单,成为同行羡慕、外界一致看好的大企业。2002 年,比亚迪在香港上市,为更进一步发展打好了基础。

比亚迪从成立开始就一直以技术优势作为核心竞争力,始终没有停止过技术的革新,这就是比亚迪可以进军汽车制造业的底气所在。

王传福当时已经在酝酿，要把比亚迪研发的磷酸铁电池技术应用到汽车上。当时合资汽车品牌已经遍地都是，挣钱对这些企业来说变得尤为容易。只要把国外的技术引进到国内，不用开发直接贴牌生产就能换来大把的现金。所以，很少有企业会在中国投入大量的精力做技术研发，尤其是当时并不热的汽车动力电池。

在这样的前提下，比亚迪如果想要给这些企业提供电池或者技术支持，是基本没有可行性的。而当时自主品牌的生存现状都十分艰难，技术底子薄弱且资金紧张，根本不具备和比亚迪合作的基础。2002 年 7 月，比亚迪全资收购北京吉普的吉驰模具厂，这预示着比亚迪将进军汽车制造行业。

2003 年，比亚迪的镍镉电池产量达到 4 亿只，一举超过三洋，达到世界第一。再加上比亚迪已经完成上市，资金不再是问题。一切都已经准备就绪，正是比亚迪转型进军汽车制造业的大好时机。

为了拿到生产资质，比亚迪以 2.54 亿港币收购了陕西西安秦川汽车制造厂 77% 的股份。秦川汽车就是 1992 年获得授权，可以生产铃木奥拓微型车的四家工厂之一。2003 年 1 月 13 日，王传福在香港宣布了这一收购计划，相当于正式宣布比亚迪将进军汽车制造业。当年 4 月，比亚迪就在上海成立了汽车研发中心。

秦川厂当时的主要产品是 2001 年 9 月推出的微型轿车秦川福莱尔，比亚迪收购之后主要生产的也是这款产品，不过改叫比亚迪福莱尔。

比亚迪福莱尔

比亚迪的这次跨界迎来了媒体的质疑和股东的反对，外界普遍都不看好比亚迪跨界制造汽车一事。比亚迪的股价也因此从 14 港元跌到 9 港元。毕竟是跨界，一开始出现问题都是可以理解的,不过很多问题确实有些离谱,比如配件和车身不匹配。

在质疑和耻笑中,比亚迪汽车熬过了艰难的 3 年。2006 年,比亚迪推出了模仿丰田花冠轿车外观的比亚迪 F3。这款车配备了东安三菱的 4G18 型号 1.8 升排量发动机,7.98 万元起售,带有天窗和导航,在 10 万元以下的三厢轿车中有明显的配置优势。比亚迪终于有了一款像样的产品。

2006 年 3 月 10 日,比亚迪汽车有限公司在西安登记成立。

"不忘初心"这句话用来描述当时的比亚迪十分贴切。比亚迪并不仅仅是想要制造汽车,而是希望将比亚迪的电池技术应用到汽车上。在学习和摸索汽车制造的同时,比亚迪也一直在做研发,致力于实现生产电动汽车的目标。

2006 年,比亚迪的第一款搭载磷酸铁电池的 F3e 电动车研发成功。比亚迪 F3e 的车身、内饰和悬架系统都和 F3 一样,但换装了比亚迪自行研发的电机、减速器、电池组件和控制系统。遗憾的是,比亚迪 F3e 并没有上市,主要原因也是在于充电问题,当时电动车的充电问题可比现在麻烦百倍不止。为了解决充电的问题,比亚迪又推出了不依赖充电设备的双模电动车比亚迪 F3DM,2008 年亮相,2010 年 3 月 29 日正式上市。

比亚迪 F3e

如今的比亚迪已经成为具有国际影响力的汽车企业,产品涵盖了商用车和乘用车,燃油车、纯电动汽车和插电混合动力汽车。在新能源汽车制造领域,比亚迪因为起步和布局早,在中国汽车企业中已经占据巨大的优势,即便在国际市场,也具有强大的竞争力。

如果要说跨界造车,比亚迪绝对是目前为止最成功的中国企业。

众泰汽车

诞生时间：2003 年 1 月

　　2018 年的北京车展上，众泰汽车推出了 i-across 概念车，并发布了全新设计理念"道法自然 智美天成"。众泰汽车有限公司副总裁兼众泰汽车工程研究院院长刘慧军在现场的讲话中点出了这次发布的主要意义：开启未来之篇。

2018 年北京车展现场

　　这对众泰来说是极为重要的，是形势所逼。众泰汽车经过十多年的发展之后，给人留下的印象已经牢牢地被限定在了"山寨"一词上。"山寨"一词是中国进入互联网时代之后的新生词语，主要是指模仿知名品牌生产低价低质产品，打知识产权保护的擦边球。这一现象如今仍然存在于各个行业，小到日用品，大到汽车甚至建筑，山寨货依然盛行。这些年，还有了些新的叫法，比如"高仿"等。

　　汽车圈的山寨问题，由来已久，全球皆有，大多出现在某一市场发展的初期阶段。中国的汽车制造也是靠"山寨"起步，新中国刚成立之后的 60 多年里，各类车型,除了真金白银花钱引进之后,明着"抄"出来的产品,其余的多数都是靠着"山寨"敲打出来的。进入 21 世纪之后,中国的家庭乘用车消费市场越来越庞大,"山寨"的主要汽车产品也就越来越集中在乘用车上。

奇瑞的 QQ、比亚迪的 F3、力帆的 320……许多的品牌都在山寨的路上摸索过,收获过。这些品牌中,将"山寨"发展成"企业文化"的,应该也只有众泰了。在中国汽车市场,众泰绝对是"山寨"圈的老大。上到百万的保时捷 Macan,下到几万的铃木奥拓,都在众泰的山寨清单里。网友戏称,众泰汽车应该是有个"皮尺部",专门负责拉尺子量别人的车。在活跃的网络世界里,许多网友甚至提出了期待,希望众泰能够"山寨"更多品牌,还将新车的名字都想好了:宝泰、奔泰、兰博基泰、法拉泰、保时泰、布加泰……

伴随这些现象出现的是众泰品牌的崩塌,更多关注自主汽车品牌发展的从业者一致批判众泰汽车。当自主创新作为主流价值已经融入行业发展,各家都在完善自主体系时,众泰的一意孤行和夸张的做法,自然会被批判。

众泰的确曾经因为"山寨"获利颇多,但这必然只是一时之利。2014 年,众泰销售突破 16.6 万辆,增长 23.8%。2015 年,销量达到了 22.2 万辆,同比增幅高达 36%。坦率说,连续两年的喜人成绩让众泰一度迷失自我,还招来了一批追随者。2015 年上市的陆风 X7、猎豹 CS10 等新车型也都是看到"山寨"商机入市的"杰作"。

2016 年,众泰更是把"山寨"修炼到了出神入化的地步。众泰 SR9,高度模仿豪华品牌保时捷的 Macan,价格却不到 Macan 的五分之一,成为汽车圈关注的热点。在销售终端,4S 店居然还明目张胆地提供全套车标的更换套餐,新车上牌之后可以直接换标成为一台"保时捷"。如果不是把两款车放在一起做比较,很少有人能够通过外观一眼认出这是一台假的保时捷。

在 2017 年的上海车展上,终于上演了网友们预言多时的场面。保时捷 CEO 奥利弗·布隆(Oliver Blume)走到众泰汽车的展位上,看着跟自家 Macan 极为相似的众泰 SR9,尴尬而不失体面地露出了一副哭笑不得的表情。

口碑决定成败,产品的质量问题逐渐凸显,再加上消费者对品牌价值的诟病,2017 年开始,众泰汽车的销量逐渐下滑。

2019 年,众泰品牌的销量下滑至 11.66 万辆,只有 2018 年的 50%左右。

兴许是注意到了"山寨"对自己的反噬,众泰从 2018 年开始逐步调整品牌发展方向,终于开始正视"自主"这一命题。2018 年初,众泰发布的概念车并没有引起行业太多的关注，直到 9 月份，众泰宣布正式引进原上汽集团欧洲设计总监、MG 汽车全球设计总监安东尼·威廉姆斯-肯尼（Anthony Williams-Kenny），这才让媒体真正关注到众泰原创设计的出发点，才真正理解刘慧军在北京车展提到的"开启未来之篇"。

按照众泰自己的观点，早期引进的技改产品众泰 2008、5008 等是众泰 1.0 时代的产品，此后的 T 系列、SR 系列、大迈系列等是众泰 2.0 时代的产品，以 i-across 概念车诞生的新产品就属于众泰 3.0 时代的产物。也就是说，众泰想要在众泰 3.0 时代，完成由"山寨"到"自主原创"的转型。

众泰 i-across 概念车

事实证明，众泰做这样的决定是对的，也是必须的。

2019 年 3 月 22 日，北京市朝阳法院判定陆风 X7 的车型设计有 5 项抄袭了路虎揽胜极光的设计，对消费者造成了混淆，下令江铃汽车必须立即停止生产陆风 X7 车型。2016 年 6 月，这一案子曾被中国知识产权局判定路虎极光的知识产权无效，并宣布该车型的外部设计专利不适用于中国市场。两年多之后，2018 年 12 月，北京市高级人民法院判决，撤销中华人民共和国知识产权局于 2016 年做出的行政判决。

陆风 X7

这算是给所有想要通过"山寨"投机发家的汽车制造企业发出了一次警告,众泰在此时转型,虽然晚了一步,但正当其时。

目前来看,引进国外优秀人才和技术等,依然算是"拿来主义",并没有改变众泰一直以来的生存方式。

众泰汽车的前身是1992年成立的长城五金机械厂。这家工厂是浙江永康为了打造"五金之都"成立的众多机械厂之一,主营业务包括摩托车配件、煤气灶配件、小家电等。在利好政策的扶持下,长城五金机械厂的业务扩展到了世界范围,注册资本从1994年的7万元暴增至1997年的1.018亿元人民币。这家机械厂也逐渐发展成现如今的铁牛集团。

那个时期,民营资本进入汽车制造业是十分普遍的。铁牛集团也有类似的打算,但一直苦于没有生产资质。2003年,铁牛集团收购了金马股份公司的股份,这家公司的核心业务是发动机、变速箱制造,这算是铁牛在为转型制造汽车铺路。

金马股份是总部在安徽黄山的一家汽车零配件制造企业,于1998年8月31日成立,2000年5月11日向社会公开发行股票,2000年5月19日,"金马股份"A股5800万股在深圳证券交易所挂牌上市。

铁牛集团收购金马股份之后,就于2003年1月成立了众泰控股集团有限公司,这一年被认定为是众泰汽车品牌的诞生时间。

此后,众泰就一直在探索从零配件供应向整车制造的转型之法。众泰在各方面积累有限的情况下,只能采取拿来主义,这也是很多民营企业甚至是国有企业在起步阶段的唯一选择。众泰了解到台湾正好有一家企业在出售一条丰田特锐的生产线,便立即组织人马去谈判。2005年,众泰买下了这条生产线,除了设备以外,还有全套的模具、技术人员和管理人员。众泰通过这样的方式,以最高的效率使得挂有众泰品牌车标的产品得以下线。

2005年6月,众泰汽车生产的第一辆整车众泰2008成功下线,这款车和丰田特锐的外观几乎一模一样。此时众泰因为没有整车生产资质,无法单独生产和销售整车,只能通过挂靠的方式暂时解决产品销售问题。众泰选择和成都新大地汽车有限责任公司合作,2006年正式上市的第一批众泰2008,全名应该是"大地众泰2008"。

众泰 2008

2007 年,铁牛集团又收购了江南汽车 70%的股份,让旗下众泰控股集团拿到了宝贵的整车生产资质,同时生产众泰汽车和江南奥拓两个品牌。2007 年 5 月,江南奥拓复产,新车也都打上了"众泰"的符号。

众泰汽车自此和其他民营汽车企业一样,获得了在中国乘用车市场公平较量的机会。2008 年,众泰汽车响应国家"节能减排"的号召,推出了众泰 2008 的改进款众泰 5008。众泰汽车还是较早开始布局新能源汽车市场的企业,于 2009 年就推出了纯电动汽车众泰 2008EV。这之后,众泰又通过收购菲亚特的产品线在 2010 年推出了"朗"系列轿车。

2010 年 4 月,众泰汽车"朗"系列亮相北京车展

东风日产

诞生时间：2003 年 6 月 9 日

东风日产的源起要从 1992 年 8 月 18 日在广州花都成立的京安云豹汽车公司讲起。京安云豹汽车由花县外经贸总公司、公安部下属京安集团以及花县民营企业家共同投资，占地 1600 亩，主要生产、销售越野吉普车、轻型客车、轻型货车以及零配件。这家公司历经 8 年的发展之后，资不抵债，在激烈的竞争中逐渐被边缘化。

1999 年，东风汽车获得国家发改委的批准，可以投资生产 2.0 排量的轿车。拿到批文之后，东风汽车迅速行动，决定在改革开放的最前沿深圳成立风神汽车有限公司，并于 2000 年 2 月 21 日在深圳市市场监督管理局登记成立。注册之初，由于没有建厂，风神汽车的经营范围还只有汽车研发和销售，没有汽车制造。

东风汽车公司从1987年就提出过要上一个完全按市场规律操作的新轿车项目。一直到 1999 年 5 月，时任中共中央总书记江泽民在东风汽车公司视察之后，才批准东风汽车公司用存量资产生产轿车项目。依据总书记的意见，国家发改委才同意东风汽车投资生产 2.0 排量的轿车。

广东当地有很多汽车厂在得知东风的风神项目之后，都主动跟东风联系，并且开出了十分优厚的条件，当时的云豹也在其中。因为云豹此前有基础，有生产汽车的四大工艺和现成的车间，东风最终选择了跟云豹合作。

云豹当时还生产由台湾裕隆提供技术支持的日产蓝鸟汽车，供应给公安部做警车。裕隆集团早在 1957 年就与日产签订了技术合作合约，在 1993 年转型为日产的 OEM 代工厂，当时有 25% 的股份是被日产汽车持有的。东风主动向台湾裕隆集团发出邀请，一起发展风神项目。

2000 年 5 月，台湾裕隆成为风神的新股东，东风汽车、京安云豹和台湾裕隆的股比是 45∶30∶25。风神汽车有限公司利用裕隆提供的日产技术，和云豹汽车厂原有的设备，以委托加工的形式，生产风神蓝鸟汽车。因为资源整合合理，风神汽车开办当年就获利 5000 万元，实现"当年成立、当年生产、当年销售、当年盈利"。

风神蓝鸟

　　三方合资之后不久，云豹汽车暴露出了原有的一些严重问题。云豹汽车涉嫌偷税漏税，欠债已达 23 亿元，总经理出逃，生产管理一片混乱。东风当即决定，将风神汽车原有的委托加工模式转变为实体经营，也就是说风神要重组云豹汽车。2000 年 9 月，东风汽车和台湾裕隆签署了《关于云豹公司资产重组及风神增资扩股的协议》，云豹汽车被彻底重组，双方股比变成 60：40。

　　风神汽车接下来的新产品都由裕隆的亚洲开发中心进行模具开发。同时，风神还用两年时间完成了对京安云豹的收购，从而拥有了自己的生产基地。风神 2001 年的盈利就增长到 7 亿元，2002 年的年利润超过了 20 亿元。风神的迅猛发展，引起了日产汽车的关注。裕隆作为日产重要的投资项目之一，成为双方牵手的重要媒介。

　　2002 年 2 月 22 日，时任日产总裁卡洛斯·戈恩（Carlos Ghosn）专程到当时东风公司的总部所在地——十堰考察，此时日产与东风已经有合作的意向了，只不过双方还在就合作乘用车项目还是全面合作进行谈判。东风希望能全面合作，而日产只希望合作乘用车项目。

　　当时日产汽车已经有了一个"郑州日产"的合资项目在河南运营，产品主要是以载货汽车为主的商用车，也包含皮卡车。这是日产汽车向东风提出只做乘用车合作的重要理由之一。不过，考察完之后，戈恩还是同意了东风的提议。

　　2002 年 9 月 19 日，戈恩和时任东风公司总经理苗圩在北京钓鱼台国宾馆正式签署长期战略合作的协议,拉开了全面合作的序幕。

2002 年 9 月 19 日,东风汽车公司与日产汽车公司签署了 50 年
长期全面合作协议

　　2003 年 6 月 9 日,东风汽车有限公司正式成立。东风汽车公司注册资金达 171 亿元,是国内首家拥有全系列卡车、轻型商用车和乘用车产品的中外合资汽车公司,也是迄今为止中国汽车行业规模最大、层次最深、内容最广泛的对外合资项目。

　　对日产汽车来说,东风汽车有限公司是日产历史上仅次于美国投资项目的海外第二大投资项目。

　　同年 6 月 16 日,东风汽车有限公司乘用车公司正式宣告成立,第一款新车——日产阳光轿车下线,东风日产品牌也由此正式诞生。

2004 款东风日产阳光

东风本田

诞生时间：2003 年 7 月 16 日

　　2003 年 7 月 16 日，东风本田汽车（武汉）有限公司成立，注册资本为 2800 万美元，东风汽车公司与本田技研工业株式会社各占 50%的股份。

　　东风和本田通过共同改组武汉万通汽车有限公司，共同组建了东风本田，通过改造万通汽车原有的工厂，投产本田车型。新增投资总计大约 4400 万美元，改造工程包括焊接、涂装、总装和整车检测等。

东风本田汽车（武汉）有限公司成立大会现场

　　武汉万通汽车有限公司是东风汽车公司、香港永升发展有限公司、韩国现代汽车有限公司和武汉市四方合资，于 1993 年成立的一家合资公司，主要依托韩国现代品牌商务车技术生产万通牌商用车。

　　2004 年 4 月 1 日，东风本田第一工厂投产。东风本田的第一款产品是本田的运动型多功能车（SUV）CR-V，它于 2004 年 5 月 12 日正式上市。

2004 款本田 CR-V

2004 年 10 月 17 日,东风本田首家特约销售服务店在上海开业。

本田和东风此前是有合作基础的,在广州本田项目中,东风就曾起到了非常重要的作用。1998 年 7 月 1 日,东风和本田在广州合资成立了东风本田发动机公司,这个项目的成功为东风和本田的进一步合作奠定了扎实的基础。由东风、广汽和本田三者合作成立的本田广州出口加工区项目也取得了良好的反响。

由此来看,东风和本田的合作由零部件升级为整车是迟早的事,也是合情合理、水到渠成的事。

东风和本田起初对东风本田的成立一事都绝口不提,直到 2003 年 8 月8 日才有消息从本田方传出,也引发了不少人的猜想和解读。

力帆汽车

诞生时间：2003 年 8 月

　　力帆汽车的创始人尹明善应该是入局汽车制造业时年纪最大的民营企业家。1992 年，已经 54 岁的尹明善才刚刚开始创业制造摩托车发动机。11 年后，已经 65 岁的尹明善才开始造汽车。

　　尹明善出生于 1938 年，父亲早逝，年少时跟着母亲在重庆比较偏远的山区生活。12 岁时，尹明善就开始做点小生意补贴家用。一年多后，尹明善就外出求学。他学习成绩倒是很好，但命运却并没有在这时候垂青于他。直到 1979 年，41 岁的尹明善靠着自己扎实的文字功底于 1980 年在重庆电视大学当上了老师，两年之后又成为重庆出版社的一名编辑。在这一时期，尹明善接触了大量的企业家，在潜移默化中逐渐成了专家。

尹明善（1938.1.10—　　）

　　1985 年，47 岁的尹明善辞职开始自己创业，他成立了重庆职业教育书社，专门从事书刊批发经营。这让他赚取了人生的第一桶金，他开的书社很快就发展成当时重庆最大的书商。

3年之后，尹明善宣布放弃书刊经营。理由很现实，新华书店是当时全国最大的书商，尹明善的书社再如何发展也顶多成为老二。再加上尹明善认为，这是一个注定做不大的行业，所以尽早抽身，另寻他法。

1992年春天，尹明善回涪陵老家看望母亲，恰巧碰到一位经营摩托车厂的厂长在抱怨发动机难买。当时，很多摩托车厂的发动机都要到沿海省份去买，多数都是进口发动机，价格高，所以这些厂子的利润十分有限。在重庆本地也有嘉陵、建设等牌子的发动机，价格也适中，但这些大厂根本不愿意把发动机卖给小厂。

这让尹明善发现了商机，按他的说法："哪里有抱怨，哪里就有商机！"尹明善立马开始着手生产摩托车发动机。1992年，尹明善成立了重庆轰达（HONGDA）车辆配件研究所。这一年，他已经54岁了。

初创时期的困难一个接着一个，但都阻挡不了尹明善创业的决心。起初，尹明善的研究所只有9个人，启动资金也只有20万，所有渠道都从零开始。不过，好在摩托车发动机的技术难度并不算高，而且市场上已经可以购买到所有配件，尹明善的研究所只要采购回来自己组装调试就可以。

就是按着这样的思路，尹明善造出了第一批发动机，而且全部通过了测试。需求是现成的，产品也造出来了，尹明善的发动机生意很快就走上了正轨。

尹明善的研究所几乎每半年就会推出一款新发动机，逐步得到了越来越多的摩托车生产企业的订单，其中就包括很多国内的大厂的订单，比如新大洲、钱江、轻骑、富士达、港田等。

重庆轰达车辆配件研究所成立之后没多长时间就更名为重庆力帆轰达实业（集团）有限公司。时至2001年，力帆轰达已发展成为摩托行业举足轻重的大集团，发动机产销量位居全国第一，出口创汇行业第一，摩托车的产销量已位居全国第三位，综合实力进入行业排名前五位。中国入世之后，力帆轰达为了实施名牌战略，塑造国际知名品牌，拓展集团发展空间，决定更名为重庆力帆实业（集团）有限公司。力帆成为力帆实业旗下最为重要的品牌。

据说，"力帆"一词源于郭兰英演唱的《我的祖国》中的一句歌词："听惯了艄公的号子，看惯了船上的白帆。"

2002 年，尹明善已经 64 岁，大可功成身退，享受生活。然而此时，尹明善意识到力帆的摩托车产业已经快发展到"天花板"了，因为摩托车工业受一个经济规律局限：一个国家人均 GDP 超过 1200 美元，摩托车销量就会逐渐变小。而 2002 年中国的人均 GDP 是 1150.21 美元，离红线只有一步之遥，力帆必须寻找新的发展方向。而且，当时力帆的战略目标是"百亿力帆，百年力帆"，只依靠摩托车产业显然是无法实现这一目标的。

尹明善经常召集力帆的智囊团一起研究下一步如何发展，金融、房地产、通信、IT……各种方案都曾经拿出来讨论过。最终，尹明善确定要制造汽车。

据说有一天，尹明善像往常一样来到嘉陵江畔散步。忽然人声嘈杂，街面上一组婚庆车队身披花饰鱼贯而行，30 多辆汽车浩浩荡荡，一色的本田雅阁。

旁边一对男女的对话却引起了他的注意。

年轻女孩说："全都是本田车，好神气！"

男友说："我也有本田摩托啊！"

这段看似打趣的对话，提醒了尹明善，选择行业很重要，本田摩托之所以有现在的影响力，和本田之后转型制造汽车有重要的关系。

这在行业里是有很多成功案例的。比如本田、铃木、起亚等很多企业都是靠摩托车起家，然后转型成为具有全球影响力的汽车企业。力帆恰好具备相同的背景和实力，制造汽车是顺理成章的选择。

2003 年 8 月，力帆收购了重庆专用汽车制造厂 80% 的股份，并将企业名称改为重庆力帆汽车有限公司，产品商标由"北泉牌"改为"力帆牌"。力帆汽车也成功借壳诞生，作为汽车品牌的力帆就是从此起步的。

2004 年 5 月，国家发改委颁布并实施了新的汽车产业政策。面对较高的准入条件，业界普遍认为，民营企业的造车之路就此封闭。力帆集团却凭借着强大的实力，拿到了轿车生产资质。力帆集团也是新的产业政策实施后，第一个获得轿车生产资质的企业。

2005 年 3 月 23 日，力帆品牌的第一款产品力帆 520 在德国国际汽车展上公开亮相，并于 2006 年 1 月 19 日全球同步上市。发布会的现场，还有来自沙特阿拉伯、越南、俄罗斯、埃及、阿根廷等十几个国家的力帆经销商代表。力帆汽车利用摩托车积累的渠道,一上市就全球同步,起点算是非常高了。

第一代力帆 520

力帆 520 选用了和 Mini 相同的 TRITECH 发动机,排量是 1.6 升,最大功率 85 千瓦,最大扭矩 149 牛·米,零到百公里的加速时间是 10.5 秒。这些数据在当时已经十分具有竞争力了,而且当时的力帆 520 还配备了倒车雷达、车载 DVD、电子健康装置等自主经济型轿车上难得一见的配置。这款车上市时公布的售价是 77777 元,新车不到 8 万元的售价也再次说明了力帆集团进军汽车行业的决心。

此时,尹明善已经 68 岁,依然在创业的路上奋进。

上海双龙

诞生时间：2004 年

韩国双龙汽车（SsangYong Motor）由于经营不善，到 1999 年自有资本已经为 −613 亿韩元。债权持有人便开始向海外出售股权，以回笼资金。2003 年下半年，双龙汽车公司债权团邀请了包括美国通用、法国雷诺和雪铁龙、中国上汽、印度塔塔在内的海外汽车公司前往投标。这是中国汽车受邀参与跨国兼并的第一次尝试。

双龙汽车始于 1954 年，最初为美军生产吉普车，1976 年开始生产特种车辆，1988 年被双龙集团收购之后更名为"双龙"。1991 年，双龙汽车开始与戴姆勒-奔驰结成技术伙伴。1997 年，双龙汽车被大宇汽车收购，但后因大宇财团出现财政问题又于 2000 年被出售。

双龙汽车当时是韩国的第五大汽车制造商，主要生产大型 SUV 和高档豪华轿车，拥有 20 万辆产能，还有成熟的研发能力。上汽看中了双龙的这些资源，双龙的产品也正好可以和上汽原有的产品形成互补。而且，上汽希望可以通过区域性兼并尝试构建全球经营体系。

2004 年底，上海汽车工业(集团)总公司花了 5 亿美元，收购了双龙汽车 48.92% 的股权。之后，上汽又通过证券市场的交易，增持股权。2005 年，上汽持有的双龙汽车股份已经达到 51.33%，成为大股东。1 月 27 日，股权交割手续办完，上汽正式控股双龙汽车。

之后，上汽集团旗下的上海汽车工业销售有限公司成立了上汽销售双龙项目组，全权代理韩国双龙在中国的销售。此后，双龙都是以进口车的身份进入中国市场的。

双龙汽车 Logo

　　2005 年 10 月 18 日,上汽公布了国产双龙汽车的计划,也就是 S-100 项目。韩国双龙的工会对此反应颇大。上汽双龙的合资问题就这样第一次被搁置。此后,上汽又尝试采用技术引进的方式国产化双龙。可是正好时值 2006 年初,国务院第一次把汽车业纳入"过剩产业"的"黑名单",国家将介入调整汽车产业,提高项目审批门槛。韩国双龙的董事会以此为由再次取消了在中国建厂的计划。

上汽双龙 KYRON（2006 年）

　　直到 2008 年,上汽和双龙依然在筹备在中国建立合资公司的事宜。这一年,韩国的工程师陆续来到上海参与 S-100 项目。眼看上汽双龙终于可以落地了,双龙却在 2008 年下半年突然遭遇财务危机,资金链断裂,难以为继。

　　2009 年 1 月 9 日,韩国双龙汽车公司董事会申请了破产保护。2 月 6 日,韩国法院宣布双龙进入破产重组程序。上汽集团正式失去了对双龙汽车的控制权,上汽兼并双龙的项目宣告失败。

　　这次失败有企业自身的原因，也跟全球的金融海啸有极大关系。虽然上汽兼并双龙的项目最终以失败告终，但这是中国企业在入世之后第一次"尝到了螃蟹的滋味"，是极为大胆的尝试，也是极为宝贵的经验。

广州丰田

诞生时间:2004 年 9 月 1 日

　　丰田在与一汽合作时,提到的"全面合作"就像是一个大饼,让一汽对"一汽丰田"项目抱有美好的幻想。一汽拿出了十足的诚意,希望能成为丰田在中国的唯一合作伙伴。而丰田却把一汽作为自己在中国市场重新起步的踏板,不仅笼络了强大的一汽,还腾出来一个合资名额,以寻觅下一个合作伙伴。

　　中国市场当时允许且只允许国外的汽车企业在中国市场与两家公司合资,这一点被许多外国车企拿来制衡中方车企,本田、大众、丰田等品牌尤为擅长。其中,丰田的操作应该是最为明显且最直接的。

　　一汽丰田项目是 2002 年 8 月正式签署的,仅一年多之后——2004 年 2 月 25日——丰田就和广汽合资成立了广州丰田发动机有限公司。这家公司生产的发动机主要以外销为主,也是国内首个以出口外销为主的汽车发动机合资项目。其实,这个项目也是在给即将签署的整车合资项目做铺垫。

　　2004 年 9 月 1 日,广州丰田汽车有限公司正式成立,由广州汽车集团股份有限

广州丰田汽车有限公司成立仪式现场

公司和丰田汽车公司按 50：50 的股比共同投资建设和经营，投资总额 38.21 亿元人民币，合资年限 30 年，注册资本 84223 万美元。

　　自此，广州丰田品牌正式诞生（2008 年 9 月 23 日更名为"广汽丰田"）。丰田又一次在中国市场拥有了两家合资公司，而且这一次全都是乘用车公司，业务彼此重合，彼此竞争，圆满达成了互相制衡的局面。

　　2004 年 11 月 8 日，广州丰田的第一生产线破土动工。2006 年 5 月 23 日，第一款轿车凯美瑞（Camry）正式下线。广州丰田投产初期，国产化率就高达 72%，其中广东地区零部件供应商占 50% 以上，发动机就是由广州丰田发动机有限公司负责供应。

2006 款凯美瑞

一汽马自达

诞生时间：2005 年 3 月 1 日

1984 年开始，马自达汽车就开始向除日本以外的市场扩张，先后在美国、印度、泰国等地投资建立工厂。不过，由于 20 世纪 90 年代初日本的经济泡沫已经难以控制，在海外投资中消耗巨大的马自达遭遇了经营危机。基于此，马自达需要在海外投资中寻求利润空间来渡过难关。

20 世纪 90 年代初，时任马自达社长古田德昌到海南参加活动时，被安排到海南汽车冲压件厂参观，该厂隶属于 1988 年成立的海南汽车制造厂。古田德昌是学经济出身，1987 年空降马自达，就是他带领着马自达靠撬动资本向海外市场扩张。

1988 年 4 月 13 日，第七届全国人民代表大会第一次会议通过了《关于设立海南省的决定》和《关于建立海南经济特区的决议》，海南成为中国最年轻的省和唯一的省级经济特区。那是海南工业发展历程的启幕，也是现代海南汽车工业的发端。海南汽车制造厂正是在这样的背景下成立的。

参观过程中，海南汽车冲压件厂的一个细节吸引了古田德昌的注意。工厂里，有一条生产线，明显是源自福特汽车。因为马自达从 1969 年就和福特有合作，古田德昌和他的团队很快就注意到了这条生产线的存在。

当时海南汽车制造厂刚刚在海口金盘工业区组装完这个厂房。设备都是 1988 年从菲律宾的工厂买回来的，全部来自福特汽车公司菲律宾冲压厂和装配厂。

也许是巧合，也可能是双方故意寻找出的"缘分"，这给马自达在海南投资合资工厂提供了契机。当时海南汽车冲压件厂也正在为生产什么汽车而犯难，正是需要马自达汽车技术支持的时候。

1992 年，双方共同组建海南马自达汽车公司，马自达拿出了马自达 929 旅行版的技术资料和全套模具。这款车国产之后就是后来的海南马自达 HMC6470。1999

年初,这款车的国产化率达到了 55%,同年 5 月达到 85%。

马自达 929 旅行版车型

海南马自达是一家新生的汽车企业,和奇瑞初期有着相同的问题,就是没有生产资质,没有轿车生产许可证。因此,海南马自达当时只能在海南省内登记上牌,上路行驶。没过多久,海南马自达就被叫停了。

之后,中央考虑在南方建立一家以商用车为主的合资企业,合资对象起初是克莱斯勒,后来又变成奔驰。海南汽车制造厂在和奔驰谈判时,奔驰提出的条件中专门强调:海汽不能和马自达合资。这个条件极为苛刻且不合理,再加上海汽认为商用车市场十分有限,且投资规模大,不适合当时的海汽,就选择了放弃。

一方面没有新的发展方向,另一方面,海南马自达又只能在海南本地销售,且需求量十分有限。到 1997 年,海南汽车制造厂就已经濒临破产。

此时,海汽也没有太多选择,购买资质需要大量的资金投入,海南马自达恰巧缺的就是资金。如此,就只能通过挂靠争取到轿车生产资质,打开产品销售的局面。

这时候,一汽介入了。1997 年 11 月,一汽集团和海南汽车制造厂以国有资产无偿划拨的方式实现资产重组,成立一汽海南汽车有限公司,一汽占股 51%,海汽占股 49%。与此同时,一汽海南马自达汽车有限公司在海南成立,马自达继续以技术参与合作。

一汽因此获得了一家在华南地区的重要生产基地,海汽因此被纳入一汽集团,获得了生产轿车的资质和资金。此后,一汽海南马自达先后推出了环保型轿车 CA7130(2000 年上市)和首款 MPV 普力马(2001 年 5 月上市)。

这时候的合作就不再只是海汽和马自达说了算了,一汽的加入让合作从内部发生了微妙的变化。

一汽希望能够将海南马自达的产品带到长春去生产,一车可以双用,但海汽拒绝了。而马自达因此获得了和一汽接洽的机会,希望能够整合一汽在中国的销售渠道,让自己的产品占领更大的市场。

2002年7月,一汽海南马自达开始投产以马自达323为基础的福美来,一汽同样希望一车双用,海汽还是拒绝了。这样的局面只有海汽一家是高兴的,对一汽和马自达来说,海汽成了阻碍发展的中间障碍。

马自达为了能和一汽有更加深入的合作,向一汽授权了马自达6(Mazda 6)的国产权。2003年4月,一汽马自达6就正式在国内上市。这让海汽意识到自己在三方合作中的话语权已经越来越弱,而且极有可能被踢出局。海汽决定收回一汽海南汽车有限公司的控股权。

2004款马自达6

2004年2月,一汽、海汽和海南政府重组架构,三方组建一汽海马汽车有限公司,一汽、海汽和海南省政府的股比为49:49:2。同时约定,在一汽海马成立两年内,一汽和海汽将分别回购海南省政府持有的2%的股份。到2007年,海南省也通过两次减持将其持有的一汽海马汽车有限公司的2%的股权转让给了海汽集团,海汽占股51%,实现控股。

海汽本来是希望通过控股来获得对海南马自达的主导权,但事情并没有那么顺利。马自达看中的是一汽的销售网络,希望能将一汽轿车和一汽海南马自达的销售网络合并,并且主动提出合资成立一汽马自达汽车销售公司。马自达还要求一汽海马能够放弃马自达的国产化权和采购权。换言之,马自达希望海马能成为一汽马自达的生产车间。

　　这次博弈中，一汽和马自达拥有相同的目标，这已经决定了海马是无法胜出的。至2006年底，海南马自达项目的合同到期，海马失去了马自达品牌的使用权，海南马自达由此画上了句号。不过，好在海汽及早布局，最后守住了福美来轿车的收益权和对海马汽车的控股权。

　　海马的反对于一汽和马自达来说毫无意义，当马自达向一汽授权马自达6的生产权时，双方的合作就已经基本确定了。

　　2005年3月1日，中国第一汽车股份有限公司、一汽轿车股份有限公司、日本马自达汽车株式会社共同出资成立了一汽马自达汽车销售有限公司。一汽马自达由此诞生。

一汽马自达汽车销售有限公司正式挂牌

　　公司注册资金1亿元人民币，三方初期出资比例为一汽集团5%，一汽轿车70%，日本马自达25%。这是当时中国国内唯一从事马自达品牌汽车产品销售的合营销售公司，公司将负责销售现已在中国投放的Mazda 6以及今后在中国生产的任何马自达品牌车型及它们的备件、附件和工具。

　　一汽和马自达的合资模式与其他企业的合资不一样，仅仅是合资成立了销售公司，产品依然延续授权生产的方式。

北京奔驰

诞生时间：2005 年 8 月 8 日

我国在 1994 年出台《汽车工业产业政策》，鼓励个人购买汽车，嗅觉敏锐的国际汽车企业都顺势而动，想要找机会进入中国市场。

同年，我国为了加速促进汽车进入家庭，推出了"中国家庭轿车计划"（China Family Car Project），向全球 20 多家汽车制造商发出了邀请。我国提出的要求是希望这些汽车企业能够提供一款低价、环保，能够乘坐 5 人的汽车来中国竞标，中标的车企将可以和一汽合资生产。

1994 年 11 月 14—19 日，中国机械工业部在北京国际贸易中心举办了大型国际汽车学术交流活动——当代国际轿车工业发展与中国轿车工业发展战略技术交流研讨及展示会（简称"国际家庭轿车研讨会"，PSE'94）。来自 6 个国家的 22 家外国汽车企业带来了 88 辆适合中国市场的家用乘用车，还有企业拿出一揽子"为中国发展家轿的开发计划"。在那次研讨会上，有 6 万多人参观了这些车辆，也让"家用轿车"的概念传播开来。

这些车辆当中，有两款是汽车企业专门为中国市场打造的。

其中一款是保时捷的 C88（China 88）。这款车的名字就是为了迎合中国人的喜好，字母"C"代表中国，数字"88"代表发财。这款车当时的定价是 8.8 万元，和三缸夏利的售价差不多，是一款主打亲民的廉价车。这款车并没有直接用保时捷的 Logo，而是专门设计了主体为三个圆的新符号，寓意"一家三口"。

另一款是戴姆勒-奔驰带来的 FCC（Family Car China），售价是 13 万元人民币。这是一款 MPV，车长 3.56 米，动力系统搭载 1.3 升发动机，最大功率 54 马力，匹配手动变速箱，前轮驱动，最快车速可以达到 150 公里/时。根据奔驰当时的介绍，这款车可以衍生出三厢、两厢、MPV 或旅行车等多款车型，开发费用花费了 5000 万马克。展出时，奔驰还专门在 FCC 的展车上挂上了"吉 A·01688"的车牌号。

C88

FCC

　　很可惜，中国家庭轿车计划在之后的推进过程中出现了一些问题，最终不了了之，保时捷和奔驰专门为中国市场打造的新车也无缘中国家轿市场。

　　根据1995年《纽约时报》报道，当年一位计划的参与者表示，有关部门内部对计划应该如何进一步推进产生分歧，原本计划由一汽汽车与外国一家企业合作生产一款车型的方案受到质疑，反对者认为应该引入更多的企业与更多车型，这样可以为消费者提供更多选择。而在此背景下，这一计划最终被取消。

　　这一计划的夭折使得戴姆勒-奔驰失去了进入中国市场的绝佳机会，但没有动摇戴姆勒-奔驰在华投资的决心。

　　1998年5月6日，德国戴姆勒-奔驰汽车公司与美国克莱斯勒汽车公司联合发表声明，声明称双方已签署总额为383.3亿美元的合并协议。同年11月17日，戴姆勒-克莱斯勒集团公司（简称"戴克集团"）成立，当时全球的第二大汽车集团由此诞生。

"戴姆勒-克莱斯勒"的立牌取代"戴姆勒-奔驰"

戴克集团在接下来的一年多时间里,对克莱斯勒及其海外合资公司进行了全方位的调查。戴克合并成为奔驰进入中国市场的捷径,重组克莱斯勒海外投资项目也就顺理成章。

当时克莱斯勒在中国的北京吉普项目销量连年下滑,戴克集团决定出面接管克莱斯勒在中国的业务。2000年9月27日,北京汽车工业集团总公司与戴克集团共同宣布对北京吉普新增投资2.26亿美元,并将合作期延长30年。

2001年3月27日,北京吉普在美国奥本山签订了延长30年的合资合同,这次续约股东结构由两家变为三家,其中北京汽车工业控股有限责任公司(BAIC)占股本57.6%,戴姆勒·克莱斯勒股份公司(DCC)占31.85%,戴姆勒·克莱斯勒(中国)投资有限公司(DCCL)占10.55%。

此时,北汽和戴克集团的重心仍然是拯救Jeep,先是于2001年1月引进了进口版大切诺基。在签订新的合资合同之后,又于同年10月10日,推出了国产的北京吉普大切诺基。

大切诺基虽然给北京吉普带来了一段时间的热销,但仍然没有改变北京吉普亏损的状态。

与此同时,戴克集团已于2001年4月9日控股了日本三菱集团,引入三菱的技术也成为戴克为拯救Jeep做出的另一种尝试。

2002年6月4日,北京吉普与三菱汽车签署了技术许可协议,北京吉普获准生产帕杰罗SPORT(速跑)。6月6日,北京吉普新的合资经营合同获得了政府批准,企业新增注册资本5200万美元。7月1日,北京吉普领到了新的营业执照。11月

5日，北京吉普与三菱汽车又签订了第二项技术许可协议，通过该协议，北京吉普获得了三菱欧蓝德的全套技术和专利。国产帕杰罗SPORT及国产欧蓝德分别在2003年3月14日和2004年1月10日上市。

得益于新的合资项目和新产品的引入，北京吉普终于在2003年扭亏为盈，整个2003年实现盈利2000万元。

在这一年里对北京吉普影响更为重大的是北汽和戴克集团在9月8日新签署的战略合作框架协议。双方预计新增投资10亿欧元，重组北京吉普，计划投产奔驰E级与C级轿车。由此，北京奔驰的落地就已经是毫无悬念的事了。

2004年10月，北汽和戴克集团对北京吉普进行了重组，新公司定名为"北京奔驰-戴姆勒·克莱斯勒汽车有限公司"（BBDC，简称北京奔驰-戴克），股比调整为北京汽车工业股份有限公司占50%，戴姆勒·克莱斯勒股份有限公司占39.454%，戴姆勒·克莱斯勒（中国）投资有限公司占10.546%，合资期限延长至2032年。

北京奔驰-戴姆勒·克莱斯勒汽车有限公司的立牌

2005年6月10日，北京奔驰-戴克获得了商务部批准，同年8月8日公司在北京市工商局完成了注册。

2005年12月22日，梅赛德斯-奔驰E级豪华轿车正式在中国上市，这是北京奔驰-戴克在中国投产的第一款梅赛德斯-奔驰品牌的车型。先期国产的车型都是通过散件组装的方式进行生产的，包括E280和E200K（E200 Kompressor），售价分别是62万元和52.5万元。

由北京吉普发展而来的北京奔驰-戴克便成为具备生产越野车、SUV和豪华轿

梅赛德斯-奔驰 E280（2005）

梅赛德斯-奔驰 E280（2005）

车的汽车企业,旗下的汽车品牌有 Jeep、梅赛德斯-奔驰和三菱,再加上后来引入的克莱斯勒,产品品类相对更加完善。

北京奔驰-戴克能够在中国具有如此庞大的产品矩阵主要得益于戴克集团,也受限于戴克集团的发展。

2005 年 11 月,戴克集团与三菱汽车彻底分手,三菱与北京奔驰-戴克的技术合作协议也就没再续签,三菱欧蓝德的生产在 2008 年合作到期之后就停止了。

2008 年 9 月,戴姆勒和克莱斯勒彻底结束了双方长达九年的合作,戴克集团彻底解体,北京奔驰-戴克也由此面临拆分解体的命运。

2010 年 1 月 26 日,北京奔驰-戴姆勒·克莱斯勒汽车有限公司正式更名为北京奔驰汽车有限公司(BBAC),合资方变为北京汽车股份有限公司、戴姆勒股份公司与戴姆勒大中华区投资有限公司。克莱斯勒暂时性退出了中国市场,戴姆勒倒留下来成为北汽的合作伙伴。

长安马自达

诞生时间：2006 年 3 月

一汽马自达作为销售公司，成立之初拥有马自达品牌的产品在中国市场的全部销售权。这样的合作模式对一汽和马自达来说，意味着双重保障。一方面彼此的合作可以有效开展，另一方面马自达以后的其他合资产品也可以由一汽马自达来销售，可以巩固双方的合作基础。不过，事实证明，这显然是马自达错误地评估了自己在中国市场的话语权。

1996 年，马自达就由于财务危机，不得不进一步融资。福特汽车借此机会，进一步扩大投资，把在马自达的占股比例从 1979 年的 25%扩大到了 33.4%，成为马自达的最大股东。马自达由此进入"福特时代"，失去了对自己的绝对话语权。

在当时如日中天的福特对马自达帮助颇大，这不仅体现在资金上，同时体现在技术上，那段时间两个品牌之间诞生了许多双生产品，其中便包括我们熟悉的马自达 3 与福克斯，以及马自达 2 与嘉年华，这也为未来马自达车型主打运动操控奠定了基础。

进入 21 世纪，中国市场成为全球车企的香饽饽，福特自然也不会放过拥有巨大潜力的中国市场。2001 年，福特就已经和长安汽车合资成立了长安福特汽车有限公司。

截至 2005 年，福特旗下的包含马自达在内的所有品牌在中国的销售量合计超过了 22 万辆，其中有 13.4 万辆是来自马自达。而长安福特和江铃福特的总销量才 7.9 万辆。显然，福特是绝不会放弃马自达在中国的市场份额的，福特需要马自达。

福特此时行使了对马自达的控股权，将马自达 3（Mazda 3）纳入长安福特的产品序列中，而且马自达 3 被发改委审批通过了，被列入了目录。按照马自达当时和一汽的约定，即便是长安福特生产的马自达汽车，也应该由一汽马自达销售公司来销售。起初,各方的合作的确是按照这样的模式进行的。2006 年 2 月,长安汽车、福特和马自达联合宣布,长安福特正式投产马自达 3,并将通过一汽马自达销售公司销售。

2006 款马自达 3

现在看来,长安福特早已做了打算,销售权是必定不可能让渡给一汽马自达的。就在一个月后,2006 年 3 月,马自达汽车公司参股长安福特,公司正式更名为长安福特马自达汽车有限公司,三方股比为长安 50%,福特 35%,马自达 15%。4 月,长安福特马自达突然中止了马自达 3 的生产,要求获得销售权。

2009 年,长安福特马自达汽车重庆新工厂奠基仪式现场

在外人看来，这似乎是一场关于福特和马自达的"闹剧"，其实长安福特早有准备，且都是依法依规。

根据《汽车品牌管理办法》的规定：汽车销售企业要获得国内销售权，必须获得生产厂家的授权，而不是品牌拥有企业的授权。也就是说，一汽马自达想获取马自达3的销售权，须得到长安福特的授权。

一汽马自达自然是知道有这样的规定的，不过一汽马自达也找到了政策支持。根据《汽车产业发展政策》第34条规定："为保护汽车消费者的合法权益……国内外汽车生产企业凡在境内市场销售自产汽车产品的，必须尽快建立起自产汽车品牌销售和服务体系……境内外投资者在得到汽车生产企业授权并按照有关规定办理必要的手续后，均可在境内从事国产汽车或进口汽车的品牌销售和售后服务活动。"

《汽车产业发展政策》第39条："汽车生产企业要兼顾制造和销售服务环节的整体利益，提高综合经济效益。转让销售环节的权益给其它法人机构的，应视为原投资项目可行性研究报告重大变更，除按规定报商务部批准外，需报请原项目审批单位核准。"

因为一汽马自达之前已经取得了商务部对马自达3国产的批复，所以即便不通过长安福特马自达，一汽马自达依然可以在中国销售马自达3。

如此看来，这并不仅仅是企业间的利益争夺，而是中国相关产业政策的针锋相对。换言之，在当时想要靠政策决出胜负并不容易，双方还是得协商。

协商就意味着妥协，但妥协并不意味着损失。2007年4月，双方最终决定，长安福特马自达获得马自达3的销售权，而一汽马自达获得进口两厢版马自达3的进口权和销售权。长安马自达项目尘埃落定。

此后，因为福特与马自达的关系发生了变化，福特失去了对马自达的控股权。为了品牌更好地发展，长安福特马自达汽车有限公司也进行了重组。

2012年8月27日，长安汽车股份有限公司、福特汽车公司及马自达汽车株式会社就有关长安福特马自达汽车有限公司存续分立重组发表了联合声明。声明中写道：三方旗下中国合资企业长安福特马自达汽车有限公司存续分立重组计划已正式通过中国国家发展改革委员会的审批。根据该重组计划，长安福特马自达将存续分立为两家合资企业：在重庆的存续公司长安福特汽车有限公司，将承担长安福特马自达所有和福特相关的业务，包括福特品牌汽车的开发、制造、销售和服务；在南京新设立的长安马自达汽车有限公司，将承担长安福特马自达所有和马自达相关的业务，包括马自达品牌汽车的开发、制造、销售和服务。长安马自达汽车有限公司已经于 2012 年 8 月 24 日正式成立。

长安马自达 Logo

名爵与荣威

南京名爵诞生时间：2005 年 7 月 23 日
上汽荣威诞生时间：2006 年 10 月

　　名爵与荣威现在是上海汽车集团股份有限公司乘用车公司的两大品牌。前者源自上汽辗转收购的英国汽车品牌，后者是上汽嫁接英国汽车品牌的制造技术成立的自主品牌。而这两个英国汽车品牌都来自同一家汽车公司——MG Rover Group（MGR，以下简称"MGR 集团"），这两个品牌分别是 MG 和罗孚（Rover）。这两个品牌也是几经辗转之后才在 2000 年时同时归一家公司管理经营的，不过罗孚品牌的所有权还是归宝马集团。

　　两个品牌的归属演变过程比较复杂，大家可以在《起源与汽车（上）》中寻找线索。

　　MGR 集团的总部和工厂都设在伯明翰的百年汽车生产圣地——长桥（Long Bridge），当时主要的产品包括 Rover 25、Rover 45、Rover 75、Rover 75 Tourer 车型以及 MG ZR、MG ZS、MG ZT、MG ZT-T 和英国最畅销的 MG TF 跑车。2003 年，MGR 的工厂开始投产 City Rover 等一系列车型。

停工的 MGR 集团工厂

2000年之前的一段时间,MG和罗孚品牌的所有权都在宝马集团手上,由罗孚品牌衍生出的路虎品牌(Land Rover)也在宝马手上。世纪之交,宝马集团亏损严重,手上握着的大把品牌不仅无法实现盈利,反倒成为大麻烦。宝马终于不堪重负,决定将旗下的品牌拆分整理之后,把部分品牌出售。

路虎本来是跟着罗孚品牌一起被宝马收购过来的,却在2000年被单独卖给了福特汽车。当时罗孚品牌是为数不多能够实现盈利的品牌之一,宝马并不想卖。不过福特十分不乐意,因为路虎的商标"Land Rover"和罗孚的"Rover"太过相近,极有可能会引发商标名称上的法律纠纷。为了避免类似情况出现,宝马和福特签订了一份"商标共存协议",约定:当宝马有意出售罗孚商标时,福特汽车公司将拥有优先购买权。

罗孚和路虎也就是从这时候开始分开的。其实两个品牌的定位是完全不一样的,简单来说,罗孚是轿车品牌,路虎是越野车品牌。不过,福特和宝马都是汽车行业的"老玩家",类似的问题用这种处理方式并无太大问题,只是给后来介入的其他企业带来了不少麻烦。

MG和罗孚在MGR集团的经营下销售情况并没有好转,而是越来越差,这家公司再次迎来了被收购重组的命运。当时全球最有活力和潜力的汽车市场就是中国市场了,国内各大汽车集团都在全球寻求合作伙伴。当得知英国有两个历史悠久的汽车品牌要出售的消息后,中国的汽车企业闻风而动。

动作最快的是华晨集团,双方已经就很多合作细节做了深入探讨,包括零配件供应、投产地点和车型等。双方确定的合作形式还是合资建厂,甚至都签署了初步的合作协议。可就在此时,华晨集团出现巨变,掌门人仰融出走美国,华晨和MGR集团的合作也就流产了。

在此期间,吉利集团也和MGR集团有过接触,吉利刚刚在国内获得生产轿车的资质,迫切地需要成熟的技术来弥补自己研发上的短板。只可惜,此时南汽也开始和MGR集团洽谈合作的事,"半路杀出个程咬金",吉利当时的实力明显是不如南汽的。

南汽是有明确的合作意向的,加上又有国有企业的背景,因而成为MGR集团前期比较认可的合作备选方之一。双方的谈判一开始进展得还是十分顺利的,还爆出过双方要组建合资公司的消息。双方已经洽谈出了一个合作方式,南汽以1亿美元注资，MGR 集团以设备和技术入股，且 MGR 集团不控股。不过谈判过程中，双方都有些狮子大开口，所以并没有成功。

当时，南汽的资金并不充裕，所以就拉上了资金雄厚的上汽。起初，各方都没有过多考虑利益分配的问题。一方面，都是国有企业，"自家兄弟"；另一方面，这也是上级主管部门牵的线，合作对双方都是有好处的。再者说，上汽和南汽是有合作基础的。

20 世纪 90 年代，国务院曾促成上汽和南汽合作成立合资公司，共同攻克技术难度最高的发动机缸体铸造问题。当时，南汽和菲亚特的合作基础很好，关系也还不错，就选择了菲亚特的泰克西公司（Teksid）。1998 年 9 月，华东泰克西汽车铸造有限公司正式成立，上汽和南汽各占 25% 的股份，泰克西公司占 50%。华东泰克西两年后正式投产，产品主要供给上海大众、上海通用和南京依维柯。

泰克西（Teksid）的 Logo

所以，南汽在此时拉上上汽合作洽谈这个项目，是顺理成章的。对于上汽和南汽来说，MGR 集团都是十分适合的合作对象。

南京是我国的大型汽车生产基地之一，常年产品单一，南汽在日益激烈的竞争中逐渐被边缘化了。引入 MGR 集团，不仅能够为南汽注入新鲜血液，刺激转型，也能够通过借助成熟国际品牌的影响力争取更多在国际市场的发展机会。再者，南汽当时的乘用车合作项目只有南京菲亚特，主要产品都是经济型轿车，市场拓展能力有限，借助罗孚和 MG 品牌的成熟产品可以丰富产品线，提高竞争力。还有一个重要的背景，南汽一直以来都受到发动机问题的掣肘，引进 MGR 集团可以高效解决这一问题。至于一些场外因素，比如跟菲亚特的合作关系逐渐恶化等也都是促使南汽必须达成这一合作的部分原因。

对上汽来说，最重要的是通过和 MGR 集团合作，可以拿到完整的知识产权、技术与管理体系。2002 年，上汽提出 5 年 5 万辆自主品牌的战略目标，也就是到 2007 年要生产 5 万辆自主品牌的家用轿车。不过，上汽当时并不具备自主研发轿车的能力，只能依靠在国际上寻求合作伙伴来实现。上汽对合作伙伴的要求又比较苛刻,比如上汽必须占至少51%的股权,合作公司的年产量必须在30万辆以上……这些就已经把很多国际汽车企业拒之门外了。

为了尽快实现量产自主品牌的目标,上汽在和MGR集团沟通时显得有些着急了,一度忘记了自己的合作伙伴南汽。MGR集团当时也急于落实和中国汽车企业的合作项目,加上上汽又是MGR当时对接的企业中实力最强大的。双方很快就达成了合作意向,把南汽丢在了一旁。

2004年6月,上汽集团与MGR集团签署了合作协议。双方的合作包括开发新车型、拓展包括中国市场在内的全球汽车市场。当时,双方确定的合作方式还不是由上汽收购MGR集团,而是成立合资公司。

此后不久,双方的合作就有了实质性进展。2004年12月,上汽以6700万英镑的价格收购了Rover 25、Rover 27和全系列发动机(1.1升～2.5升、4缸及6缸柴油发动机)的知识产权。

罗孚25型(Rover 25)

因为担心MGR集团破产,当时双方在合作时还添加了附加条款。

其一是上汽获得生产权。该协议规定,一旦上汽集团与原MG罗孚的合资不成功,MGR集团有权买回去,但上汽集团拥有不可撤销的、可分许可的、3个国家(地区)的生产权。假如MGR集团破产,破产60天内,接收MGR集团方可购买上汽集团购得的知识产权,但上汽集团仍享有生产权。

其二,上汽成为技术拥有者,以后MGR集团要生产,也须得到上汽集团的许可。如果 MGR 集团破产，上汽集团可以中止其生产权。

2004 年 11 月 22 日，MGR 集团爆出消息，MGR 集团将把合并后企业的 70% 股权授予上汽，而上汽将向新企业投资超过 10 亿英镑。这就意味着，上汽将注资控股 MGR 集团，甚至是逐步收购 MGR 集团。从细节来看，上汽的确是有要单独收购 MGR 集团的意图。

南汽得知这一消息之后，自然是极为不爽，不过眼看生米就要煮成熟饭，南汽也无可奈何。

就在此时，事情出现了转机。上汽为了双方合作一事对 MGR 集团展开了尽职调查，越查越发现不对劲，MGR 集团看似是个香饽饽，其实就是个黑洞。当时 MGR 集团的账面亏空已经达到 2 亿英镑，还要向宝马借 4.27 亿英镑无息贷款。除此之外，MGR 集团和本田之间还因为 Rover 45 汽车的知识产权问题有纠纷。一合计下来，如果上汽整体收购 MGR 集团，将需要付出 10 亿英镑，而且还要负责处理一堆麻烦事。

上汽意识到，与 MGR 集团合作的难度远超此前的预估，于是又提出要和南汽联手，希望双方一起来展开收购。上汽提出的方案是，三方组建合资公司，上汽、南汽和 MGR 集团的股比是 50∶20∶30。由于多方原因，这个方案最终告吹。2005 年 4 月 7 日，MGR 集团就已经进入了破产保护程序。2005 年 4 月 9 日，MGR 集团宣布和上汽的谈判失败。上汽的回应是，双方仍然有谈判的可能性。谈判失败，着急的是 MGR 集团。因为这家公司当时的经营状况已经差到了极致，MGR 一度把跟上汽的合作当作起死回生的唯一机会。所以，事后 MGR 又找上门来，提出要继续跟上汽谈判。

5 月份，MGR 集团破产的消息就已经传遍了世界。这让此前的谈判几乎都归零，各家汽车企业站在了同一起点。

相比来说，上汽在此时是具有优势的，毕竟已经有了合作基础，而且还有雄厚的实力。在得知 MGR 集团破产的消息后，世界各国的众多企业都赶去英国，希望能收购这家破产的公司。因为当时上汽已经把 MGR 集团的部分核心技术买走了，多数企业在了解之后也就失去了兴趣。最后，只剩下上汽、南汽和吉利。

当时还有两家英国的公司愿意和上汽合作，一起完成对 MGR 的收购，分别是戴维·詹姆斯（David James）领导的英国财团和福特欧洲公司前CEO马丁·里奇（Martin Leach）旗下的Magma控股。相比之下，上汽的优势就更加明显了。

南汽这一次自然是有备而来，不然也不会贸然和上汽竞争。2005年5月12日，南京市原市委副书记、纪委书记王浩良调任南汽董事长，南汽直接换了掌门人，专门负责收购事宜。同年6月6日，南汽正式决定参与竞标。此后，南汽聘请了英国方面的专家和律师作为顾问，重新开始了又一轮的谈判。

经过了投标、尽职调查、商务合同谈判三个阶段之后，南汽于7月13日正式竞标。最终，MGR集团综合对比之后选择了南汽。

2005年7月23日上午，MGR集团的破产管理公司普华永道会计师事务所宣布：南汽成功竞购英国MGR集团。

当时，南汽之所以有底气和上汽竞争，主要是得到了江苏省的资金支持。再加上后期通过融资，南汽解决了资金问题，最难的问题不存在了。

签约之前，还出现过一小段插曲。南汽收购完罗孚后，高层接受采访时透露细节："正当双方准备签约时，普华永道负责人突然接到电话，随即转身去开小会迟迟未归，原来此时上汽报出一个天价，令普华永道动摇了。"

南汽董事长王浩良及时向收购小组下令主动出击，要求其向英方放狠话："如果你们此刻犹豫了，我们将向新闻界宣布，南汽从此退出竞购，你们也会失去叫价砝码。"

一边是即将举行的签约仪式，一边是电话里的口头协议，普华永道最终还是坚定立场，裁定新报价"时效期已过"而无效，于是和南汽正式签字。

南汽成功收购MGR集团，由此获得了MG品牌的所有权和经营权。除此之外，还有一套完整的研发、生产设备，累计有4507台套设备；四个整车产品平台，有轿车、跑车等；三个系列发动机，包括V6发动机、2升和2.5升柴油机；一个变速箱；一整套百年积淀的无形资产（南汽自己总结为"14311"）。

2007年3月27日，MG7、MG7L和MG TF跑车在南京名爵（MG）汽车有限公司南京浦口基地下线。

南京名爵 MG7

　　上汽没有拿下MGR集团的收购不算损失很大，毕竟此前它已经拿到了罗孚汽车的一些技术。比较遗憾的是，上汽并没有拿到罗孚品牌的商标。上汽也争取过，不过福特利用和宝马协定的"优先购买权"拿走了罗孚的品牌，上汽也就只能作罢。

　　2006年10月，上汽推出了自主品牌荣威，产品以罗孚的汽车技术为基础。荣威的英文名是"ROEWE"，和罗孚的"ROVER"十分相似，而且两个品牌的Logo也有不少相似之处。上汽是希望借此表达荣威源于英国罗孚。这对一个全新品牌的推广是有很大帮助的，事实也的确如此。

荣威（左）与罗孚（右）的 Logo

　　就这样，MG完全被南汽收编，罗孚的多数核心技术归上汽，罗孚的品牌所有权归福特汽车。

　　2007年12月26日，上海汽车工业集团总公司与跃进汽车集团在北京签署了合作协议。根据协议，跃进集团旗下汽车业务将全面融入上汽集团，其中整车及精密零部件将进入上汽集团下属的上海汽车集团股份有限公司，其他零部件及服务贸易资产将进入上汽集团与跃进合资成立的东华公司。历经辗转,当年 MGR 集团还是被上汽收购了,而名爵(MG)也被纳入上汽。

上汽与跃进全面合作媒体见面会现场

大国企的新自主品牌

一汽奔腾诞生时间：2006 年 5 月 18 日
广汽传祺诞生时间：2008 年 7 月 21 日
东风风神诞生时间：2009 年 3 月 26 日

　　中国汽车工业步入合资时代的初衷是"以市场换技术"，是希望通过开放国内市场，引进外资，引导外资企业的技术转移，以此来获得先进的技术，帮助我国形成独立自主的研发能力。这里说的"市场"，是指那些只有外资企业具有相对技术优势的产品供给，我国企业又无法完全满足的"市场"；"技术"是指高于我国或我国不具备的技术。

　　以市场换技术，不是将市场份额直接给予外企，而只是将市场对外开放，国内企业通过学习，可以在市场从事商业活动，展开竞争，并通过努力最终夺回市场。

　　合资的目的不在于单纯地投资以创造经济价值，而在于"师夷长技以制夷"。换言之，最终的目的应该是能够生产出达到国际水平或者优于国际水平的汽车产品。

　　合资企业中的绝大多数都是由国企和外资企业一起成立的，几家大型国企都有好几个合资企业。一汽、东风、上汽、北汽、广汽、长安都是国外企业合资的热门选择。最初的"三大三小两微"中，除了贵州云雀，其他全部都集中到这六家大国企。合资汽车发展了 20 多年之后，这些企业也开始探索如何利用换来的技术，更好地发展自主品牌。

　　利用外资企业的技术，创建全新的自主品牌就成了这些大型国企最好的选择。一汽奔腾、广汽传祺和东风风神等都是在这样的背景下诞生的。

一汽奔腾

　　一汽奔腾是由一汽轿车股份有限公司于 2006 年 5 月 18 日在杭州发布的新品

牌。当时，一汽轿车还发布了奔腾品牌的第一款产品C301，现场正式命名为"奔腾"。自此之后，一汽就有了奔腾和红旗两个乘用车品牌。

　　2006年8月18日，定位中高级轿车的奔腾B70上市，这款车的相关技术主要来源于一汽马自达。

2006款奔腾B70

广汽传祺

　　广汽集团于2008年7月21日成立了独资子公司——广汽乘用车有限公司。公司注册资金32亿元，占地面积118万平方米。

　　其实，广汽集团决心打造自主品牌始于2005年，当时在国内已经算起步比较晚，民营汽车企业和地方国营企业的自主品牌早已发展得风生水起了。2006年7月，广汽成立了广汽研究院，专门负责自主品牌汽车的开发。

　　2010年9月13日，广汽集团迎来了传祺汽车的正式下线，第一款GA5诞生。

传祺GA5（2010）

东风风神

东风集团的自主乘用车事业始于 2005 年 7 月。两年后，2007 年 7 月 25 日，东风集团成立东风乘用车事业部，负责研发、生产制造、销售自主乘用车品牌。

2008 年 6 月，东风将新的乘用车品牌定名为"东风风神"。这个名字于 1991 年 11 月 10 日就已经被东风注册了。

2009 年 3 月 26 日，"东风风神"品牌正式发布。东风风神的首款产品是东风风神 S30，于 2009 年 4 月 20 日在上海国际车展上全球首发。

根据乘用车事业发展需要，东风于 2009 年 6 月 9 日将东风乘用车事业部更名为东风汽车集团股份有限公司乘用车公司（Dongfeng Passenger Vehicle Company，DFPV）。同年 6 月 30 日，风神 S30 正式下线，7 月 22 日正式上市。

2009 款风神 S30

第四篇　2009—

中国汽车工业的新时代

2009 年是中国汽车工业备受瞩目的一年，也是对中国汽车工业意义非凡的一年。

在这一年，全球经济恢复举步维艰，我国的汽车产销却双双突破千万辆，以 50% 以上的增速发展。中国也是从这一年开始，成为全球第一大汽车产销国，成为名副其实的汽车大国。

2009 年，国产汽车产销 1379.1 万辆和 1364.48 万辆，同比增长 48.3% 和 46.15%。乘用车产销 1038.38 万辆和 1033.13 万辆，同比增长 54.11% 和 52.93%；商用车产销 340.72 万辆和 331.35 万辆，同比增长 33.02% 和 28.39%。

正是在 2009 年，美国的三大汽车企业中"两大"——通用和克莱斯勒——没能摆脱 2008 年的金融危机带来的影响，先后申请了破产保护。2009 年 4 月 30 日，美国总统奥巴马宣布克莱斯勒正式破产，由美国政府和菲亚特接手。一个多月之后，2009 年 6 月 1 日，通用汽车集团向纽约破产法院递交了破产申请。两大巨头的破产对世界汽车工业的格局带来了巨大的影响，汽车集团全球化的兼并重组变得越来越频繁。

伴随着改革开放和中国入世，我国的汽车工业一直保持着快速发展的势头。2008 年，受全球金融危机的影响，这一势头急速回落，尤其是 2008 年的下半年，汽车产销状况非常低迷。特重大自然灾害相继发生，宏观经济在调控中不断减速等原因也是影响当时汽车工业发展状况的重要因素。虽然 2008 年的汽车产销还是保持了一定的增长态势，但增幅明显放缓，且大大低于年初的预计。

依据当时的情况来看，金融危机已经祸及实体经济，世界经济下滑是难以避免的。为了破除这一困局，世界各国都在出台各种强力的干预措施。

2009 年初，全行业都笼罩在危机中，一点不亚于 2019 年。业内都认为 2009 年中国汽车市场会出现零增长或者负增长。

为了防止这一情况发生，为了实现 2009 年经济增长保八目标，国务院从 2009 年 1—2 月，陆续出台了汽车业、钢铁业、装备制造业、纺织业、船舶业、电子信息产业、轻工业、石化产业、有色金属业、物流业等十大产业的调整和振兴规划。

2009 年 1 月 14 日，时任国务院总理温家宝主持召开了国务院常务会议，审议并原则通过了《汽车产业调整和振兴规划》以下简称《振兴规划》，国发（2009）5 号），这是最早通过国务院审议的产业规划之一。

《振兴规划》的出台，对提振消费者信心、稳定生产、扩大内需、促进国民经济增长都产生了明显的积极作用，并且对此后中国汽车工业的发展产生了深远的影响。

《振兴规划》中规定：自 2009 年 1 月 20 日—12 月 31 日，对 1.6 升及以下小排量乘用车按减 5%征收车辆购置税。通过减免车辆购置税的方式刺激小排量汽车的市场消费，收效明显。这一政策也在 2015 年被重启，成为宏观调控汽车消费的重要手段之一。

除此之外，《振兴规划》中还提到了有关"汽车下乡"、加快老旧汽车报废、促进汽车消费信贷等众多汽车产业的相关政策。这些政策在接下来的时间里，对中国汽车市场的长期和短期发展都产生了重要的影响。

2009 年，中国逐渐在"自主品牌"的定义争论中达成了共识，对自主品牌的特征做了明确的约定。此后，只要满足四个特征，就被称为是中国的自主品牌汽车：一是由国内汽车生产企业（包括中外合资企业），在中国取得的商标专用权，也就是注册商标；二是必须是国内企业，也就是商标注册人，在全球范围内独家拥有商标专用权；三是国内汽车生产企业要拥有该品牌的自主知识产权、产品的工业产权、产品改进和认可权以及产品的技术转让权；四是作为消费者识别的主要标志，必须在汽车外部显著位置（如车头和车尾）加以标注。

在相关政策中，对自主品牌的扶持和鼓励政策变得更加清晰。2009 年，中央国家机关政府采购中心发布《关于 2009—2010 年度中央国家机关汽车协议供货有关问题的通知》（国机采字（2009）13 号），通知中明确规定：要认真贯彻落实国务院《汽车产业调整振兴规划》精神，优先采购新能源汽车、环保低排放的小排量汽车。各单位新配备、更新汽车,自主品牌汽车比例应达到50%,具体采购办法待自主品牌汽车标准出台后另行通知。

这些一方面给自主品牌的发展提供了明确的扶持政策,另一方面引发了合资企业的"自主热"。继广汽本田在2008年推出理念品牌之后,其他合资品牌也都陆续推出了旗下的自主品牌或者启动了相关项目的筹备。

2009年,新能源汽车开始在我国进入快速发展的新阶段,新能源汽车的发展在我国被提到了非常重要的高度,政策支持的力度前所未有。

《振兴规划》中提出了新能源汽车战略,国家审批100亿元用于支持新能源汽车及关键零部件产业化。

> 2009年1月23日,财政部、科技部发布了《关于开展节能与新能源汽车示范推广试点工作的通知》(财建〔2009〕6号),在北京、上海、重庆、长春、大连、杭州、济南、武汉、深圳、合肥、长沙、昆明、南昌13个城市开展节能与新能源汽车示范推广试点工作。这一示范推广应用工程旨在以科技创新和产业振兴政策支持自主创新,以财政政策鼓励在公交、出租、公务、环卫和邮政等公共服务领域率先推广使用节能与新能源汽车。

2009年,工信部对新能源汽车给出了明确定义,给企业发展新能源汽车提供了明确的方向。简而言之,新能源汽车就是指在燃料或动力系统上与传统内燃机汽车有所区别的汽车。

> 同年6月17日,工业和信息化部首次发布了《新能源汽车生产企业及产品准入管理规则》,对新能源汽车的范围进行了定义:"新能源汽车"是指"采用非常规的车用燃料作为动力来源(或使用常规的车用燃料、采用新型车载动力装置),综合车辆的动力控制和驱动方面的先进技术,形成的技术原理先进,具有新技术、新结构的汽车"。具体包括混合动力汽车、纯电动汽车(包括太阳能汽车)、燃料电池电动汽车、氢发动机汽车、其他新能源(如高效储能器、二甲醚)汽车等各类别产品。

2009年7月11日,为落实《汽车产业调整和振兴规划》提出的发展电动汽车的规划目标,我国汽车工业协会把发展电动汽车作为一项专项行动来开展工作,组织召开上汽、东风、广汽、北汽、华晨、奇瑞、江淮等行业前十名整车企业一把手会议,讨论新能源汽车的联合行动问题。在统一思想的基础上，共同签署了《电动汽车发展共同行动纲要》，制定了"积极引领、联合行动、突出重点、创新发展"的行业电动车发展战略。

2009年，中国成为全球最大的汽车产销国；2009年，中国开启了自主品牌高速发展的新时代；2009年，中国开始进入新能源汽车高速发展的新时期；2009年，中国开启了从汽车大国向汽车强国挺进的新征程。

合资自主品牌热

广汽本田理念诞生时间：2008 年 4 月 20 日
上汽通用五菱宝骏诞生时间：2010 年 7 月 18 日
东风日产启辰诞生时间：2010 年 9 月 8 日

广汽本田

2008 年 4 月 20 日，广汽本田在北京车展上发布了自主品牌——理念（EVERUS）的品牌标志，并且现场展出了理念品牌的第一款概念车。

2008 年北京车展，理念品牌发布现场

其实，广本对这一战略早有披露。2007 年 7 月 19 日，广汽本田在成立广汽本田汽车研究开发有限公司时，就宣布了自主品牌战略。这家开发公司是国内第一个由合资企业独立投资、以独立法人模式运作的汽车研发机构，具备独立开发整车的能力。

此后三年时间里，理念品牌又陆续推出了一款敞篷跑车概念车和一款确定量产方向的概念车。2011 年 4 月 17 日，理念品牌的第一款量产车理念 S1 正式上市。

这是中国第一个由合资企业推出的自主品牌，由此也引发了国内对"自主品牌"定义的热议。"合资自主品牌"成为行业新名词。

合资自主品牌主要是指国内汽车合资公司通过购买、引进外方产品技术平台，并在此基础上重新开发出知识产权归属于合资公司的品牌、车型。

2009 年，当中国陆续出台了有关自主品牌的诸多扶持利好政策之后，许多合资企业都陆续推出旗下的合资自主品牌。

2009 年出台的《汽车产业调整和振兴规划》中提到：在技术开发、政府采购、融资渠道等方面制定相应政策，引导汽车生产企业将发展自主品牌作为企业战略重点，支持汽车生产企业通过自主开发、联合开发、国内外并购等多种方式发展自主品牌。

也就是说当时国内的政策导向，是大力发展自主品牌。

2009 年，上海大众注册了天越品牌；

2010 年，东风日产推出了合资自主品牌——启辰（Venucia），上汽通用五菱推出了宝骏；

2011 年，东风本田推出了思铭（Ciimo），北京现代发布了首望；

2013 年，合资自主品牌的发布达到了空前的规模，2013 年上海车展期间，朗世、华骐、之诺、开利等合资自主品牌集体亮相，让合资自主品牌热达到了高潮。

朗世（Ranz）是 2013 年 3 月 12 日，一汽丰田在十周年年会上发布的全新合资自主品牌，主要开发纯电动汽车，旗下的首款纯电动概念车型在上海车展首发亮相。

朗世（Ranz）Logo

华骐（HORKI）是东风悦达起亚 2013 年推出的合资自主品牌，华骐的首款概念车 HORKI-1 在当年上海车展发布。2017 年 10 月 13 日，华骐 300E 正式上市，补贴前售价为 19.88 万元，补贴后售价为 10.98 万元。

华骐 300E

之诺（ZINORO）是华晨宝马推出的合资自主品牌。按华晨宝马的宣传，之诺将是一个属于中国的高档汽车品牌。"之"字代表其中国文化的属性，"诺"是指信守承诺。

之诺（ZINORO）的品牌 Logo

开利（Carely）是一汽大众推出的合资自主品牌，首款产品是开利 E88 电动车，曾被曝会于 2013 年底在佛山工厂投产，这一品牌后被一汽大众搁置，暂无进展。

开利（Carely）Logo

这些合资自主品牌中的大多数都只停留在品牌发布或者概念车发布上，投入实际量产的只有一小部分，像理念、思铭基本都是套牌合资品牌旗下对应级别的产品，市场销售情况都不理想，中途就被企业束之高阁了。在汽车电动化的进程中，这些品牌又有了复苏或被启用的迹象。2019年上市的广汽本田理念 VE-1 和东风本田思铭 X-NV 就分别使用了两个合资公司的这两个合资自主品牌。

还有两个特例——上汽通用五菱宝骏和东风日产启辰，一直在实际运营，且发展成了十分成熟的合资自主品牌。

上汽通用五菱宝骏

2002年11月18日，上海汽车集团股份有限公司、通用汽车(中国)公司、柳州五菱汽车有限责任公司三方共同合资组建了上汽通用五菱汽车股份有限公司，公司总部位于广西柳州。

柳州五菱是我国四大微型车生产基地之一，于2001年7月19日以资产划拨的形式，与上汽集团形成了战略合作，此后又和通用牵手成立了上汽通用五菱。柳州五菱转身成为上汽通用五菱，由自主品牌变身为合资品牌。

上汽通用五菱的产品都以微型车为主，主要产品包含面包车和微型载货汽车。

得益于国内对自主品牌的扶持，作为合资企业的上汽通用五菱也开始筹备相关的项目。这一项目解决了三个问题：一是增加了上汽集团中自主品牌的占比；二是改变了通用在中国没有自主品牌项目的现状；三是拓展了上汽通用五菱的产品序列，增加了轿车等乘用车项目。这对合资三方来说都是有益的事。

2010年7月18日，上汽通用五菱正式发布新乘用车品牌——宝骏汽车，中国微型车的领军企业开始正式进军轿车市场。

借此机会，通用依靠技术增加了自己在上汽通用五菱中的股份占比，获得了44%的股权。调整之后，上汽、通用和五菱的股比是50.1：44：5.9。通用为此拿出了别克凯越的整车技术平台，以及设备、模具和技术支持。

对上汽和通用来说，宝骏都获得了十分重要的地位。通用汽车将宝骏列为与别克、雪佛兰、凯迪拉克并驾齐驱的通用在中国的第四大品牌。而上汽集团将荣威、名爵、宝骏并称为上汽集团自主品牌的"三驾马车"。

宝骏品牌的 Logo（2010—2019）

　　宝骏的第一款车型是宝骏 630, 2010 年 11 月 22 日正式下线。经过了大半年的调整和展出之后，于 2011 年 8 月 9 日在成都首次上市。为了开发宝骏 630, 上汽通用五菱累计投入 10 亿人民币，开发流程采用了通用汽车的标准体系，由上海通用旗下的泛亚技术中心和上汽通用五菱研发部门共同开发设计，是引进、消化、吸收、再创新的产物。

2011 款宝骏 630

　　上汽通用五菱没有敲定宝骏是合资自主品牌，而是介绍说：宝骏完全是自主品牌。

东风日产启辰

　　启辰品牌是东风日产于 2010 年 9 月 8 日在北京发布的合资自主品牌。启辰品牌在 2010 年 11 月的广州车展上发布了"羿"概念车。从 2012 年 4 月开始,启辰在一年半时间先后推出 D50、R50、R50X 三款车型。

2010 年 9 月 8 日,东风日产正式发布启辰品牌

概念车"羿"(soar)

成立以来,启辰一直在稳步发展。到 2016 年底,启辰全国的专营店已经有两百多家,基本覆盖了中国的重点城市。截至 2016 年,启辰的累计销量已经超过 48 万辆,2015 年和 2016 年还连续两年突破 10 万辆。这样的成绩在同时期一起成立的合资自主品牌中已经十分出色了,可以和宝骏平分秋色。

当启辰的年产销数据超过 10 万辆之后,就遇到了发展瓶颈,增长明显放缓。与此同时,哈弗、吉利等自主品牌强势崛起,对比十分鲜明。

　　长期以来，启辰都被认定为是"低端的日产"，这样的品牌形象十分不利于启辰在消费升级的竞争中发展。基于此，启辰品牌走上了独立之路。原本启辰是东风日产旗下的子品牌，如今启辰已经成为拥有独立话语权的东风启辰。

　　2017 年 1 月 18 日，东风启辰汽车公司正式注册成立，注册资本 1 亿元人民币。两天后，1 月 20 日，东风启辰汽车销售有限公司也正式成立。

　　2017 年 2 月 7 日，东风启辰正式对外宣布独立。同年 9 月 8 日，东风启辰举办了品牌七周年庆活动，会上发布了以开放式五角星为主视觉的全新品牌标志，同时揭晓了最新的车联网战略及该战略下首款车型——全新启辰 D60。东风启辰在独立发展的道路上迈出重要的一步。

全新启辰 D60（2017）

自主品牌向上之路

进入 21 世纪之后,合资品牌遍地开花,自主品牌迎头追赶,中国的汽车市场在很长的时期内都迸发着无限活力。在长期的较量中,中国市场逐渐出现了明显的汽车消费态度:进口车比国产车好,合资品牌比自主品牌好。

这在价格终端有明显的体现,进口车的价格远远高于国产车,合资品牌的汽车产品也比同级别自主品牌的贵很多,有的价格差可以达到两倍甚至更高。在设计、工艺、产品更新等各方面的竞争中,自主品牌长期处在劣势。

因为起步较晚,根基不稳,技术储备不足,自主品牌的溢价能力远远没办法和合资或者进口品牌做比较。自主品牌的价格,基本都在 15 万元以内,10 万元甚至更低的价格区间才能具有相对的市场优势。而且,成本、技术、工艺等各种因素的制约导致自主品牌的产品故障率远远高于合资品牌的,再加上服务体系不完善,消费者投诉多,品牌口碑始终不佳。

低价低质成为困扰自主品牌发展的重大难题。

2008 年前后,有不少品牌尝试着向上发展,想要依靠制造定位高端的汽车和优惠的价格夺取更高级别市场的份额。比如华晨中华的骏捷、奇瑞的东方之子、江淮的宾悦等,价格都接近 15 万元,但都铩羽而归。之后,市场上出现过的荣威 950、奔腾 B90、绅宝 C70G、东风 A9 等,也都是自主品牌旗下的"高端产品",最终都是叫好不叫座。

失败的案例一个接着一个,但尝试始终没有停止。要从汽车大国变为汽车强国,自主品牌向上发展是必经之路。长期的低质低价对自主品牌的形象伤害巨大,最起码已经对已有的自主品牌造成了重创,唯有改头换面才能以最高效的方式打破困局。

绅宝 C70G

　　类似的案例在国外市场也曾有过，通过更新品牌形象或者创立子品牌等方式，可以在不影响原有品牌发展的前提下，进入新的细分市场。20 世纪 20 年代，通用为了争取空白市场，推出了拉萨尔、马奎特和维京品牌。20 世纪 80 年代，日系品牌为了在美国市场抢夺豪华汽车市场，前后推出了讴歌、雷克萨斯和英菲尼迪品牌。企业通过更新品牌的方式，可以获取更大的市场竞争空间。对于当下的中国自主车企来说，类似的方法正好可以尽可能地规避掉原有的短板，以全新的面貌进入市场。这成为自主品牌向上发展，向"高端"发展的一条高速路，新一轮的竞争在自主品牌之间悄无声息地开始了。

　　2007 年，以色列控股集团公司(Israel Corporation Ltd.，下称"以色列集团")旗下的美国量子公司与中国奇瑞汽车股份有限公司合资成立了奇瑞量子汽车有限公司。两年后，双方共同增资，持股比例变更为各持有 50%。2011 年 11 月底，奇瑞量子变更为观致(QOROS)汽车有限公司。2013 年 11 月底，观致品牌的第一款产品观致 3 轿车正式上市。

观致 3

　　2014年，以色列集团董事长伊丹·奥菲尔（Idan Ofer）在接受记者采访时说过："这是一个很好的合作，我们可以用很简单的逻辑来解释双方的合作，奇瑞需要高端品牌并进入国际市场，而我们则需要好的投资项目。"

　　观致在面世之初就始终以"高端""高品质"等作为营销关键词，起步就比普通自主品牌高。因为有外资背景，观致一度被认定是合资品牌。观致也因此收获了较多的关注，在国内外都获得了不少的认可和赞誉。可观致的发展始终具有局限性，其中重要的原因就包括定位出现了问题。观致汽车在量产多年之后，依然无法明确地向消费者展现自己的定位。2015年，观致又提出了"高品质中国品牌"的定位。

　　奇瑞投资的高端品牌虽然不算是取得了成功，却是自主车企进军高端品牌的勇敢尝试。

　　2013年，正当观致品牌紧锣密鼓布局中国市场时，吉利控股集团宣布设立吉利汽车欧洲研发中心和哥德堡造型中心，整合旗下沃尔沃汽车和吉利汽车的优势资源，打造新一代中级车基础模块架构CMA及相关部件，以满足沃尔沃汽车和吉利汽车未来的市场需求。这为吉利创立全新的汽车品牌打下了基础。

　　德国时间2016年10月20日，吉利集团在柏林正式发布了全新品牌——LYNK&CO。2017年，吉利公布了LYNK&CO的中文名——领克。在领克品牌发布的前一天——2016年10月19日，吉利集团邀请媒体参观了吉利汽车欧洲研发中心和哥德堡造型中心，并且首次展示了领克01概念车。

LYNK&CO全球首发现场（德国柏林）

官方对"领克"一名的解释是："领"，寓意领先与引领，以开放的思维、潮流的设计、前沿的技术始终领时代之先；"克"，寓意改变与突破，通过创新科技连接人、车、世界，持续改变出行方式。

2017年8月4日，吉利控股集团、吉利汽车集团与沃尔沃汽车签订了合资协议，合资公司正式成立，吉利汽车持50%股份，沃尔沃汽车持30%股份，吉利控股持20%股份。严格意义来说，领克应该属于合资品牌，是吉利汽车和沃尔沃汽车合作推出的高端合资品牌。

领克汽车合资公司签约现场

目前，我们在领克的官方网站上可以看到，领克对自己的定位是"全球新高端品牌"。对中国的消费者来说，提到领克，更愿意将其通俗地解释为"吉利的高端品牌"。

伴随着产品设计和营销的成功，领克已经成为中国新时代汽车品牌中的佼佼者。

就在领克发布之后不久，2016年11月10日晚，长城汽车发布了《关于推出全新高端品牌"WEY"的公告》。这份公告中明确说明了长城汽车将于2016年11月16日推出全新高端品牌的计划，品牌名称为"WEY"。WEY的中文名是"魏派"，源自创始人魏建军的姓氏。使用姓氏作为品牌名在国际上是极为常见的，比如林肯、福特、标致等，但在中国品牌中十分少见。

WEY的关键词也是"高端""豪华"。在2019年上海国际车展上，WEY品牌营销总经理柳燕接受媒体采访时说：WEY品牌的使命是让豪华触手可及。从产品来说，WEY的产品定位高于长城等自主品牌，价格也已经触及主流合资品牌的区间。

虽然离传统合资中的"豪华"还有一定的距离,但长城汽车的向上探索已经取得了阶段性的成功。

WEY 品牌发布现场

除此之外,还有奇瑞2017年9月发布的星途(EXEED)品牌,也是定位"高端"的自主品牌。

星途 TXL(EXEED TXL)

虽然传统自主车企的向上探索有成有败,几家欢喜几家愁,但向上的势头已经无法阻挡,而且已经对曾经几乎独占市场的合资品牌造成了冲击和影响。综合来看，之所以能够在现阶段取得这样的成就，是因为正当其时。

　　首先是工艺品质的问题。品控是制约自主品牌发展的重要因素，自主品牌产品低劣成为产品无法打开市场的重要因素。不过，在长城、吉利等品牌的引领下，自主品牌经历了顽强的品控革命，质量的确得到了大幅提升。克服了最大的短板，自主品牌的发展之路自然就迎来了崭新的局面。

　　其次是核心技术问题。核心技术是影响汽车企业发展的命脉，常年依赖国外的技术让自主品牌始终处在落后的位置。进入21世纪10年代，长城、吉利、长安、奇瑞、比亚迪等企业逐步掌握了核心部件的制造技术。虽然无法赶超国际大牌的技术，但满足企业自身的发展需求是绰绰有余的，这已经足以给自主车企加快发展步伐增加信心了。

　　再次是安全技术方面。汽车的安全技术主要分为主动安全和被动安全，合资品牌一向是按照价格分梯次为产品配备不同的技术。自主品牌得益于在成本控制方面的优势，将更多的新技术应用在了产品上，提升产品性价比的同时，也提升了产品的安全性能。从某种意义上来说，不少自主品牌在安全技术上的应用已经优于合资品牌了。这也成为自主品牌可以扩大发展格局的重要原因之一。

　　这些都是基础，都是自主品牌可以更上一层楼的底气。不过，要改变中国消费者对自主品牌的认知，还需要自主车企付出更多的努力。领克、魏派等品牌虽然已经改变了我们对自主品牌的认知，但离国际标准的"高端""豪华"还有很大的差距。只有让"豪华""高端"真正融入产品的开发、设计、制造、营销、服务等多方面，才能打造出更加高端的自主品牌。

参 考 文 献

[1]中国汽车工业史编辑部.中国汽车工业史(1901—1990)[M].北京:人民交通出版社,1996.

[2]吕吉·巴津尼.西洋镜:1907,北京—巴黎汽车拉力赛[M].北京:中国画报出版社,2015.

[3]孙中山.孙中山选集[M].北京:人民出版社,1981.

[4]中共中央文献研究室.毛泽东传(1949—1976)[M].北京:中央文献出版社,2003.

[5]全国政协文史和学习委员会.一汽创建发展历程[M].北京:中国文史出版社,2007.

[6]靳德行.中华人民共和国史[M].河南:河南大学出版社,2012.

[7]黄正夏,欧阳敏.艰难历程——黄正夏采访实录[M].北京:新华出版社,2007.

[8]中共中央文献研究室.建国以来毛泽东军事文稿(中卷)[M].北京:军事科学出版社,2010.

[9]第一汽车制造厂史志编纂室.第一汽车制造厂厂志(1950—1986)[M].吉林:吉林科学技术出版社,1991.

[10]陈祖涛,欧阳敏.我的汽车生涯[M].北京:人民出版社,2005.

[11]张矛.饶斌传记[M].北京:华文出版社,2013.

[12]倪桂祥,渠云雷.从"黄河"到斯太尔[M].山东:山东人民出版社,2008.

[13]关云平.中国汽车工业的早期发展(1920—1978)[M].上海:上海人民出版社,2015.

[14]仇克.上海汽车工业志[M].上海:上海社会科学院出版社,1999.

[15]人民交通出版社.我们是怎样制造汽车的[M].北京:人民交通出版社,1959.

[16]李安定.车记——亲历·轿车中国30年[M].北京:生活·读书·新知三联书店,2017.

[17]云南省汽车工业行业办公室.云南汽车工业史[M].云南:云南人民出版社,1995.

[18]关晓武.国民政府时期的汽车制造与研究[J].内蒙古师范大学学报(自然科学汉文版),2006,35(4):504-508.

[19]方若梅.第一辆解放牌汽车的诞生[J].机电兵船档案,2010(5):76-77.

[20]游和平.毛泽东与中国民族汽车工业 斯大林刺激毛泽东[J].红岩春秋,2010(3):8-11.

[21]朱俊鹏.周总理关怀清华大学二三事[J].兰台世界,2010(23):13-14.

[22]李永钧.中国汽车工业50年回顾(一)[J].上海汽车,2003(5):40-43.

[23]吕相友.毛主席和中央领导同志参观新产品[N].人民日报,1958-6-21.

[24]翟博.新时代教育工作的根本方针[N].中国教育报,2019-09-16.